장동일지

장동일지

재일한국인 정치범 이철, 13년간의 옥중 기록

초판 1쇄 발행 2024년 4월 30일

지은이　이철
옮긴이　김웅기
펴낸이　이영선
책임편집　김종훈

편집　　　이일규 김선정 김문정 김종훈 이민재 이현정
디자인　　김회량 위수연
독자본부　김일신 손미경 정혜영 김연수 김민수 박정래 김인환

펴낸곳 서해문집 | 출판등록 1989년 3월 16일(제406-2005-000047호)
주소 경기도 파주시 광인사길 217(파주출판도시)
전화 (031)955-7470 | 팩스 (031)955-7469
홈페이지 www.booksea.co.kr | 이메일 shmj21@hanmail.net

ISBN　979-11-92988-58-0　03910

* 이 도서는 2017년도 정부(교육부)의 재원으로 한국연구재단의 지원을 받아 한림대학교
  일본학연구소가 수행하는 인문한국플러스지원사업의 일환으로 이루어진 연구임.
  (2017S1A6A3A01079517)

장동일지

재일한국인 정치범 이철,
13년간의 옥중 기록

이철 지음 ─ 김웅기 옮김

서해문집

김효순
리영희재단 이사장

감옥은 원래 폐쇄적 공간이다. 지금이야 많이 달라졌지만, 1970~
1980년대만 하더라도 가혹한 인권침해가 일상적으로 자행되거나 입
에 대기도 어려운 저질 급식이 수감자들에게 제공되던 감옥의 실태
는 봉인된 영역이었다. 수십 년간 지속된 이런 악행에 변화의 계기를
만든 것은 박정희 독재정권에 유신체제 철폐를 요구하다가 무더기
로 구속된 민주 활동가들이었다. 민주인사 가운데 비중이 압도적으
로 많았던 대학생들은 다양한 형태의 인권유린에 분노해 감옥의 통
제자들과 수시로 충돌하며 일제강점기 때부터 내려오던 악습에 균열
을 내기 시작했다.

　이들은 그곳에 수감되기 전에는 존재조차 몰랐던 '이질적'인 두
집단을 만났다. 하나는 수십 년씩 독방에 갇혀서 철저히 인간 이하의
대우를 받던 비전향 장기수들, 또 하나는 자신의 정체성을 찾으려고
조국에 왔다가 날벼락을 맞은 유학생 등 일본 관련 사건의 피해자들
이었다. 이들의 존재가 어렴풋하게나마 바깥세상에 알려지게 된 것
은 석방된 민주인사들이 여러 경로로 감옥 안에서 느꼈던 충격을 토

로했기 때문이다.

저자 이철 선생은 후자인 재일동포 유학생 간첩 조작 사건의 상징적 인물이다. 상징이란 표현에는 그가 겪어야 했던 온갖 고초도 포함된다. 결혼을 약속한 평생의 반려자와 함께 구속돼 사형수로서 오랜 기간 수갑을 차고 감방 생활을 한 그는 본의 아니게 부모의 임종을 지켜보지 못한 불효자이기도 하다.

저자는 이미 70대 후반의 나이에 이르렀지만, 이 책은 자신의 인생에 대한 안온한 회고록은 아니다. 초고의 메모는 거의 30여 년 전에 쓰인 것으로, 애초에 발표를 염두에 둔 것이 아니었다. 죽음의 고비를 겨우 넘긴 사람으로서 불의의 사고를 당할 경우, 부모의 기막힌 삶에 대해 아무것도 모를 수 있는 자식들에게 남기려고 비장하게 기록한 비망록 같은 것이다.

책에는 결혼을 앞두고 느닷없이 정보기관에 연행된 이래 13년이나 지속됐던 옥중생활이 생생하게 그려져 있다. 감옥에서 마주친 리영희·박현채·김지하·신영복 등 저명인사들과의 일화가 양념처럼 나오고, 처우 개선을 요구하다 무자비하게 구타를 당하고 감옥 안의 감옥인 '징벌방', '폐쇄 독방'에 수용됐던 옥중투쟁이 상세히 기술돼 있다. 당시 상황에 대한 이해가 없는 독자라면 저자가 감옥 안에서 무모하게 대들다가 화를 자초한 것이라고 곡해할 수도 있지만, 도저히 견딜 수 없을 정도로 처우가 열악했다는 방증으로 해석해야 마땅하다.

저자가 생계를 유지하기 위해 육체노동을 하면서 자투리 시간에써 내려간 메모는 일반사회와 격리됐던 정치범의 수용 실태에 관한 핵심 당사자의 기록이라는 점에서 사료적 가치가 작지 않다. 첫째 국내 학생들과 근본적으로 처지가 달랐던 그는 문제의 접근방식에서 새로운 시선을 보여 준다. 국내 학생들은 감옥 안에서 그나마 인간적 대접을 받은 편이지만, 동포 유학생들은 시국이 악화하면 교도소 관리자들로부터 '이 빨갱이 새끼' 운운하는 폭언을 들으며 폭행 세례를 당했다. 둘째 여전히 진상규명이 이뤄지지 않고 있는 비전향 장기수 또는 '좌익수'들의 실상에 관해 같은 공간에서 동거했던 사람의 증언이라는 점에서 무게가 있다. 당시 남쪽은 그다지 명예롭지 못한 세계기록을 하나 갖고 있었다. 악명 높은 남아공의 인종차별정책에 맞서다가 거의 28년 만에 감옥에서 풀려난 넬슨 만델라 전 남아공 대통령은 '세계의 양심수'라는 찬사를 받았지만, 그의 수감 기록을 훌쩍 넘어섰던 비전향 장기수들은 그런 고상한 평가를 받기는커녕, 오랜 수용 생활로 건강이 극도로 악화한 후에야 우리 사회에서 석방 요구가 나오기 시작했다. 그런 점에서 저자가 1988년 출소한 직후 교도소로가 '최장기 장기수'로 불리던 김선명 선생을 면회한 것은 상당한 용기가 필요한 행동이었다고 할 수 있다.

독자들은 저자가 열렬한 '쌈꾼'이었다는 인상을 받게 될지도 모르겠다. 하지만 그를 만나 대화를 해 보면 오랜 수난을 견딘 사람답지 않게, 외유내강의 성품임을 바로 느끼게 된다. 이제 한국어판이 출간됨으로써 재일동포 유학생 사건에 대한 우리 사회의 이해도가 훨씬 심화되기를 기대한다. 또한 유학을 왔다가 어떻게든 고난을 이겨 낸 저자와 달리 절망의 심연에 빠진 사람들도 적지 않다. 견딜 수 없는 모멸감에 일본으로 돌아가 귀화를 선택한 이도 있고 정신질환으로 요양병원 등지에서 쓸쓸하게 최후를 맞은 이들도 있다. 우리는 그들을 결코 잊어서는 안 된다.

이석태

전 헌법재판관

이철 선생님을 처음 만난 때가 언제인지는 뚜렷하게 기억하지 못한
다. 적어도 재심 소송을 의논드리던 2011년 3월보다는 한참 전이었
다. 국내에서 함께 간 국회의원, 시민사회 인사 등과 오사카에서 저녁
식사를 같이한 적이 있는데, 그 자리에 재일동포 몇 분과 이철 선생
님이 합석하였다. 이 선생님은 국가보안법 위반죄로 사형선고를 받
은 바 있고, 같은 성격의 피해자들 모임인 재일한국양심수동우회 대
표로 소개되었다. 국가보안법 위반 조작 사건과 그 피해 구제를 화제
로 한 그때의 대화 내용 대부분은 잊었으나, 이 선생님은 조작 사건
피해자들에 대한 개별적 해결보다는 피해자 모두를 구제하는 방안
을 모색해야 한다고 강조하셨던 듯하다. 이제는 적지 않은 사건들에
대하여 재심 무죄 판결이 선고되었지만, 당시만 해도 아직 어느 사건
하나 재심 제기조차 기대하기 어려운 상황이었다. 실무 법률가 입장
에서 원론적으로 바람직한 말씀이라고 덧붙였던 생각이 난다.

　그 후 재심 사건 변론을 통해 국가보안법 조작 사건 피해자들의
사정을 어느 정도 접하게 되었다. 그리고 이 책을 읽으면서 비로소

이 선생님의 재일동포 피해자 일괄 구제의 원칙을 공감하게 됐다. 이 책에는 같은 피해자로서 국내 교도소에서 장기간 수감생활을 한 많은 분의 경험이 이 선생님의 음성으로 소개되어 있다. 각자 사정은 다르나, 모국을 알고자 하는 일념으로 입국한 재일동포에 대한 국가 권력의 음모, 불의의 체포, 날조된 사건 내용, 무자비하고 가혹한 고문, 방어권이 철저히 박탈된 채 진행된 무력한 재판 과정 등이 이 선생님의 절제된 글로 시간의 한계를 넘어 재생된다. 이에 대한 분노와 부당함에 대한 호소는 종종 이 책 여러 곳에서 이 선생님을 포함한 국가보안법 사범들의 교도소 측에 대한 저항으로 표출되는데, 그 정점이 1985년 7월 31일 발생한 대구교도소 재소자 집단 항거 사건이다. 아마도 지금까지 유일무이할 국내 교도소 내 수감자 대투쟁으로 기록될, '대구교도소 7.31 사건'으로 명명된 이 사건은 국가보안법 사범들에 대한 대구교도소의 잔혹한 폭행 등 인권 유린에 대항한 집단적 저항으로 폭발되었다. 이철 선생님이 참여하고 이끈, 생사를 걸고 단식을 수반한 이 사건에서 국가보안법 사범들은 처절한 투쟁 끝에 최종적으로 승리했다. 그 싸움 일단에는 상대적으로 연로한, 재심 변론을 담당했던 사형수 강우규·손유형 선생님도 있었는데, 두 분은 이 선생님 등의 배려로 투쟁 후미에 자리했다. 그 덕분에 이 선생님 등은 진압 과정에서 자행된 교도관들의 무도한 폭력에 그대로 노출된 반면 두 분은 이를 피하게 되는데, 이 장면은 깊은 감동을 준다.

이처럼 재일동포라는 숙명을 바탕으로 한 피해자들 자신과 그 가족들의 아픈 경험은 어느 한 사람 개별적 재심을 통해 근본적으로 치유될 성질의 것이 아니다. 그것은 공통된 고통과 고난의 체험으로서

집단적 구제와 위로 절차가 필요하다. 이 선생님은 이 점을 지적해
왔으며, 이 책을 통해 그 공통의 연대감을 나누고 싶었으리라고 생각
해 본다.

이철 선생님 재심 사건을 맡게 된 것은 여러 점에서 행운이었다.
우선 무죄의 객관적 증거가 명백하였다. 공소장에 북한을 방문했다
고 하는 시기에 이 선생님이 일본에 있었다는 사실이 움직일 수 없
는 자료로 증명되었다. 변호사로서는 재심에서 무죄 변론을 위한 별
도의 새로운 준비가 필요 없었다. 재심 전 과거 사법부가 한 잘못을
찾아내 지적하면 되었다. 이런 이유로 재심 법원도 어려움 없이 무죄
판결을 선고하였으리라 믿는다. 그의 사건은 날조와 허위 자백의 전
형이었다.

이 책은 이철 선생님을 포함하여 그의 무죄를 염원해 온 '이철구
원회'와 재일동포 피해자 모두를 위한 승리의 기록이다. 이 책이 그
진실을 두루 전달하기를 기대한다.

한국어판을 내면서

나의 보잘것없는 옥중 기록이 한국에서 책으로 나온다고 생각하니 기쁘다기보다 부끄러운 마음이 앞선다.

이 원고는 어렸던 아이들에게 부모가 살아온 이야기를 유서로 남기려고 쓴 것으로, 그때는 책으로 낼 생각도 없었을뿐더러 그런 날이 오리라고 생각하지도 않았다.

나는 처음 대학 노트 한두 권이면 충분하리라고 생각했는데 막상 쓰기 시작하니 그때까지 머리 깊숙한 곳에 파묻혀 있던 기억들이 일시에 잠에서 깨어나 봇물 터지듯 밀어닥쳐서 글쓰기가 따라가지 못할 지경이었다. 떠오르는 기억에 가슴이 미어진 일이 몇 번이며, 신들린 양 써 나가다 보니 하차해야 할 역을 지나쳐 버린 일이 몇 번이었던가.

민주주의의 실현과 한반도의 평화, 통일을 위해 온몸으로 싸워 오신 선생님들과 30~40여 년 혹독한 옥중 생활을 견뎌 오신 장기수 선생님들의 모습이 지금도 눈에 선하다. 그동안에 많은 분이 세상을 떠나셨고 나도 어느덧 백발노인이 되어 하루하루 그분들의 뒤를 서둘러 따라가고 있다.

만약 내가 감옥에 들어가지 않았더라면 나는 어떤 인생을 살았을까, 아무리 생각해도 다른 모습이 떠오르지 않는다. 그래서 나는 한때 고통을 겪기는 하였으나, 나를 진정한 한국인으로 거듭나게 해 주고 민족 분단에 따른 아픔의 무게를 많은 분과 함께 짊어지게 해 준 사람들에게 지금은 진정으로 감사하고 싶다. 이것은 나의 진심이다.

나는 징역살이 때문에 부모님의 마지막을 지키지 못한 불효자식이다. 그러나 우리 아버지가 자주 하신 "부모를 팔아서 그 돈으로 친구를 사라" 그리고 "부모의 시신을 밟고 나아가라"라는 가르침에 충실히 살아온 셈이니 지금 생각하면 나의 불효가 어떤 의미에서는 효도였지 않았을까, 아버지도 가르침대로 살아온 아들에게 잘했다고 하시지 않을까 하는 생각이 든다. 어쨌거나 나는 부모를 팔아서 많은 친구를 샀고 이 나이까지 함께 걸어왔다.

나는 그 험난했던 시절에 옥중에서 만나게 된 나의 소중한 선생님들과 친구 여러분에게 깊이 감사드리며, 이 보잘것없는 글을 그분들께 바치고자 한다.

마지막으로 이 책을 출판하기 위해 나의 서툰 문장을 힘들여 번역해 주신 한림대학교 김웅기 교수님에게 깊이 감사드리며, 동시에 교정을 맡아 주신 많은 분에게도 감사드린다. 끝으로 이 책의 출판에 즈음하여 추천의 글을 써 주신 이석태 변호사님과 출판을 위해 많은 도움을 주시며 출판사와 연결해 주신 김효순 선생님, 그리고 기꺼이 출판을 허락해 주신 도서출판 서해문집과 김종훈 편집장님에게 깊이 감사드린다.

2024년 4월
이철

머리말

이 책은 1975년에 연행된 후 1988년에 출소할 때까지 13년 동안의 옥중 기록이다. 나는 이 원고를 출소한 지 7년이 지난 1995년 8월 15일부터 약 1년에 걸쳐 써 나갔다. 1995년은 1월에 일본 간사이 지방에서 한신·아와지 대지진이 일어났고, 3월 20일에는 '옴진리교' 교단의 사린 가스 살포 사건도 일어나 연초부터 불안한 해였지만, 우리 한민족에게는 일본 식민지 지배로부터 해방된 지 50주년이라는 뜻 깊은 해였다.

한국에서 통일운동을 하시는 분들은 그해를 통일 원년으로 삼자고 하셨다. 그해에는 1년 전 7월에 사망한 북한 김일성 주석 추도식에 박용길(朴容吉, 문익환 목사 부인) 장로님이 참석하셨다가 구속되었고, 우리는 그해 7월 7일 오사카에서 '재회의 밤 콘서트'를 열었다.

당시 나와 동반자 민향숙(閔香淑)은 만일 우리가 뜻하지 않게 사고라도 당하면 어린 우리 아이들이 부모가 살아온 가혹한 인생에 관해 알지 못한 채 자라지 않을까 걱정했다. 그래서 내 기억이 아직 선명할 때 아이들에게 기록을 남기기 위해 일터를 오가는 전철 안에서나 점심시간 등 자투리 시간에 조금씩 써 나간 것이 이 원고로, 다 끝났을 때 노트는 7권이 되었다.

나는 당초 이 옥중 기록을 당시 여섯 살, 네 살이었던 딸과 아들에게 남기려 했을 뿐, 책으로 엮어 낼 생각은 전혀 없었다. 그러나 세월은 쏜살과 같아, 그새 25년이 지나서 우리 아이들도 무사히 자랐고, 나와 민향숙도 충분히 오래 살았다. 또 2015년에 재심으로 무죄판결을 받고 2019년 6월에 문재인 대통령으로부터 국가를 대표하여 사죄 말씀까지 받으니, 부끄러운 내용이기는 하나 나는 이 원고를 책으로 펴낼 생각을 하게 되었다.

책 출판을 위해 초고에 조금씩 가필하며 몇 번 읽어 보니 내가 옥중에서 알게 된 많은 선생님의 모습이 떠오른다. 그분들과 함께 지낸 세월, 나누었던 말들과 표정까지 생생히 떠오른다. 이미 많은 분이 세상을 떠났으리라. 조국의 민주 발전과 통일을 열망하여 치열하게 싸우다 남몰래 돌아가신 무수한 분들이 있다. 또 옥중에서 수십 년 세월을 견뎌 오신 분들도 있다. 이러한 선생님들 삶의 한 장면이 이 책을 통해 조금이라도 알려진다면 책을 출판하는 의의가 있으리라.

책 출판에 많은 도움을 아끼지 않았던 편집자 가와세 슌지(川瀬俊治) 씨와 원고 한 줄, 구절 하나까지 정독해 주신 문화센터 아리랑(도쿄)의 송연옥(宋連玉) 관장님, 재일한국인 유학생 간첩 조작 사건의 기록인《조국이 버린 사람들》을 집필하셨으며, 소중한 지적과 조언을 해 주신 작가 김효순(金孝淳) 선생님 그리고 디자이너 고원수(高元秀) 씨에게 깊은 감사의 마음을 전한다. 그리고 마지막으로 부족한 나의 책을 기꺼이 출판해 주신 동방출판사의 이나가와 사장님과 교정해 주신 기타가와 사치(北川幸) 씨에게 깊은 감사 말씀을 드린다. 이분들의 도움이 없었더라면 이 책은 나오지 못했다.

오사카에서
2020년 10월 3일

차례

맺는 장
출소 후 이야기

명동성당에서 올린 결혼식 | 문익환 목사님 | 재일한국양심수동우회의 주요 활동 | 재심과 무죄선고 | 민주화운동에 한 줌 밑거름으로 | 옛 서대문구치소의 재일동포 양심수 전시실 | 제3회 '민주주의자 김근태상' 수상과 모란공원묘지 | 문재인 대통령의 사죄 말씀

일러두기

- 이 책은《長東日誌: 在日韓国人政治犯·李哲の獄中記》(東方出版, 2021)를 번역 출간
  하는 것이다.
- 인명, 지명 등의 외래어 표기는 국립국어원 외래어표기법에 따랐으며, 필요하다고
  판단한 한자는 처음 등장할 때만 표기했다.
- 본문 하단의 각주는 저자가 단 것이며, 일부는 옮긴이가 달았다.
- 본문과 부록에 나오는 사진은 이철씨를구원하는모임 전국연락회의, 각 지역모임,
  한국 민주화운동기념사업회로부터 제공받았다.

여는 장

재일한국인 2세로 태어나서

유년 시절

|

나는 1948년 10월 일본 구마모토현 히토요시시 주변 마을에서 4남 2녀 중 둘째 아들로 태어났다. 한국의 고향은 경상북도 의성군이며, 한국에서는 매우 보수적인 지역이다.

아버지는 일곱 살 때 조부모님 손에 이끌려 일본으로 건너왔기 때문에 실질적으로 일본에서 자란 거나 마찬가지다. 우리 가족이 일본으로 건너간 1929년은 이듬해 1930년과 함께 한반도에서 건너간 사람이 아주 많았던 해였고, 조부모님과 아버지도 그 안에 섞여 있었다. 아버지 일가는 오사카 등지에서 살다가 아시아태평양전쟁이 끝나기 얼마 전에 구마모토현의 외딴 시골로 이사했다. 그 이유는 아버지 바로 밑의 동생인 작은아버지가 징병당하는 것을 피하기 위해서였다고 들었는데 확실치 않다.

아버지는 10대에 오사카 도요나카 상업전문학교를 다니셨고, 당시 학생증이 지금도 집에 있다. 아버지는 18세 때 고향으로 돌아와, 한 살아래인 어머니와 결혼하여 일본으로 데려왔다. 그리고 아들과 딸 여섯을 낳아 키웠다. 내 기억으로는 과일 가게, 생선 가게, 파칭코 등 여러 장사를 하다가 토목 회사를 일으키면서 생활이 안정되었다.

아버지는 사업 외에 구마·히토요시(球磨·人吉) 지역에 사는 그리 많지 않은 재일한국인과 '재일본대한민국거류민단(민단)' 히토요시 지부를 만들어 아버지 나름대로 열심히 활동하셨다. 모국에 태풍 피해가 있거나 수해 등이 일어났을 때는 성금을 보내기도 했고, 그런 일로 어머니와 한 번씩 말다툼이 벌어지기도 했다. 우리 집은 부유했다고는 할 수 없으나 당시에는 전쟁이 끝난 지 얼마 되지 않아 어느 가정이든 모두 가난했기 때문에 특별히 불편함을 느끼지 않았다. 우리 여섯 남매는 일본 이름으로 학교에 다녔지만 동네 사람들은 누구나 우리가 조선인임을 알고 있어 학교에서 "조센진!" 하며 욕설을 듣기도 했다. 중학교 1학년 때 같은 반 학생에게 뾰족한 연필로 손바닥을 찔렸고, 그때 부러진 연필심이 지금도 손바닥에 검은 자국으로 남아 있다.

내가 고등학교 1, 2학년 때 아버지는 아들들 앞에서 이렇게 말씀한 적이 있다. "오늘 후쿠오카 (한국) 총영사를 만나고 왔는데, 그가 '다시 우리나라에서 전쟁이 일어나면 댁의 아들들은 어떻게 하겠다고 합니까?'라고 묻길래 '우리 아들들은 조국에서 전쟁이 일어나면 당장이라도 총을 들고 북한과 싸우겠다고 합니다'라고 했더니, 총영사가 '아직도 이런 애국자가 있었구나' 하고 감격해 눈물을 흘렸다." 우리는 서로 곁눈질하면서 "총 들고 전쟁터에 나간다는 말은 아무도 안 했는데…"라고 소곤거렸다.

또 민단 히토요시 지부가 박정희 대통령으로부터 표창받았다고 자랑하면서도 "너희는 박정희를 절대로 믿어서는 안 된다. 박정희는 '빨갱이'라 언제 나라를 김일성한테 팔아넘길지 모른다"라는 등 어린 우리에게 이해할 수 없는 말씀도 하셨다. 나는 한참 후에야 아버지의 그 말을 이해하게 되었다. 아버지는 반공·반북주의자로 김일성이라는 이름을 누구보다 싫어했다. 아버지는 어떻게 구했는지 모르지만 안중근 의사와 부인, 어린 아들의 사진 등을 낡은 검정색 가방에 소중히 보관하여 우리에게 자주 보여 주며 설명해 주시곤 했다. 그 가방은 족보가 들어 있는 나무 상자 안에 함께 보관되어 있었다. 나는 '지금 아버지가 살아 계셨다면 좀 더 자세한 이야기를 들을 수 있었을 텐데…' 하고 안타깝게 생각한다.

중학교 시절에 나는 나름대로 공부도 잘했으나 고등학교에서는 《삼국지》나 《수호지》 같은 책에 푹 빠진 탓에 친구들로부터 "넌 좋겠다. 대학입시도 안 볼 거지?"라는 놀림을 받기도 했다.

주오(中央)대학
코리아문화연구회
|

1967년 4월 나는 도쿄에 있는 주오대학 이공학부에 입학했다. 그해는 3년 뒤에 있을 미일안보조약 갱신을 앞두고 있었고, 또 베트남전쟁 반대운동 등이 격렬해져 학생들은 연일 학교 안팎에서 집회나 시위를 벌이기도 하고 간판을 세우기도 했다. 바리케이드 봉쇄로 인한

휴강도 잦았다. 주오대학은 당시 '사회주의학생동맹(사학동)'의 거점 대학으로 다른 대학의 학생 활동가들도 드나들었다.

입학식 날에 학생회 주최로 대강당에서 신입생을 위한 영화 상영 회가 열렸다. 한국의 '4·19 혁명' 기록영화였다. 한국 청년 학생들이 이승만 동상에 밧줄을 걸어 당겨 쓰러뜨리는 장면이 있었다. 나는 상 영 후 연단에 선 학생 대표의 말을 지금도 기억한다. "한국 학생들은 독재정권도 쓰러뜨렸다. 우리도 하면 된다!" 그런 내용이었다.

대학에 입학한 지 얼마 되지 않은 어느 날 낯선 학생 두 명이 교실 로 나를 찾아왔다. 이들은 '코리아문화연구회'(코리아문연)라는 동아 리의 동포 학생으로 학내 동포 학생들을 찾아내 코리아문연에 나오 도록 설득하고 있었다. 이들은 "우리 대학은 다른 대학과 달리 '조선 문화연구회'도 '한국문화연구회'도 아닌, '코리아'라는 통일 명칭을 사용해 함께 활동하고 있다. 같은 동포로서 고민거리도 있고 외로울 때도 있을 것이다. 마음이 내킬 때 동아리방을 찾아 달라"라고 했다.

어느 날 나는 동아리방을 찾아갔다. 문을 두드리고 안으로 들어가 보니 서너 명이 앉아 있었고, 그중 한 사람이 "어떻게 여기 왔어?" 하 고 물었다. 내가 "저는 이공학부 1학년 이철이라고 합니다"라고 대 답하자 그는 "자네가 이철 군이구나. 잘 왔어"라며 손을 잡고 따뜻하 게 맞아 주었다. 다른 이들도 자기소개를 하고 코리아문연에 관해 설 명해 주었다. 나는 같은 동포 학생들이 따뜻하게 맞아 주어 안심했다. 이것이 코리아문연을 드나들게 된 시작이었다.

몇 차례 드나들던 어느 날 한 선배가 "자네는 이런 책을 읽어 본 적이 있나?"라며 책을 내밀었다. 고리키의 《어머니》와 《유물변증법

이란 무엇인가》라는 문고본이었다. "읽어 보지 못했습니다"라고 했
더니 "대학생이 돼서 이런 책도 모르는가, 빌려 줄 테니 한번 읽어
봐"라고 했다. 나는 선배에게 얕보임을 당한 것 같아 "괜찮습니다. 제
가 사서 읽겠습니다"라고 대답하고 서점에서 책을 구했다.

부끄러운 이야기지만 당시 나는 일본 이름으로 대학에 다니고 있
었다. 조국의 역사는 물론 우리말도 거의 몰랐고 당시에는 한반도의
상황 같은 것도 아는 바가 거의 없었다.

나는 먼저 학적과를 찾아가 이름을 본명으로 바꾸기로 했다. '이
철'이라는 본명이 적힌 새로운 학생증을 손에 쥐자 긴장되는 느낌이
들었던 기억이 지금도 생생하다. 그것이 '나는 한국인이며 앞으로 한
국인으로 살아가겠다'고 다짐한 순간이자, 한국인으로서 내가 취한
첫 행동이었다. 나는 독학으로 우리말과 역사 공부를 시작했다. 코리
아문연은 나를 한국인으로 다시 태어나게 해 주는 터전이었다.

당시 일본 대학생들은 마르크스-레닌주의나 마오쩌둥 관련 책을
많이 읽었다. 나도 자연스럽게 그런 책들을 사서 읽곤 했다. 처음으로
접해 본 사회주의, 공산주의 이론은 나에게 신선하고 매력적이었다.
세상의 정치와 사회, 국가와 역사가 잘 보였다. 당시 코리아문연에는
유학동*과 한학동** 학생들도 드나들어 북한 관련 서적도 많은 편이

---

* (옮긴이)일본 대학에 다니는 재일동포 학생들을 조직화하기 위한 총련 산하단체.
현재도 활동 중이다.

** (옮긴이)일본 대학에 다니는 재일동포 학생 중 한국의 민주화를 지지하는 이들이
조직한 학생 단체. 당초 민단 산하에 있다가 민단 보수화에 거세게 반발하여 제명

주오대학 시절에 누나 가족과 함께(맨 오른쪽이 필자)

었다. 나도 그런 책을 접하면서 북한 사회에 관해 어느 정도 알 수 있
게 되었다.

　1960년대 당시 우리에게 북한 사회는 빛나고 있었다. 항일 무장
투쟁으로 조국을 해방하여 사회주의 사회를 건설하는 북녘 인민들의
모습은 조선 민중이 나아가야 할 길을 밝혀 주는 커다란 등불처럼 보
였고, 비록 북쪽만이라고는 하나 이상적 사회를 건설하고 있다는 생
각이 가슴속에서 점점 커져 갔다.

　됨에 따라 독자적으로 활동하게 되었다. 현재는 해산된 상태다.

한꺼번에 밀려온 민족주의와 사회주의라는 두 가지 물결로 동시에 세례를 받으면서, 나는 조선 민족으로 새로 태어나려고 몸부림쳤다.

이에 비해 남쪽 상황은 어떠했는가. 해방과 함께 상륙한 미군이 남쪽을 점령하고 그 비호 아래 이승만 정권은 독재정치를 계속하며 민중을 압박했다. 이승만 정권의 독재가 '4·19 혁명'으로 무너지고 민주주의 시대가 열리리라 생각했는데, 이번에는 박정희가 군사쿠데타를 일으키고 민주 정부를 전복해 군사독재가 시작되었다. 한국 민중은 이승만과 박정희의 독재정치 아래서 오랜 기간 고통받고 있었다.

그러나 비록 민중이 독재정권 아래서 어렵게 살아가며 민주주의가 억압받아 왔다고 하더라도 한국은 나의 조상이 살아왔고 부모님이 유년 시절을 보낸 나의 모국이다. 그곳이 내 조국이고 나는 한국인이다. 우리 형제들은 어려서부터 부모님 뒤를 따라 민단 지부 사무실에 가서 가사의 뜻도 모르면서 "동해물과 백두산이…"하면서 애국가를 부르며 자랐다.

나는 대학 2학년 말쯤에 한국 유학을 생각하기 시작하면서 코리아 문연 출입을 일절 끊었다.

그 무렵 민단에서는 재일동포 청년들을 대상으로 조국 유학을 보내 민족성을 배우게 하려는 움직임이 커지고 있었다. 재일동포 1세들은 자신들이 얻지 못했던 배움의 기회를 조국에서 자녀들에게 주려했으며, 훌륭한 한국인이 되도록 적극적으로 아들딸의 등을 밀었다.

우리 부모님도 아들들에게 한국에 가서 공부하기를 권했다. 나도 일본에서 우리말이나 역사를 배우는 것만으로는 부족하다고 느꼈다. '반쪽발이(반일본인)' 같은 처지를 벗어나 진정한 한국인으로서 주체성을 회복하기 위해서는 모국 청년들과 대화하고 깊게 생각할 필요가 있었다. 부모님의 마음도 내 등을 힘차게 밀어 주었다.

첫 모국 방문

|

1970년 여름방학 때 나는 처음으로 조국을 찾았다. 그때 감격은 지금도 잊을 수 없다. 하네다공항에서 김포로 날아갔는데, 당시 김포공항은 재건축되기 전이라 시설이 오래되고 활주로가 하나밖에 없는 조그마한 공항이었다. 밖에 나가 보니 낡은 택시가 달리고 있었다. 그러나 나는 처음으로 조국 땅을 밟은 감격에 몸이 떨리는 듯했다. 먼저 어머니의 언니인 이모 집 주소가 적힌 쪽지를 손에 쥐고 찾아가기로 했다.

동대문구 숭인동 산○○번지. 지리를 전혀 모르는 나는 어떻게든 서울역까지 가면 전철이든 뭐든 있을 거로 생각했다. 그러나 서울역 앞에는 넓은 광장이 있을 뿐 전철 같은 것은 없었다. 어쩔 수 없이 택시를 찾아 쪽지에 적힌 주소를 보여 주니 택시는 숭인동 파출소까지 나를 데리고 갔다.

내가 파출소에서 주소를 보여 주자 경찰관은 따라오라며 내 앞에서서 걷기 시작했다. 파출소 뒤편에 있는 산으로 올라가는데 산허리에는 판잣집들이 찰싹 붙어 있었다. 나는 의아하게 여기면서도 따라갈 수밖에 없었다. 뭐라 말할 수 없는 냄새가 가득한 좁은 길, 어디서 나오는지 알 수 없는 많은 아이. 물을 나르기 위해 멜대를 멘 여성들이 수다를 떨다가 경찰관과 내가 울퉁불퉁한 길을 올라가자 조용해졌고 불안한 눈으로 쳐다보았다.

나는 어느 한 집이라기보다는 오두막집 같은 곳에 도착했다. 경찰관이 밖에서 말을 건네자 나이 든 여성이 장지문을 조금만 열고 조심스레 고개를 끄덕였다.

경찰관이 당신 조카가 일본에서 찾아왔다고 하자 그 여성은 장지문을 확 열어젖히며 밖으로 뛰쳐나왔다. 여성의 얼굴을 보니, 세상에, 히토요시에 사는 둘째 누나와 똑같은 얼굴이었다. 물론 세월이 지나서 누님이 나이가 들면 그렇게 될 것 같은 얼굴인데, 넓은 윤곽에 애교 있고 예쁘게 쌍꺼풀진 부드러운 눈동자가 나를 쳐다보고 있었다. 이것이 모국의 가족과 첫 만남이었다.

그 후 일본으로 돌아간 나는 본격적으로 모국 유학길을 모색했다. 민단에서 간단한 유학 시험을 치른 뒤 이듬해 1971년 3월 서울대학교 공과대학 안에 있던 '재외국민교육연구소'에 입소하여 한국어와 역사를 배운 다음, 2년 뒤인 1973년 3월 드디어 고려대학교 대학원 정치외교학과에 입학했다.

재일동포 유학생 간첩 조작 사건과 사형 판결

1

1975 12

1979 08

모국 유학과 재일동포
유학생 간첩 조작 사건

|

고려대학교에 입학한 나는 학우도 많이 생겨 모국에서 대학 생활을
즐기고 있었다. 고려대학교에는 재일동포 유학생도 많았고, 나는 그
중에서도 법대 학생과 친해지면서 그를 통해 많은 학생을 사귀게 되
었다.

또한 나는 재외국민교육연구소에 다니던 시절에 오사카에 계시는
자형의 이종사촌인 숙명여대생을 소개받아 교제하고 있었다. 그녀의
집은 어머니와 둘만 있는 모녀가정이었는데, 당시 그녀는 학교 기숙
사에서 지냈다. 그녀의 이름은 민향숙이었다.

우리는 교제하면서 서로 애정이 깊어져 나는 이 여성이야말로 평
생을 함께할 사람이라고 생각하게 되었다. 그녀의 모친, 조만조 어머
니에게 따님과 결혼하고 싶다고 말씀드렸더니, 조만조 어머니는 일
본에 계시는 부모님으로부터 정식으로 청혼이 들어오면 혼인을 허락

결혼을 약속한 시기의
두 사람

하겠다고 말씀하셨다. 나는 일본에서 부모님을 모셔 와 우리는 정식
으로 양가 합의에 따라 약혼했고 여건이 되는 대로 결혼식을 올리기
로 했다. 우리 두 사람은 꿈같은 나날을 보냈다.

우리가 결혼식을 앞둔 1975년 11월 22일 충격적 발표가 있었다.
중앙정보부(현 국가정보원)가 '재일동포 유학생 간첩' 사건*을 적발했
다는 발표가 신문에 크게 보도되었다. 학생들의 사진도 실려 있었다.
중앙정보부 발표에 따르면 이들 외에도 대상자가 더 있으며, 그들은
한 달 안에 자수하라는 내용도 있었다. 나는 놀라서 몸서리쳤다. 나는
그 학생들이 누구인지는 알 수도 없었으나 여하튼 위험을 느꼈다. 동

---

* 1975년 11월 22일 중앙정보부가 발표한 '간첩 사건'으로, 이른바 11·22 사건이
라고 한다. 재일동포 13명을 포함한 21명이 구속되었다. 이 사건은 중앙정보부가
날조한 조작 사건으로 재일동포들은 2010년 이후 재심을 통해 현재까지 약 40명
이 무죄선고를 받았고, 나도 2015년에 무죄를 받았다.

포 유학생들이 한 사람씩 연행되어 조사받고 있다는 소문도 돌았다. 언젠가 나에게도 그 차례가 올지 모른다고 생각하니 불안했다.

중앙정보부에서 발표하고 난 뒤 자수 기간 중이었던 12월 11일 새벽, 내가 살던 안암동 하숙집에 낯선 남자 여럿이 찾아왔다. 그들은 내 책상과 책장을 뒤진 뒤 나에게 물어볼 것이 있다며 연행하겠다고 했다. 나는 걱정하던 일이 실제로 일어나 속으로 불안했지만, 걱정스러운 표정의 민향숙과 그녀의 어머니에게 뭔가 착오일 테니 걱정하지 말라고 안심시켜 놓고 차에 올랐다. 차 안에서 눈을 가리고 머리를 두 다리 사이에 들이민 채 끌려간 곳은 남산의 중앙정보부 지하 조사실이었다.

고문과 강제 자백
|

나는 조사실에 들어가자마자 입던 옷이 모두 벗겨져 알몸이 되었다. 수사관들은 "무엇 때문에 여기에 데리고 왔는지 너는 잘 알겠지?"라고 했다. 내가 "모릅니다"라고 하자 그들은 나무 막대기로 사정없이 때렸다. 내가 쓰러지자 온몸을 발로 차고 몽둥이로 마구 때렸다. 또 팔을 위로 올리고 엉거주춤한 자세로 서 있게 하여 힘이 빠져 주저앉자 다시 걷어차거나 때리는 등 폭행을 가했다. 옆방에서도 큰 비명 소리가 들려왔다. 나는 왜 맞아야 하는지도 모르는 채 오로지 견디려고 했으나 죽을 것만 같은 두려움에 아무 생각도 할 수 없었다. 나는 벌거벗은 몸으로 바닥에 무릎을 꿇고 앉았고, 무릎 사이에는

곤봉을 끼우고 있어 밟힐 때마다 비명을 질렀다. 다리뼈가 부서질 것만 같았다.

"솔직하게 말하지 않으면 죽을 때까지 할 거다. 여기에 들어온 이상 살아서 나갈 생각 따위는 하지도 마라"라는 위협에 완전히 위축되고 말았다. 자백하고 싶어도 자백할 것이 없었다. 처음 며칠 동안은 그래도 아무것도 모른다고 했다. 그들은 내 수첩에 이름이 있는 친구나 친척들을 닥치는 대로 연행하여 심문하고 조사했다.

그들을 만족시키지 못하는 한, 여기서 나갈 수 없다고 생각한 나는 코리아문화연구회 시절 이야기나 사회주의 서적, 북한 관련 서적 등을 읽은 이야기를 했다. 솔직하게 말하고 하루빨리 나가고 싶었다. 그러나 그들은 그것으로 만족하기는커녕 정반대였다. 그들은 며칠 밤잠을 자지 못하도록 하면서 계속해서 같은 질문을 반복했고 내 의식은 점차 몽롱해졌다. 짐승 같은 놈들은 공포로 오그라든 내 성기를 잡아 담뱃불에 지지려고 하면서 "네 윗선에 관해 솔직하게 말하지 않으면 네 약혼녀와 어머니를 여기에 끌고 와서 벌거벗기고 네가 보는 앞에서 해 버리겠다"라며 협박했다. 나는 그런 짓만은 제발 하지 말아 달라고 애원했다.

이대로는 살아서 여기를 나갈 수 없고 결국 북한 간첩으로 만들어지고 말 터였다. 그렇게 될 바에야 차라리 죽는 게 낫다는 생각이 들었다.

그렇다. 죽을 수밖에 없다! 그러나 벽이라는 벽에는 스펀지 같은 것이 들어 있어 머리를 벽에 박아도 죽지 못하게 되어 있었다. 나는 "다 말할 테니 머리를 정리할 시간을 주세요"라고 했다. 그러자 그들은 갑자기 기분이 좋아져서 "이제야 결심이 섰냐. 어때, 소주나 마실래?"라고 말했다. 나는 달라고 했다. 혀를 깨물고 죽기로 결심한 이상 술을 마시면 출혈이 많아져 죽기 쉬울 거라고 생각했기 때문이다. 그들은 소주가 조금 남은 병을 가져왔다. 내가 "생각을 정리하는 동안 밖에 나가서 잠시 나 혼자 있게 해 주세요"라고 하자 그들은 "방 밖에 나가 있겠지만 문은 열어 두겠다. 잠시 시간을 줄 테니 빨리 머리를 정리하라"라고 했다. 나는 소주를 들이켰다.

이제 혀를 깨물고 죽어야 한다고 생각하니 온갖 생각이 떠올랐다. 민향숙이 불쌍했다. 아무것도 해 주지 못하고 마지막에 이렇게 헤어지는구나 하고 생각하니 너무 억울했다. 일본의 부모 형제도 만나지 못하고 아무도 모르는 이런 지하실에서 혼자 죽는다고 생각하니 몹시 괴로웠다. 그러나 지금은 이 길밖에 없다. '내 가족과 사랑하는 사람들, 혼자 죽는 나를 용서해 주십시오. 세상에 생을 얻은 지 27년, 이 나이가 되도록 살길을 찾기 위해 내 나름대로 공부도 했습니다. 배운 것을 아무것도 쓰지 못하고 죽기에는 너무 이르지만 지금은 이 길 말고는 없습니다.' 이때 밖에서 "빨리 정리해. 5분 남았다!" 하는 소리가 들려왔다.

이제 결행한다고 생각하니 머릿속이 쨍하고 맑아졌다.

나는 윗니와 아랫니 사이에 혀를 끼워 가볍게 깨물었다. 그러고는 숨을 멈추고 온 얼굴에 힘을 주어 단숨에 깨물었다! 끊겼나? 아니, 안 끊겼다. 다시 깨물었다. 속으로 "빨리 끊어 버려!"라고 외쳤다. 그러나 나는 너무 아파서 신음 소리를 냈는지도 모른다. 밖에서 이변을 감지한 수사관들이 "이 새끼가!" 하며 달려왔다. 나는 그래도 이에 힘을 주어 깨물었다.

"아, 안 끊어졌어!"

수사관들이 고함을 지르면서 달려와 내 입을 벌리고 입안에 수건을 집어넣은 다음 의사를 부르러 뛰쳐나갔다. 누군가 나를 의자에서 일으켜 세워 두드려 패기 시작했다. 의사가 와서 혀는 괜찮다고 하여 그들도 안심하는 듯했다. 나는 입안이 피범벅이 된 채로 긴장의 끈이 풀려 완전히 녹초가 되고 말았다. "아, 죽으려 했는데 죽지도 못하는군, 이런 비참한 꼴이 되다니!" 온몸이 땀범벅이 되어 바닥에 누워 버린 나는 죽은 사람처럼 모든 것을 포기했다.

그날 이후로 나는 그들이 원하는 대로 모든 것을 인정했다. 그 뒤로는 진흙탕이었다. 아무런 증거도 없고 내 의사도 아닌데, 하나를 인정하면 그들은 둘을 요구하고, 둘을 말하면 넷을 요구했다. 그들의 마음에 들지 않는 대답을 하면 야전침대용 나무 막대기가 부러질 정도로 패고 발로 걷어찼다. 그러면서도 자기들끼리 잡담할 때는 "아들이 감기가 들어서 열이 나니 걱정이다"라든지, "공부를 잘하게 하려면 어떻게 해야 하나?" 하는 말들을 주고받았다. 이런 악마 같은 놈들도 가정에서는 좋은 아버지란 말인가? 사람에게는 이렇게 극단적 양면성이 있단 말인가.

어느 날 그들은 "오늘은 교포 학생을 하나 만나게 해 줄 테니, 이야기를 잘 들어 봐라"라고 했다. 그 교포 학생의 이름은 기억나지 않지만 아마 모 대학교에서 유학 중에 체포된 후 정보부에 협조해 오던 사람인 듯했다. 정보부에서 그의 얼굴 사진을 가공한 포스터를 제작하여 "북한 간첩을 발견하면 신고하자"라는 구호를 여기저기 붙여 놓았기 때문에 나도 그를 보자마자 바로 포스터 주인공임을 알 수 있었다.

그가 조사실로 들어오자 수사관들은 소주와 돼지고기, 김치를 가져와 술판을 벌이기 시작했다. 그 교포 유학생이 "저도 올해 안에 일본으로 한 번 갈 수 있게 해 주세요"라고 하자, 그들은 "그래, 다녀올 수 있도록 상부에 보고해 놓겠다"라고 했다. 포스터 주인공이 나에게 "우리 초면이죠? 이분들 말을 잘 듣고 협조하면 나처럼 밖에서 지낼 수 있게 돼요"라고 했다. 그 말에 나는 "우리는 초면이 아닌데. 나는 당신을 포스터로 여러 번 만났어" 하며 테이블에 있던 소주를 그의 얼굴에 끼얹었다. 그리고 "이 개새끼야! 친구들을 배신하고도 살 수 있다고 생각하냐. 너 같은 놈은 인간쓰레기야!" 하고 소리를 질렀다. 그러자 화가 난 수사관들이 나를 원래 있던 방으로 끌고 가 다시 패기 시작했다. 나중에 한 젊은 수사관과 단 둘이 있을 때 그가 "너, 그땐 잘했다"라고 했는데 나는 그 말이 무슨 뜻인지 알 수 없었다.

내가 진술서를 쓰고 또 쓰며 여러 번 썼을 때, 그들은 누군가가 쓴 진술서를 가져와서 참고하라며 나에게 보여 주었다. 이름이 가려져 있어 누가 쓴 것인지 알 수 없었으나 아마도 도쿄대학 관계자인 듯했다. 북한에 가서 간첩 교육을 받았다느니, 무슨 시설을 견학했다는 등의 내용이 적혀 있었고 나에게도 이렇게 똑같이 쓰라고 지시했다.

연행된 지 며칠 지났는지 알 수 없었다. 어느 날 그들은 나에게 "오늘은 집에 갈 테니 옷을 입어라"라고 했고 나를 차에 태웠다. 나는 집에 갈 수 있을 거라고 믿지는 않았으나 그들의 얼굴을 보지 않게 되는 것만으로도 기뻤다.

서대문구치소

|

1976년 1월 19일 나는 39일 만에 남산 중앙정보부에서 서대문구치소로 넘어왔다. 수사관들은 "여기 선생님들 말을 잘 들어라. 그러면 빨리 집에 갈 수 있을 것이다"라는 말을 남기고 가 버렸다.

나는 파란색 죄수복으로 갈아입고 식기와 대나무 젓가락을 들고 붉은 벽돌 건물 10사 2층 방으로 끌려갔다. 그날 밤은 유독 추웠다. 기온이 영하 17도였다. 좁은 독방에 들어가 보니 너덜너덜한 이불이 한 장 있을 뿐이었다. 그리고 지름 60센티미터 정도의 플라스틱 통(속칭 새우젓 통)이 있었는데 그 통이 변기였다. 뚜껑을 열고 그 위에 걸터앉아 대소변을 보아야 하는데 잘못하면 뒤집힐 것 같았다. 또한 이불은 말이 이불이지, 실제로는 파란색 천 포대 안에 동그란 솜뭉치가 들어 있다는 것이 정확한 표현이다. 솜 부스러기는 포대 안에 둥글게 뭉쳐져 굴러다녔고 솜이 없는 부분은 천뿐이었다. 그런 엉성한 이불로 영하 17도의 강추위를 어떻게 견딜 수 있겠는가? 나는 밤새도록 그것을 머리에 뒤집어쓰고 덜덜 떨어야 했다. 벽에는 창문이 하나 있는데 창문 나무틀이 뒤틀려 있어 바늘로 찌르는 듯한 칼바람이 거세게 불어 들어왔다. 창문에는 얇은 비닐 한 장만 붙이고 못으로 박았을 뿐, 바람이 불 때마다 비닐이 안팎으로 심하게 흔들리면서 버둥거리는 소리가 났다. 아침에 일어나 보니 양동이 물이 꽁꽁 얼어 있었다.

다음 날 맞은편 방에 재일동포가 있다고 누군가 알려 주었다. 좁다란 시찰구로 쳐다보니 저쪽에서도 눈으로만 이쪽을 바라보고 있었다. '누구일까?' 맞은편 방의 두툼한 나무문이 열리고 잡수가 반입되었다. 그 순간 그의 모습이 나타났다. 젊은 학생처럼 보였다. 잠시 후 그 사람이 교도관 몰래 소지(잡일을 맡아 하는 출역수, 일본어로 '청소'라는 뜻)를 시켜 탕반기(세숫대야)에 가득히 찐빵을 보내 주었다. 감귤만 한 크기의 찐빵 안에는 흑설탕 앙금이 들어 있었다. 김이 나는 따뜻한 찐빵을 보니 너무 기뻤다. 나는 얇은 옷만 입은 채 구치소로 넘어왔기 때문에 돈도 없었고, 아침저녁으로 나오는 잡곡밥은 색깔도 까매서 도저히 먹을 수 없었다.

내가 그 학생에게 눈으로 고맙다고 인사하자 그는 나에게 수화를 가르쳐 주었다. 손가락으로 말하는 옥중 특유의 수화였다. 나는 그 사람과 교도관 몰래 대화를 나누기 시작했다. 그는 가톨릭 의대를 다니던 재일동포 학생이었다.

전방(轉房)

|

일주일쯤 지나 방을 옮겼다.

들고 갈 짐이라고는 아무것도 없어 식기 세 개와 대나무 젓가락 그리고 크기가 전혀 맞지 않는 검정색 고무신을 걸쳐 신고 교도관을 따라갔는데, 거기는 제1사 2층 방이었다. 제1사부터 제6사까지가 제1관구, 제7사부터가 제5관구라고 불렀는데, 1관구와 5관구는 높게 세운 붉은 벽돌벽으로 분리되어 있었다. 그 붉은 벽돌담의 5관구 쪽에는 사형장도 있었다.

1사는 외벽에 가장 가까운 사동으로 10사와 달리 방 끝에 변소도 있고 방 크기도 10사보다 약간 컸다. 가장 기뻤던 점은 햇빛이 비쳤고, 2층 방은 15척(약 4~5미터) 높이의 외벽보다 더 높아서 바깥 경치를 볼 수 있었다. 그러나 바깥 사회가 보인다는 것은 한편으로는 괴로운 일이기도 했다. 민향숙이나 일본의 부모 형제들, 사회의 여러 일이 매일 떠올랐기 때문이다.

어느 날 바깥을 내다보고 있는데 눈앞에 보이는 집에서 한 여성이 빨래를 널러 옥상으로 올라오는 모습이 보였다. 골목에서는 아이들이 노는 소리나 울음소리가 들리기도 했고 젊은 엄마가 꾸짖는 소리도 들렸다. 사회가 바로 코앞에 보이는데 나는 이런 곳에 갇혀 있어 앞으로 어떻게 될지 모른다고 생각하니 견딜 수가 없었다.

며칠 동안은 불안하기도 하고 뭐가 뭔지 모르는 채 지냈지만, 시간은 좀처럼 흐르지 않았다. 면회는 불허되었으나 영치금(수형자에게 넣어 주는 돈)과 세탁물 차입이 허용되어 민향숙 모친인 조만조 어머니가 추운 날에도 먼 서대문구치소까지 찾아와 정성껏 옥바라지를 해 주셨다. 어머니는 외동딸과 그 약혼자인 내가 왜 감옥에 갇혔는지 영문도 모르는 채 혼자 슬픔을 견디며 영치금과 세탁물을 넣어 주셨다. 실은 그 무렵까지도 나는 민향숙마저 구속되었다는 사실을 전혀 알지 못했는데 내가 구치소에 들어온 그날, 그녀도 서대문에 수감되었다.

나는 1사 상(2층)으로 옮긴 뒤 근처 방에 도쿄 출신의 김원중(金元重) 씨가 있음을 알게 되었다. 그는 도쿄 호세이대학 출신으로 '11·22 사건(재일동포 유학생 간첩 조작 사건)'에 휘말린 재일동포 학생이었다.

우리는 가끔 변소에 들어가 창문 너머로 통방(다른 방 사람과 대화하는 일)했다. 또 1사 하(1층)에는 장영달(張永達)이라는 청년이 있었다. 그는 '민청학련 사건'으로 구속된 후 형집행 정지로 출소했으나 후배들에게 민주화운동에 관해 조언한 것이 문제가 되어 다시 수감되었다. 그는 국민대학교에 학적을 두며 퇴학과 복학을 거듭하다가 이제 8학년이 되었다고 호쾌하게 웃었다. 그는 "이 형, 1사 2층 방에서 바깥 사회를 볼 수 있는 건 선택받은 사람들뿐이오. 여기서는 벽밖에 안 보이거든"이라고 말했다.

나는 결혼식을 한 달 앞둔 27세 때 구속되었는데 민향숙이 가엾어 견딜 수 없었다. 그녀를 생각하면 가슴이 찢어질 것만 같았다. 도대체 내가 이 나라를 위해 무엇을 했다고 이곳에 들어왔는가. 그나마 뭐라도 하고 들어왔다면 그래도 납득이라도 했을 텐데, 아무것도 못 하고 감옥에 들어온 자신이 원망스럽기만 했다. 그러나 일본에서 태어나 자란 사람이 조국에 돌아온 지 불과 몇 년 만에 도대체 무엇을 할 수 있단 말인가. 냉정하게 생각해 봐도 아무것도 할 수 없으리라 생각했다. 그렇다면 조국과 민족에 애정을 가지고 조국의 민주, 통일을 위해 작은 기여라도 하고 싶다는 바람은 돈키호테 같은 생각이었단 말인가? 나는 거듭 자문했다.

학생과 민주 인사들

고려대 후배 몇 사람이 서대문구치소에 들어왔는데 그중 한 사람이 말했다.

"선배, 학교에서는 다들 재일동포 학생들을 욕하고 있습니다."

나는 짐작할 수 있었다. 나로 인해 법대 학생과 고려대 선배가 구속되었고, 구속까지는 안 되어도 연행되어 가혹한 조사를 받은 친구도 여러 명 있었을 것이다. 또 재일동포 간첩 사건을 구실로 국내 학생운동도 많은 피해를 입었으리라. 나로 인해 그들의 장래에 큰 지장이 생겼다고 생각하니 마음이 아팠다. 그러나 그 반면, 학교 친구들이 중앙정보부의 일방적 말을 믿고 나를 북한 간첩으로 여긴다는 사실이 억울하기도 했다. 어제까지 함께 술을 마시며 담소하면서 사회나 학생운동, 장래 희망 등 많은 이야기를 나누던 친구들이었다.

그러나 그의 말은 아마 사실일 터다. 당시 시국사범으로 들어온 학생들도 소수를 제외하고는 우리를 데면데면 대하며 거리를 두었다. 순수하게 학생운동을 했을 뿐인데 재일동포 학생들 때문에 간첩 사건이니 국가보안법이니 하는 엄청난 사건에 휘말렸고, 속았다고 생각했으리라. 그러나 장영달 씨는 언제나 부담 없이 우리를 대해 주는 고마운 사람이었다.

1976년 3월, 나는 또 갑자기 2사 하(1층) 방으로 옮기게 되었다. 그리고 다음 날에 방을 옮기게 된 이유를 알게 되었다. 1976년 3·1절에 '3·1 민주구국선언'을 발표한 김대중 씨와 문익환 목사님 등이 대거 서대문구치소에 수감되었기 때문이다.

내가 있던 1사 상 방에 김대중 씨가 들어가고, 그 양쪽 옆방은 비워 두었다. 옆방과 통방하지 못하게 하기 위해서였다. 나는 그가 흰 지팡이를 짚고 불편한 걸음으로 복도를 걷는 모습을 여러 번 목격했

고 문익환 목사님과 문동환 교수님, 함세웅 신부님의 모습도 여러 번
볼 수 있었다.

검사 취조와
민향숙 구속
|

서대문구치소에 입소한 지 한 달쯤 되었을 때 나는 검사 취조(검취)
를 받았다. 검사 취조는 보통 검찰청에서 받는데 나는 구치소에서 받
았다. 나는 일방적으로 진행되는 취조에 어떻게라도 항거해야겠다고
생각했으나 결국 아무것도 하지 못하고 중앙정보부 지하실에서 고문
받아 허위로 작성된 내용을 그대로 인정하고 말았다.

내가 검사에게 "그러나 나는 간첩도 아니고 간첩 행위도 하지 않
았습니다"라고 말하자 검사는 "북한에 이익이 되는 일을 하는 것이
바로 간첩 행위"라며 말도 못 붙이게 했다. 그때 서류 표지에 '그 외 2
명 구속'이라는 글자가 있어 내가 놀라며 "둘 중 한 명은 혹시 민향숙
이 아니겠지요?"라고 묻자, 검사가 "그렇다"라고 하는 게 아닌가. 나
는 눈앞이 캄캄해졌다. 선배 기자에 관해서는 각오하고 있었지만 민
향숙마저 구치소에 갇혔다니. 나는 치밀어 오르는 분노를 참을 수 없
었다.

'약속하고 다르잖아!' 나는 속으로 몇 번이나 소리쳤다. 중앙정보
부 수사관들은 "북한 사회주의 사회의 우월성을 아는 사람이 자기 애
인에게 아무 이야기도 하지 않았다는 것은 부자연스럽잖아. 그러니

약혼녀에게도 북한의 훌륭함을 설명해 준 것으로 하자. 그래 봤자 아무 일도 없을 거야, 너도 빨리 여기를 나가서 결혼식을 올려야 하잖아?"라고 했다.

그 후 나는 어떻게 지냈는지 기억이 나지 않는다. 그들에게 감쪽같이 속아 죄 없는 약혼녀마저 구치소로 끌어들인 나 같은 놈은 차라리 죽는 게 낫다고 생각했다.

어느 날 가까운 방에 있던 한 학생이 나에게 이렇게 말했다. "넌 간첩 행위를 할 목적으로 한국 여성을 속여 애인이 된 척했냐? 그렇다면 결코 용서치 않을 테야." 나는 무시했으나 대꾸할 말도 없었다. 그러나 나는 민향숙이 중앙정보부와 검사에게 "이철은 간첩 활동에 이용하려고 너를 사랑하는 척했던 것이다"라는 말을 듣고서 그녀가 정말 그렇게 믿지는 않을까 불안했다.

성서와 만남
|

나는 1심 재판이 끝날 때까지 책 차입이나 접견이 일절 금지되어 활자에 굶주리고 있었다. 눈에 들어오는 활자란 방문에 붙어 있는 '국민교육헌장'이라는 한국판 '교육칙어'뿐이어서 이것을 암기할 정도로 몇 번이나 읽었다.

그러던 어느 날 절도죄로 들어온 한 청년이 세면장에 가면서 내 방 앞을 지나가다가 "매일 심심하시죠? 이거라도 읽어 보시겠어요?" 하며 작고 얇은 소책자를 시찰구로 던져 주었다. 재빨리 주워 보니 '마가복음'이라고 쓰여 있었다. 마가(馬可)란 마르코의 한자 표기였다.

나는 성서나 기독교에 관해서 전혀 몰랐지만 활자를 읽을 수 있다는 사실이 기뻤다. 나는 순시 도는 교도관에게 들키지 않도록 이불 속에 숨겼고, 읽을 때는 밖에서 보이지 않도록 문을 등지고 앉았다.

마가복음은 나에게는 완전히 미지의 세계였다. 나는 예수 그리스도나 신앙에 관해서는 아무것도 몰랐는데, 이 책에는 예수라는 사람의 놀라운 삶이 쓰여 있었다. 나는 읽으면서 한숨을 쉬었다. 이 책에 나오는 예수는 2000년 전에 가난한 민중을 사랑하고 억압받는 민중의 구제를 원했던 사람이었다. 그리고 세상을 개혁하고 민중이 평화로이 사는 사회를 만들려고 하다가 지배자들의 재판을 받아 사형되었다.

문득 떠오르는 것이 있었다. 그렇다, 이것이야말로 바로 내가 하고 싶었던 일이 아니었던가. 조국을 찾아 일생을 걸어서 하고 싶었던 일이 아니었는가. 2천 년 전 나와 비슷한 생각을 한 사람이 있었는데 당시 지배층에 의해 처형되었다고 한다. 그러나 그 사람의 가르침은 아득한 옛이야기로 잊히지 않고 2천 년 후 오늘날에도 이렇게 전해져 읽는 이들의 가슴을 울린다. 나는 충격을 받았다.

내가 하고 싶었던 일이 예수와 같다고 하면 그건 너무나 불손한 소리다. 그러나 나는 그때 정말로 그렇게 느꼈다. 나는 예수에 관해서 더 알고 싶었으나 그 소책자밖에 없었기 때문에 몇 번이나 열심히 읽었다. 그는 사형선고를 받았다고 한다. 아마 나도 재판받으면 사형선고를 받게 되리라 짐작한다. 내가 아무도 모르게 이곳에서 죽임을 당하더라도 언젠가 예수처럼 나라는 존재가 사람들에게 알려질지도 모르겠다. 나는 그렇게 생각했다. 마르코복음은 나를 위한 복음이라고 나는 멋대로 해석했다. 하느님은 시련을 주셔도 언제나 그 사람이 감당할 수 있을 만큼 주신다고 한다. 나도 그렇게 생각했다. 그렇게 믿는다면 어떤 역경 속에서도 긍정적으로 살아갈 수 있다.

마르코는 학문이 깊은 사람이 아니었던 듯하다. 그래서 글도 간소하고 표현도 소박한 면이 있다. 그러나 그렇기 때문에 복음서에 예수님의 인간다운 모습이 더욱 뚜렷이 나타나 있다. 가방끈이 짧은 마르코가 써서 남긴 만큼 그 의미가 깊다. 나는 마르코복음서에 얼마나 위로받고 힘을 얻었는지 모른다. 마르코복음서의 예수님은 내 마음의 상처를 치유하고 나를 위로해 주셨다. 그리고 "너에게는 죄가 없다. 내가 알고 있다. 너는 조국을 진심으로 사랑하고 있다"라고 하시는 듯했다.

나는 처음 만난 예수님에게 얼마나 감사했는지 모른다. 나는 그날부터 내 멋대로 예수님과 의형제를 맺어, 형님으로 모시고 살기로 했다.

첫 출정(出廷)

4월 초에 1심 공판이 시작되었다. 아침 일찍 불려 나와 복도에 나오니 일반수들은 이미 수갑을 차고 몇 사람씩 굴비처럼 포승줄로 묶여 있었다. 나는 국가보안법이라서 분홍색 포승줄로 혼자 묶였다.

버스로 법원에 도착하자 이른바 '비둘기장'으로 불리는 독방용 대기실로 끌려갔다. 반 평쯤 되는 비둘기장 벽에는 예리한 물건으로 글자가 많이 새겨져 있었다. 앞서 이 방을 거쳐 간 양심수들, 정치범들이 단단한 판자에 새긴 외침의 홍수! 그 가운데는 '민주주의 만세', '자유'와 같은 글이 많았는데 그중에 '타도 오적!'*이 눈에 띄었다. 나는 혹시 김지하 시인이 새긴 것은 아닐까 상상해 보았다.

대여섯 시간이나 대기한 뒤에야 "출정!"이라는 소리와 함께 문이 열리고 나는 법정으로 끌려갔다.

2층 대기실에서 계단을 내려가 마당을 가로질러 대법정으로 갔다. 내가 마당에 나오자 많은 사람이 일제히 나에게 시선을 돌리는 것을 느꼈다. 나는 그 많은 사람 속에서 손수건으로 얼굴을 누르며 오열하는 나의 어머니와 조만조 어머니의 모습을 보았다. 그때 "철아! 너는 아버지가 돌아가신 걸 아냐?"라는 큰 소리가 들려왔다. 놀라서 보니 도쿄의 숙부님이었다. 숙부는 "네 아버지는 너를 걱정하면서 돌아가셨다!"하고 소리쳤다.

내가 법정에 들어가서 자리에 앉자 곧 민향숙하고 선배 기자가 들어왔고 내 옆에 앉았다. 나는 수갑을 차고 포승줄에 묶인 그녀의 모습을 보고 가슴이 막히고 말았다. 지금도 그녀의 죄수복 차림이 선명히 남아 있다. 공범끼리 대화는 금지되었으나 나는 작은 소리로 물었다. "괜찮아?", "괜찮아요, 잘 있어요." 나는 그녀의 대답을 듣고 속으

---

* 〈오적〉은 1970년 《사상계》 5월 호에 게재된 김지하 시인의 장편 시. 오적이란 재벌, 국회의원, 고위공무원, 장성, 장·차관을 뜻한다. 김지하 시인은 반공법 위반으로 구속되었다.

로 매우 안심했다. 그 뒤 방청석에 많은 사람이 들어와서 자리가 꽉 찼다. 같은 대법정에서 국내 학생들의 재판도 열렸다.

검사의 모두진술이 장황하게 이어지는 것을 들으면서 나는 이제 와서 항변할 용기도 없어 빠르고 잘 알아들을 수도 없는 검사의 말에 그저 "예"라고 답할 뿐이었다. 그렇게 첫 공판이 끝나고 다시 비둘기장에 갇힌 뒤, 버스에 실려 구치소로 돌아갔는데 이번에는 민향숙도 같은 버스를 탔다.

앞자리에 앉은 그녀는 가끔 뒤를 돌아보며 맨 뒤에 앉은 내 모습을 살폈다. 구치소에 도착하자 그녀가 먼저 내리고 교도관과 함께 여자 사동(여사) 쪽으로 걸어갔다. 그녀가 고개를 돌려 나하고 눈이 마주치자 "응, 응" 하며 고개를 끄덕였다. 그녀는 법정에서 나올 때도 "내 걱정은 안 해도 되니까 몸 건강만 잘 챙겨요!" 하고 한마디 해 주어서 나는 북받치는 기쁨과 슬픔이 뒤섞여 가슴이 벅찼다.

공판이 몇 차례 열린 뒤에 검사가 구형했다. 검사는 그때까지 비교적 사무적으로 논고하다가 구형 때만큼은 한 마디 한 마디에 힘을 주어 말했다. "피고인은 사회적으로 매우 위험한 인물이니 사회에서 영원히 말살되어야 합니다. 이에 사형을 구형합니다."

검사는 정말 그렇게 말했다. 내가 무엇을 했기에, 어떤 죄를 범했고 사회에 얼마나 위험하기에 사형당할 만큼 나쁜 사람이란 말인가. 나를 사회에서 영원히 말살해야 한다고 한 검사의 말을 아직도 생생히 기억한다. 김 검사는 그 후 출세하여 고검 검사를 지냈다고 한다. 거기까지 올라가기 위해 얼마나 많은 무고한 사람을 처형하고 또 징역에 보냈을까?

나는 사형, 민향숙은 징역 10년이 구형되었다. 나는 사형을 받아도 괜찮지만, 민향숙의 10년은 너무 가혹했다. 그녀를 생각하니 눈앞이 캄캄해졌다. 그러나 그녀는 내 얼굴을 보고는 미소를 지으며 힘찬 모습을 보이려고 애썼다.

최후진술

나는 결심공판 때 마지막으로 하고 싶은 말을 전날 밤부터 생각했다.

"나는 나라와 민족을 되찾으려고 일본에서 왔으나 지금까지 조국과 민족을 위해 아무것도 하지 못한 것이 후회스럽다. 하지만 당신들은 그런 나에게 사형을 선고하려 한다. 이는 당신들 스스로가 내가 조국과 민족을 위해 사형받을 만큼 대단한 일을 했다고 인정해 주는 셈이다. 나는 대단한 일을 한 기억은 없지만 당신들이 했다고 인정해 주니, 이런 기쁘고 영광스러운 일이 또 어디 있겠는가. 나는 진심으로 감사하고 싶다."

그러나 출정 나가는 날 아침에 나는 다시 생각했다. 마지막 말을 남긴다는 것이 과연 얼마나 의미가 있겠는가. 그렇게 말하는 것 자체가 내가 '삶'에 미련이 남았다는 뜻이 아닌가? 사형을 받더라도 그냥 묵묵히 말없이 받는 것이 오히려 고단수의 태도가 아닐까. 그래, 무슨 말을 남겨도 어차피 사형당할 몸. 더 높은 차원의 죽음을 선택하고 말없이 사형을 받아들이자. 나는 이렇게 결심하여 결국 최후진술에서 아무 말도 하지 않았다. 다만 민향숙을 생각하여 "민향숙에게는 아무 죄도 없으니 관대한 처분을 바랍니다"라고만 했다.

　나는 재판받을 때 그녀가 진심으로 고마웠다. 그녀가 건강하게 지내서가 아니다. 나는 법정에서 그녀가 울고불고하며 "이철을 알게 된 것을 후회합니다. 제발 목숨만은 살려 주세요"라고 비굴한 태도를 보이면 어떻게 하나 하고 속으로 걱정했다. 그러나 그녀는 참으로 당당했고 내 마음을 위로해 주었다. 나는 그때만큼 그녀를 고맙게 느낀 적이 없었다. 마음이 뿌듯하고 자랑스러웠다. 역시 내가 선택한 여성은 대단하구나 하고 두고두고 생각했다.

　1심 판결 결과 나는 구형대로 사형, 민향숙은 10년 구형에 6년 실형, 선배 기자는 2년에 집행유예 3년이었다.

가톨릭 세례

내가 1심에서 사형선고를 받자 교무과 직원이 찾아와서 "사형선고를 받아서 마음이 괴롭겠지만 하느님을 모시고 살면 마음이 편해진다. 하느님을 받아들일 생각은 없는가?"라고 물었다. 내가 가톨릭 담당을 불러 달라고 했더니 얼마 있다가 천주교 담당이 찾아왔다. 내가 가톨릭을 선택한 것은 괴로움을 견디지 못해서가 아니다. 독방에서 읽은 '마가(마르코)복음'의 예수라는 사람에게 공감했기 때문이기도 했지만, 또 다른 이유가 있었다.

　나는 일본에 있을 때 하느님은 생각해 본 일도 없거니와 성경을 읽어 보기는커녕 종교에 아무 관심도 없었고, 예수가 실존했는지조차 몰랐다. 내가 민향숙에게 청혼했을 때, 조만조 어머니는 "결혼할 때 가톨릭 세례를 받도록 하자"라고 하셨으나 나는 "하느님은 필요 없고 민향숙만 원합니다"라고 웃으며 답했던 것이 기억난다.

그러나 나는 결국 결혼식을 앞두고 투옥되어 조만조 어머니와 민향숙에게 가슴이 찢어질 듯한 슬픔을 안기고 말았다. 처음에 어머니는 충격과 분노로 이철에게 속았다고 생각했을지도 모른다. 그러나 동시에 감옥에 갇힌 딸과 사위를 돌볼 사람은 자신밖에 없다고 생각했으리라. 나를 걱정하여 마치 예수님에게 하듯 나에게 헌신하는 어머니에게 나는 마음속 깊이 감사했다.

그 한편으로 지금까지 어머니를 위해 무엇 하나 해드리지 못해서 가슴이 아팠다. 아무것도 해드리지 못하고 죽어야 한다고 생각하니 죄송스러운 마음뿐이었다. 아직 1심이 끝났을 뿐, 앞으로 2심, 3심이 남았다고는 하나, 나는 2, 3심에서도 사형일 거라고 예상했다.

조만조 어머니를 위해 지금 내가 할 수 있는 일이란 오직 하나뿐이었다. 그것은 어머니가 가장 바라시는, 하느님을 받아들이는 일이었다. 내가 영혼의 구원도 얻지 못하고 사형당하면 어머니가 얼마나 가슴 아파하실까. 내가 이제라도 하느님을 받아들인다면 '어리석은 이철이 우리 가정을 엉망으로 만들어 놓고 죽었지만, 영혼만은 구원받았다'고 조금이나마 위로가 되지 않을까.

그렇게 생각하여 나는 하느님을 찾기로 했다. 어머니가 안심할 수 있도록 나는 매일 성경을 읽고 세례를 받기 위해 교리 공부도 했다. 교리 책은 어머니가 친하게 지내시던 살레시오회 '돈 보스코 청소년 센터'의 도요안 신부님이 보내 주셨다. 또 강 에스텔 수녀님과 이 엘리사벳 자매님이 매주 찾아와서 지도해 주셨다.

세례식에서는 천주교 담당 교도관이 대부가 되어 주셨다. 김지평 대부님은 교도관이면서 동시에 작사가로서도 꽤 활약하여 유명한 노래를 많이 세상에 내셨는데, '당신의 얼굴'이나 '인생은 미완성' 등 히트곡도 많았다. 매우 온후하고 자상한 인격자로, 재판이 끝나서 민향숙이 광주로 이감되기 전날 밤에는 내가 쓰던 묵주를 나의 유품으로 그녀에게 전달해 주셨다. 이에 관해서는 별도로 언급하겠다.

항소심
|

1976년 10월 서울고등법원에서 2심 재판이 시작되었다.

나는 1심에서 기소 내용을 시인해 버려 법정에서 아무런 항변도 못 한 것이 후회스러웠다. 고문과 강제 자백으로 사건이 조작된 것이 너무 억울해서 앞으로 사형선고를 받는 한이 있더라도 이제 용기를 내어 진실을 밝혀야겠다고 생각했다.

남은 시간은 많지 않았다. 아무 말도 못 하고 이대로 죽을 것이 아니라, 나를 고문하고 내 '인간성'과 '인격'을 산산조각 낸 그들에게 항거하여 간첩 사건의 진실을 밝혀야겠다고 생각했다. 2심부터 시작해 봐야 늦었을지도 모른다. 그러나 이대로 끝나기에는 너무 분했다.

1심이 끝나고 가족 면회가 허용되자 일본에서 어머니가 접견하러 와서 "일본에서는 네 친구들이 열심히 구원 운동을 하고 있는데 정작 네가 정신을 차리지 않으면 어떻게 하느냐"라고 질타하셨다. 내가 좋은 변호사를 선임해 달라고 부탁하자 가족들은 박세경 변호사를 선임해 주었다. 동생에게 훗날 들은 말에 의하면 선임 경위는 다음과 같았다.

조만조 어머니와 일본 어머니, 내 동생이 나를 접견하려고 대기실에서 기다리는데, 한 여성이 대기실에 들어왔다. 어머니가 동생에게 자리를 양보하라고 하시며 누구를 접견하러 오셨는지 물었더니, 김대중 씨 아내(이희호 여사)라고 소개했다고 한다. 어머니들은 깜짝 놀라며, 믿을 만한 변호사를 소개해 달라고 부탁했더니 이희호 여사는 손가락으로 "쉿!" 하며 말없이 '박, 세, 경'이라고 적어 주셨다고 한다.

박세경 변호사는 당시 국가보안법이나 반공법 등 시국 사범과 사상범의 변호를 맡아 왔다. 박세경 변호사의 말에는 조용하면서도 힘이 느껴졌다. 박세경 변호사가 나를 찾아와서 "공소장 내용에 관해 하고 싶은 말이 있나요?" 하고 물었다. 나는 "기소 내용은 사실이 아닙니다. 지금이라도 모든 것을 밝히고 싶습니다"라고 말했다. 박 변호사는 깜짝 놀라며 "기소 내용이 사실이 아니라고? 그럼 고문을 받았는가?"라고 하면서 난처한 표정을 지었다. 속으로 '어려운 사건을 맡았네. 골치 아프겠구나' 하고 생각했을지 모른다.

나는 고문당한 이야기도 하고 또 북한으로 간 사실도, 간첩 교육을 받은 일도 없을뿐더러 그 무렵에는 일본에서 아르바이트하고 있었다고 말했다. 그러자 박 변호사는 "뭔가 유력한 알리바이라도 있으면 좋을 텐데…"라고 말했다.

그 무렵 오사카에 있는 자형 김수현 씨가 박세경 변호사에게 "이철이 입북했다는 것은 사실이 아니다. 그 당시 이철이 내가 운영하는 전기공사 업체에서 아르바이트했던 증명이 있다"라며 당시 나의 급여명세서를 가져왔다. 또 두 번째 입북했다는 시기에는 내가 규슈에 있는 아버지 회사에서 현장감독 대리를 맡아서 그날 작업 내용과 작업자들 이름을 기록하고 마지막으로 '철'이라고 서명한 '현장일보'도 나왔다. 또 내가 도쿄에서 규슈에 계신 어머니에게 보낸 편지봉투에 찍힌 소인 날짜도 알리바이를

내가 구마모토에서 일했던 사실을 증명하는
1973년 8월 3일 자 현장일보

입증했다. 그 외에도 내가 입북했다는 시기에 구마모토 시내에 있는 '다이요백화점'에서 구입한 세이코 시계의 보증서도 집에 보관되어 있었다.

이렇게 새로운 사실들이 잇따라 나오고 내 사건 전체가 중앙정보부에 의해 조작되었다고 주장하자 일본 친구들의 구원운동도 활기를 띠었다. 일본 가톨릭 열 개 교구의 대주교님과 주교님들이 연명으로 써 주신 탄원서가 법원에 제출되었고, 130명이 넘는 일본 국회의원이 서명한 구명 청원서도 제출되었다.

또 나를 위한 구원회가 일본 각지에 결성되어 서로 연락을 주고받

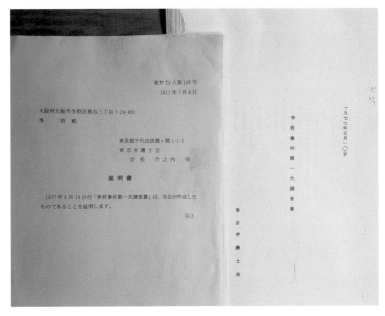

사건 조작을 보고한 도쿄변호사회 〈이철 사건 1차 조사서〉(1977년 5월 10일)

으며 활발히 움직였다. 정말 고마운 일이었다. '일본에 있는 친구들이 나의 일거수일투족을 지켜보고 있다. 뜨거운 시선으로 쳐다보고 있다!'고 생각하니 '힘을 내야지' 하고 속에서 에너지가 솟아올랐다. 나는 친구들 앞에 부끄럽지 않은 징역살이를 해야겠다고 다짐했다.

　박세경 변호사는 "2심에서는 감형될 가능성도 있다. 해볼 만하다"라고 했다. 1심 변호사인 조모 씨는 변호할 뜻이 전혀 없는 듯했는데, 사실 나 자신도 기소 내용을 시인하고 아무 항변도 하지 못했기 때문에 아마 어쩔 수 없었을 것이다. 꼭 그의 탓으로만 돌릴 수는 없다. 그러나 박세경 변호사는 불타오르는 의지가 역력했다. 나도 정신을 바짝 차렸다.

2심 재판이 시작되자 검사는 "피고인은 조사받을 때부터 1심까지 모든 내용을 인정해 놓고 왜 이제 와서 부인하는가. 거짓말하고 부인 하면 감형이라도 받을 줄 아냐" 하고 나에게 욕설을 쏟아부으며 협박 했다. 얼굴이 빨개진 검사가 주먹으로 책상을 '탕!' 치는 것만 보아도 그가 얼마나 흥분했는지 알 수 있었다.

나는 "북한에 갔다 왔다는 내용은 모두 조사받을 때 중앙정보부에 서 조작되었다. 나는 그 당시 자형이 운영하는 전기공사 회사에서 아 르바이트했고 또 규슈 집에서 일하고 있었다"라고 주장했다. 민향숙 도 "당신들이 인정하면 집에 보내 주겠다고 해서 그렇게 말했을 뿐, 실제로 이철에게 북한에 관한 이야기를 들은 적이 없다"라고 용기를 내어 주장했다.

증인으로 나선 우리 어머니도 "우리 아들은 간첩 짓을 할 사람이 아닙니다. 똑똑하고 자랑스러운 아들입니다"라고 말씀하셨다. 그런 데 검사는 어머니에게 "그렇게 아들을 잘 알고 있다면 아들이 무슨 학과를 다녔는지 말해 보라"라고 했다. 어머니가 잠시 머뭇거리다가 "모르겠습니다"라고 하자 "그런 것도 모르면서 어찌 아들이 간첩이 아니라고 말할 수 있나. 그래도 엄마가 맞나!"라고 모욕했다. 나는 검사의 말에 격하게 분노했다. 나는 지금도 이 검사의 말을 잊지 못 한다.

박세경 변호사는 "이철은 어쨌든 북한에 가지 않았다고 주장하고 있다. 게다가 그의 알리바이도 충분히 있다. 그렇다면 당연히 원심은 파기되어야 마땅하다. '젊을 때 마르크스주의자가 되지 않은 사람은 바보인데, 성인이 되어서도 마르크스주의를 믿는 사람도 바보다'라는 말이 있었는데, 젊을 때는 누구나 그런 것에 흥미를 갖기 마련이다. 피고인도 학생으로서 그랬다 해도 이상한 일은 아니다. 게다가 지금은 아니라고 하지 않는가. 그리고 북한에 갔다 온 사람은 거의 누구나 당원이 된다는데 피고인이 당원이 아니라는 것도 입북의 신빙성을 의심하게 한다. 확고한 증거도 없으니 극형만은 면해야 한다'라고 주장했다.

나는 당시 유신 치하의 군사독재정권하에서 말을 골라 가며 충분히 변론해 주신 박세경 변호사에게 진심으로 감사한다. 나는 2심 결심 때도 나 자신에 관해서는 아무 말도 하지 않고 "민향숙은 아무 죄도 없습니다. 관대한 처분을 바랍니다"라고만 했다.

나는 결심부터 선고까지 2주일 동안 상쾌한 기분으로 지냈다. 결과가 어떻게 나올지 모르겠으나 그런 것은 둘째 문제였다. 어쨌든 우리가 하고 싶은 말을 충분히 할 수 있었고 주장을 관철했다고 생각하니 성취감이 가득했다.

나의 바람은 오직 하나, 민향숙이 출소하는 것이었다. 그날 구치소로 돌아가는 버스를 배웅해 주신 어머니들과 가족들의 표정도 밝은 듯했다. 다음 날 가족들도 할 만큼 했다는 만족감과 기대감을 품고 반가운 마음으로 접견하러 왔다.

두 번째 사형선고

|

그러나 그 2주 후 판결은 나에게 다시 사형, 민향숙에게는 3년 6개월 실형이었다. 조만조 어머니는 선고를 듣자 법정에서 실신하여 쓰러지고 말았다. 조만조 어머니는 원래 고혈압증이 있어 평소 조심했는데, 2심 공판에서 나와 민향숙이 공소 내용을 부인했고, 또 박 변호사에게도 나의 감형과 민향숙 석방 가능성을 들었기 때문에 좋은 결과를 기대하고 있던 터였다. 그러나 또다시 가족들의 기대는 어긋나고 무거운 분위기로 되돌아가고 말았다.

그러나 나는 민향숙이 3년 뒤에는 나갈 수 있다고 생각하니 마음이 편해졌다.

박세경 변호사가 재판 후에 접견하러 왔을 때 내가 "정성껏 변호해 주셔서 감사합니다"라고 정중히 인사하자 "감형을 받아 내지 못해 대단히 미안하네. 민향숙은 집행유예가 틀림없다고 생각했는데 내 능력이 여기까지인 것 같다"라고 말했다.

그러나 나는 낙심하지 않았다. 조만조 어머니는 그전보다 더 자주 오셔서 나와 민향숙의 세탁물을 들여보내 주셨다. 그때도 어머니는 "향숙이는 며칠에 한 번만 만나더라도 이 서방은 매일 만나고 싶다"라고 말씀해 주셨다.

가족들은 아직 3심이 남았다고 했으나 나는 전혀 기대하지 않았다. 그러나 대법원에 제출한 상고이유서에는 내 주장을 분명히 썼다. "북한에 가지도 않은 나에게 사형선고를 내린다면 북한에 다녀왔다고 조작한 중앙정보부야말로 사형에 처해야 한다"라고.

대법원 상고이유서는 사동 끝에 있는 세면장에서 썼는데, 얼음이 얼어서 그 두께가 20센티미터쯤이나 되었다. 나는 사과 상자만 한 책상에 몸을 구부려 한 글자 한 글자 써 나갔는데, 영하의 추위에 언 손가락을 내쉬는 숨으로 녹이면서 썼다. 참으로 매서운 추위였다.

김수환 추기경님의
강론
|

1977년 3월 대법원에서 상고가 기각되어 사형이 확정되자 그해 12월 사형수 몇 사람이 견진성사를 받게 되었다. 견진이란 세례를 받은 신자의 영적 성인식 같은 것이다. 견진성사를 위해 김수환 추기경님이 몸소 서대문구치소에 오신다는 말을 듣고 우리는 깜짝 놀랐다.

나는 그날 추기경님의 감동적 말씀을 지금도 잊을 수 없다. 김 추기경님은 설교에서 "젊은 재일동포 청년들이 무슨 죄를 지었다고 사형선고까지 받았는지 모르지만, 용기를 내서 살아가기를 바란다. 예수님도 2천 년 전에 아무 죄도 없었는데 당시 국가보안법으로 사형선고를 받으셨다"라고 하셨다.

나는 충격을 받았다. 온몸에 전류가 흐르며 확실히 이해했다. 이분은 우리에게 죄가 없음을 알고 계신다! 김수환 추기경님의 말씀이 그 뒤 기나긴 징역살이 속에서 나에게 얼마나 용기를 북돋아 주었는지 모른다.

아버지 생각

사형이 확정된 뒤 나는 아버지 생각을 많이 했다.

우리 아버지는 독서와 술을 좋아하는 쾌활한 성격으로, 지인들을 집으로 초대하고는 소주를 마시며 이야기 나누기를 즐겼다. 그런 아버지가 하필이면 나와 민향숙이 서대문구치소에 수감된 날에 돌아가셨다. 아버지는 얼마나 충격을 받으셨을까. 내가 아버지를 돌아가시게 했다는 생각이 늘 내 머릿속을 맴돌았다.

아버지는 우리가 어렸을 때 가끔 우리를 다다미방에 앉혀 놓고 사진을 몇 장 나란히 펴 놓은 채 긴 막대기로 가리키며 설명하셨다. 여러 번 들어서 지금도 생생하게 기억한다. "이분은 안중근 선생님이시다. 그리고 이분은 부인으로 이름은 마리아….' 우리는 아무것도 모른 채 그저 "네, 네" 하며 고개를 끄덕일 뿐이었다. 나는 그때 어린 나이에도 '한국 여성들은 이름이 참 이상하구나. 이름이 마리아라니…' 하고 의아하게 생각했다. 참고로 마리아는 안중근 의사 어머님 세례명이고 부인의 세례명은 아네스였다고 한다.

아버지는 자식들에게 민족적 자부심을 심어 주려고 하셨다. 아버지는 어린 우리를 '민단' 사무실에 데려가셨는데, 우리는 거기서 뜻도 모르면서 "동해물과 백두산이…" 하고 애국가를 불렀던 기억이 남아 있다. 또 내가 '조센진' 소리를 듣고 집에 돌아오면 아버지는 늘 "그럴 때는 '나는 조선인이 아니라 한국인'이라고 말하라" 하셨는데 어린 나에게는 조선인이나 한국인이나 마찬가지여서, 아무 위로도 되지 않았다.

　나는 대학 1학년 여름방학 때 집에서 아버지에게 이렇게 질문한 적이 있다.

　"아버지, 사람에게 어떤 죽음이 가장 행복한 죽음이겠습니까?" 그러자 아버지는 "가족이 지켜보는 가운데 이불 속에서 편안하게 죽는 것이 가장 행복한 죽음이다"라고 하셨다. 내가 "정말 그럴까요? 저는 그렇게 생각하지 않습니다"라고 하자, 아버지가 "그럼 너는 어떻게 생각하느냐?" 하고 물으셨다. 내가 "사람이 어디서 어떻게 죽는지는 그렇게 중요하지 않다고 생각합니다. 비록 몽골 사막에서 아무도 모르게 죽는다 하더라도 마지막에 '나는 잘 살았노라' 하고 웃을 수 있는 사람이 가장 행복한 것 아닙니까? 이불 속에서 죽는 게 무슨 의미가 있습니까." 그러자 아버지 표정이 금세 굳더니 "네가 아버지한테 설교하겠다는 거냐!" 하는 호통과 함께 목침이 날아왔다.

　나는 젊었을 때 아버지에게 반항하는 경우가 많았다. 그러나 지금 돌이켜 보니 아버지가 걸어오신 힘든 인생이나 자식들에게 민족의식을 심어 주려 하셨던 마음을 왜 더 이해하지 못했는지 후회스럽기만 하다.

서대문구치소 생활

2

1976 05
—
1979 08

일반수들과 잡거방 생활

|

무슨 법에 따라서인지는 모르나 사형이 구형되면 누구나 그날부터 바로 수갑을 차게 된다. 식사할 때나 10분간 운동 시간, 3분간 접견 시간, 화장실에 갈 때나 잠잘 때도 마찬가지다. 또 사형 구형을 받은 날부터 내 방에는 일반수들이 들어와 같이 생활하게 되었다. 사형선 고를 받은 사람이 비관하여 자살하거나 도주하지 못하게 감시하기 위해서다.

독방에 혼자 있을 때는 그래도 나았으나 한 평 반 크기의 방에 여 섯에서, 많을 때는 아홉 명이나 함께 있으면 비좁을 뿐만 아니라 냄 새도 나고 더워서 괴롭기 그지없었다.

일반수들은 경찰서 유치장에서 입은 옷 그대로 1, 2주 지내다가 구치소로 넘어온다. 그래서 우리의 하루 일과는 아침에 눈을 뜨면 이 불에서 나오기 전에 그 자리에서 속옷을 벗고 이를 잡는 일로 시작된 다. 속옷을 벗고 자세히 들여다보면 하얀 것이 움직이고 있다. 많을 때는 여러 마리나 있다. 그것을 한 마리씩 손톱으로 으깰 때마다 우리는 한숨을 쉬었다.

　서대문구치소는 건물이 낡아서 마루판 틈에 빈대가 숨어 있는데, 한밤중에 우리를 찌르곤 했다. 자다가 갑자기 심한 가려움증을 느껴서 이불을 걷어치워 보면 배부른 빈대가 도망가려 한다. 지름 3~5밀리미터 정도의 누런 것을 휴지로 짓누르면 빽 소리가 나며 그 부근이 빨갛게 물든다. 그리고 독특한 냄새가 난다.

옥중 하루는 나팔 소리로
|

구치소의 하루는 나팔 소리로 시작하여 나팔 소리로 끝난다.

　일어날 때는 기상나팔. 모두 벌떡 일어나 서둘러 바닥을 치우면 바로 점호가 시작된다. 관구부장과 교도관이 각 방을 들여다보고 머릿수를 세는데, 교도관이 큰 소리로, "제OO사동 차렷! 인원 OO명! 이상 없음!" 하면, 우리는 시찰구 앞에 정좌한다. 관구부장이 각 방을 돌러 오면 방에서는 "차렷, 경례! 번호!" 하고 누군가가 호령하면 "하나, 둘, 셋, 넷… 번호 끝!" 하고 점호가 끝난다. 이렇게 하여 머릿수가 확인되면 다시 확인 나팔 소리가 울린다.

　나팔 소리는 의미에 따라 멜로디가 다르다. 기상나팔은 빠른 템포로 마치 "일어나라, 일어나, 모두 일어나~"라고 들리고, 점호 후 머릿수를 확인했다는 나팔 소리는 "소장님, 소장님, 머릿수 맞아요~"라고 들린다.

점호가 끝나면 차례로 문을 열고 세면장에서 세수. 세면을 마칠 무렵에는 취사장에서 아침 식사를 실은 수레가 도착한다. 소지들이 갑자기 바빠진다.

저녁 식사가 끝나면 소지들도 모두 자기 방에 입방한다. 그리고 또다시 머릿수 점호. 밤이 되어 '밤하늘의 트럼펫' 멜로디가 취침나팔로 구슬프게 울리면 재소자들은 애수를 느끼면서 취침 준비에 들어간다. 방에서는 모두 요를 깔고 잡담을 나누거나 책을 읽는데 시간이 어느 정도 지나면 주위가 조용해지면서 하나둘씩 잠든다.

인왕산의 목탁 소리

|

서대문구치소 앞에는 인왕산이란 바위산이 우뚝 솟아 있는데, 그 산 어디선가 동트기 전에 희미하게 들려오는 목탁 소리로 나는 새벽잠에서 깨곤 했다.

사형선고를 받은 뒤에도 정적 속에 새벽을 알리는 희미한 소리를 들으며 마음 편안하게 명상도 하고, 조용히 일어날 준비도 했다. 일반수들과 잡거 생활은 시끄럽고 스트레스도 많다. 방 안에서는 사소한 일로 말다툼을 벌이기도 하고 바둑이나 장기를 두다가 주먹다짐하는 일도 흔했다. 그런 속에서 고요한 새벽은 유일한 혼자만의 시간이었고, 희미한 목탁 소리를 들으면서 약혼자와 일본 가족을 생각했다.

인왕산 어딘가에 암자를 지은 수도승이 나에게 제행무상을 타이르는 듯했다. 나는 매일 아침 그 음색에 마음의 위로를 받았고, 만일 살아서 다시 사회에 나갈 수만 있다면 꼭 인왕산에 올라 그 목탁 소리의 정체를 확인하고 싶었다.

식사
|

"각 방, 배식 준비!" 하는 소리가 복도에 울리면 방에서는 배식 반장이 '식구통' 앞에서 식기를 준비하며 대기한다. 소지가 밥을 주걱으로 떠서 던져 넣으면 배식 반장이 밥을 식기로 받는다. 밖에서 던져 넣는 속도를 따라가지 못하면 밥을 바닥에 떨어뜨리기 때문에 식기를 양손에 하나씩 들고 받았다 놓았다를 반복한다. 그 번개같이 재빠른 솜씨는 볼만하다.

그 당시 밥은 '가다밥'이라고 불렀는데 쌀 50퍼센트, 보리 30퍼센트, 콩 20퍼센트 혼합식으로 틀에 넣어서 굳힌 밥이었다. 쌀이 50퍼센트라 하면 쌀밥처럼 들릴지 모르지만, 쌀은 보리와 콩을 붙이는 접착제 역할을 할 뿐, 가다밥은 황토색 덩어리였다. 반찬은 소금국에 가까운 된장국이나 때로는 미역국, 콩나물국 그리고 우엉이나 당근을 간장에 담가 시커멓게 변한 '옥용찬', 혹은 소금에 절인 배추에 고춧가루를 뿌린 듯한 김치나 깍두기 정도였다. 돼지고기나 소고기 국물이 아주 드물게 지급되기도 했으나 기름이 약간 떠 있을 뿐 고기 따위는 거의 찾아볼 수도 없었다. 우리는 고깃국을 '황우도강탕'(황소가 강을 건너간 국물)이라고 불렀는데, 그런 국물이라도 뭔가 영양이 있는 것처럼 느꼈다.

또 우리는 영치금으로 구매한 마가린을 몇 등분하여 한 사람이 한 조각씩 먹었는데 고추장하고 같이 밥에 비벼 먹으면 꿀맛이었다.

칼잠

|

잡거방에서는 밤중에 화장실을 다녀오면 자기 잠자리가 없어지는 경우가 흔하다. 비좁은 방에 여러 명이 자다 보니 바로 누울 만큼 자리가 넓지 않아 옆으로 누워 칼잠을 잔다. 비좁기 때문에 서로 지그재그로 자면 양옆 사람의 다리가 내 얼굴 앞과 머리 뒤로 온다. 그래서 발 고린내가 나는 사람이 있으면 큰일이다. 그러나 발 냄새도 익숙해지면 그나마 견딜 수는 있다. 사람에 따라서는 발가락을 꼬물거리는 버릇이 있어 발가락이 내 얼굴에 닿아서 움직이니 자다가도 금방 잠에서 깨기가 일쑤다. 그럴 때는 다리를 살짝 손으로 밀지만 한밤중에 자꾸 그러면 나중에는 다리를 꼬집는다.

겨울은 춥고 이불조차 충분하지 않기 때문에 서로 가까이 붙어 체온으로 따뜻하게 잔다.

구치소에서 목욕

|

우리 국사범은 당시 일주일에 한 번씩 온수를 지급받아 화장실에서 몸을 씻었다. 그런데 나는 딱 한 번 일반수들에 섞여서 목욕장에 간

적이 있었는데, 그때 내가 목격한 광경은 끔찍했다. 목욕장에 도착하면 다들 일제히 옷을 벗고 각자 가지고 온 세숫대야와 수건, 비누를 들고 목욕장으로 들어간다. 그리고 목욕 개시 호령이 떨어질 때까지 가만히 서서 기다려야 한다. 목욕장의 출역수들이 길이 1미터 정도의 검은 고무 막대기를 손에 들고 서 있고, 그중 한 사람이 그 고무 막대기로 콘크리트 바닥을 '탕!' 치면서 "목욕, 시작!" 하고 외친다. 그러자 일제히 '탕! 탕!' 소리가 목욕장에 울려 퍼지며 목욕이 시작된다.

나는 이 기괴한 광경에 놀라 어리둥절했는데, 호령이 떨어지자 재소자들은 세숫대야에 뜨거운 물을 떠서 몸을 적시고 비누질을 시작했다. 그런데 이 뜨거운 물은 말이 온수지, 실은 손도 담그지 못할 정도로 끓는 물이었다. 그 뜨거운 물에 수건을 담갔다가 '후, 후' 하고 입으로 식히며 몸을 씻었다. 아무리 목욕물을 아끼기 위해서라고는 하지만 이건 너무한 짓이었다.

몇 분이 지나 "목욕, 끝!" 하는 소리와 동시에 콘크리트 바닥을 고무 막대기로 '탕! 탕!' 치면, 아직 다 안 끝난 사람도 그 자리에서 동작을 멈춰야 한다. 물을 조금이라도 더 쓰려고 하면 교도관과 험상궂은 출역수들이 뛰어나와 세숫대야를 엎어 버리고 야단친다. 매우 살벌한 광경이었다. 이런 목욕이 싫어서 일부러 가지 않는 사람도 꽤 있었다.

옥중의 추위

|

감옥의 겨울은 추위가 매섭다. 나는 징역살이를 떠올릴 때 지금도 추웠던 기억이 가장 먼저 떠오른다. 당시 서울구치소에서는 겨울이 되면 거적을 두 장씩 넣어 주었다. 소나무 판자 바닥에 직접 앉는 것보다 훨씬 따뜻하기는 하지만 워낙 여럿이 있는 잡거방이라 누가 움직이거나 운동이라도 하면 먼지가 심하게 나서 그것이 추위보다 더 고통스러웠다. 그래서 해마다 거적을 받지 않는 방이 늘어나 결국 지급되지 않게 되었다.

나는 서대문구치소에 있는 동안 가족이 넣어 준 한복을 입었는데 가족이 없거나 돈이 없는 사람들은 교도소에서 지급되는 파란색 죄수복을 입을 수밖에 없었다. 그 겨울옷은 보기에는 멋이 없었으나 그래도 안에 솜이 들어 있어서 추위를 막는 데 큰 도움이 되었다.

이불은 한 방에 두 장씩 지급되었다. 또 하늘색 담요 한가운데 법무부 '법' 자가 크게 인쇄된 이른바 '법자담요'도 두 장씩 지급되었다. 나는 사형수라고 따로 이불을 한 장 더 지급받아 다른 사람들에 비하면 그래도 나은 편이었다. 게다가 조만조 어머니가 일주일에 두 번 정도 접견을 와서 속옷이나 양말 등을 충분히 넣어 주셨다.

수갑에 자물쇠를

|

우리 사형수는 하루 종일, 24시간 수갑을 차고 지내야 했다. 실은 식

사할 때만큼은 담당에게 말하면 풀어 주긴 하는데 담당들이 귀찮아
하기도 하고, 또 우리도 그들에게 말하기 싫어서 부탁하는 일이 거의
없었다. 대신 가끔 가느다란 쇠붙이 같은 것으로 스스로 수갑을 풀
때는 있었다.

그러던 어느 날 우리가 멋대로 수갑을 푸는 일이 문제가 되어 보
안과에서 수갑뿐 아니라 그 수갑에 구멍을 뚫고 자물쇠를 채워, 자물
쇠를 열지 않으면 수갑도 풀지 못하도록 한 적이 있었다. 수갑 위에
또 자물쇠를 채우다니 우리도 어이가 없었다.

사형수들은 이에 분개했다. 일반수, 국가보안법수를 불문하고 사형
수들은 무기한 항의 단식에 들어가게 되었고 나도 당연히 동참했다.

이때가 나의 첫 단식 경험이었다. 일반수 사형수들은 이런 끔찍한
짓을 할 거면 차라리 당장 집행하라고 소리쳤다. 결국 나흘째쯤에 한
사형수가 대표로 보안과장을 만나 자물쇠를 채우지 않는 대신에 수
갑을 멋대로 풀지 않겠다고 약속하고 돌아왔다.

당연히 단식은 중단되었지만 지금 생각해 봐도 이는 너무한 짓이
었다. 살날이 얼마 남지 않은 사형수에게 너무 비인도적인 조치였다.

신고식

|

일반수들은 재판이 끝나면 출소하거나 기결수 방으로 옮겨 가기 때
문에 사형수인 나 혼자만 방에 오래 남아 자연히 그 방의 '좌상님'이
된다.

내가 입소했을 당시 방에 따라서는 아직 신고식이 있었다. 심한 방에서는 신입이 들어오면 그날 밤에 달려들어 두드려 패거나 이불을 뒤집어씌우고 짓밟기도 했다. 특히 소년수 방은 심했다. 개중에는 그날 밤에 죽은 사람도 있었다고 한다. 물론 내 방에서는 그런 짓을 하지 않았고 용납하지도 않았다. 그러나 재미있는 '신고식'을 한 적은 있다.

신입이 들어오면 배식 반장(방의 2인자)이 "이분은 보다시피 사형수인데 오랫동안 감옥에서 지내시다 보니 피가 모자란다. 그래서 이 방에 들어오는 사람은 누구나 피를 뽑아 이분한테 드리는 규정이 있다"라고 설명한다. 신입은 많은 방 가운데서 하필 사형수 방에 들어온 자신을 원망하면서도 두렵기도 하여 어쩔 수 없이 동의한다.

모두가 둥글게 에워싼 가운데 한 사람이 수건으로 신입의 눈을 가린 뒤 그의 팔을 걷어 올려 그 팔을 바늘로 콕 찌르고 거기에 물에 적신 수건을 살짝 쥐어짜며 팔을 타고 피가 흐르는 듯 물을 흘린다. 그러면서 "오, 피 색깔이 참 좋구나. 잘 나오니까 조금만 더 빼도 괜찮겠지?" 한다. 소심한 신입은 "조금만 빼 주세요, 저도 빈혈기가 있어서 피가 모자랍니다" 하는가 하면, 어떤 사람은 "그만해 주세요. 머리가 어지럽고 눈이 빙빙 돕니다" 하며 얼굴색이 하얗게 변하기도 했다. 잠시 후 "이제 됐다" 하고 눈을 가린 수건을 풀자 사람들이 일제히 참았던 웃음을 터뜨린다.

또 어떤 날에는 경찰서 유치장에서 갓 건너온 신입에게 내 수갑을 보이면서 "신입들 중에는 집에 가고 싶다며 울고불고 밤새 소란을 피우는 사람이 있으니 첫날 밤에는 누구나 수갑을 차고 잠자게 되어 있

다. 규칙이니까 하루만 참아라" 하며 내 수갑을 채워서 잠자게 하기
도 했다.

악마 같은 주 부장

|

수갑을 차는 일에 관해서는 말단 부장이나 담당들과 친하게 지내다
보면 한마디 주의를 주기만 하고 눈감아 주는 사람도 있었다. 그러나
이들 중에는 악마 같은 사람도 있었다.

주 담당은 말단 교도관 시절에는 우리와 잡담도 하고 친하게 지내
다가 부장으로 승진하자 전혀 다른 사람으로 변해 버렸다. 말 그대로
지킬과 하이드 같았다. 부장이 되자 나를 대하는 태도가 갑자기 바뀌
어 반말도 쓰고 언젠가부터는 "이 빨갱이!"라고까지 할 정도였다.

나는 지금도 생각만 하면 이를 갈 정도로 주 부장이 밉다. 이 사람
은 우리가 겨울밤에 가끔 수갑을 풀고 잔다는 것을 알고 있었다. 겨
울에는 이불을 덮고 자니까 수갑을 차고 있는지 방 밖에서는 알 수
없다. 반대로 여름에는 아무것도 안 덮고 자기 때문에 수갑을 차지
않으면 시찰구에서 훤히 보여서 어쩔 수 없이 수갑을 차고 자든지 아
니면 덥더라도 뭔가 뒤집어쓰고 자든지 해야 했다.

어느 겨울밤, 아마도 한두 시경에 주 부장이 시찰구를 소리 나게
열더니 "이철, 두 손을 들어 올려 봐" 하고 소리쳤다. 깊이 잠들어 있
던 나는 놀라서 벌떡 일어났다. 그리고 갑자기 일어나는 바람에 뭐가
뭔지 모른 채 수갑을 차지 않은 두 손을 들어 보였다. 그러자 "이 빨

갱이 새끼야! 누가 수갑 풀고 자라고 했어. 빨리 차지 못해!"하고 소리를 지르지 않는가. 그는 내가 양손에 수갑을 차는 것을 확인하고서야 자리를 떠났다. 나는 분노로 온몸이 떨렸다. 이때만큼 사람을 미워한 적은 없었다.

그 후에도 주 부장이 불시에 밤 순찰을 돌았을 때 나는 몇 번인가 들켜 그때마다 억울함과 분노 때문에 속으로 '이놈을 언젠가 죽여 버릴 거야!' 하고 생각했다. 잠자는 사형수를 한밤중에 느닷없이 깨우면 당연히 사형 집행이라고 생각한다. 그러나 그런 우리의 심정 따위는 전혀 모르는 척하고 사형수들에게 그런 짓궂은 짓을 하는 놈은 인간도 아니었다. 그는 사형수를 한밤중에 깨워서 공포에 떠는 모습을 보고 즐겼다.

나는 어느 날 밤 주 부장이 당직이라는 소식을 듣고 그가 틀림없이 밤 순찰을 올 거라고 생각하여 수갑을 차고 잤다. 아니나 다를까 그가 와서 한밤중에 나를 깨웠다. 주 부장이 "야, 두 손 들어 올려 봐"하고 소리를 쳤다. 나는 이불 속에 두 손을 감추고 "부장님, 당신은 사람이 아니오. 한밤중에 잠 깬 사형수의 심정은 잘 알지 않습니까. 또 사형수가 수갑을 차고 자야 한다는 규칙이 있다 해도 밤에 잠잘 때만큼은 마음껏 두 손을 뻗고 자고 싶은 마음쯤은 알 것 아니오. 잠잘 때만은 못 본 척할 수도 있을 텐데, 당신한테는 그 정도 연민의 정도 없단 말이오?"라고 말했다. 그러자 그는 "시끄러워! 쓸데없는 소리 하지 말고 두 손을 들어 보란 말이야"하고 얼굴을 붉히며 고함쳤다.

같은 방 사람들은 물론 가까운 방 사람들도 잠에서 깨고 일어나 가만히 듣고 있었다. "내가 수갑을 차고 있으면 어떡할 겁니까?"라고 하자, 화가 난 그는 "손을 보이란 말이야" 하고 소리쳤다. "자, 잘 보시오!" 나는 두 손을 주 부장 코앞에 내밀었다. 주 부장은 "이 빨갱이 새끼가 어쩌고 어째? 역시 빨갱이는 말이 많구먼"이라며 한마디 내뱉고 가 버렸다. 나는 분함과 슬픔으로 나오려는 눈물을 겨우 참았다. 같은 방 사람들도 "그놈은 사람이 아니다", "자자손손 해 처먹어라!"라는 등 욕을 퍼부었다.

수갑을 차고 생활한다는 것은 참으로 불편했다. 특히 수갑을 안 찼다고 지적받을 때마다 어느 세월에 수갑을 풀고 뭇사람 앞에서 마음 놓고 두 손을 들 수 있을까 생각하니 마음이 우울해졌다.

같은 방 일반수들
|

내 방이 잡거방이 되어 함께 살게 된 일반수들 이야기를 해 보겠다.

한마디로 일반수라고 해도 여러 종류의 사람이 있다. 가장 많은 이는 절도범과 폭력범이고 소매치기나 사기죄로 들어오는 사람도 있다. 대마초를 피운 대학생들이나 마약 제조, 판매, 간통죄(2015년에 폐지) 등도 있었다. 같은 방 안에 그런 사람이 여러 명 갇혀 있다 보니 서로 의견이 맞지 않아 싸움질하는 사람도 있었고 말다툼은 다반사였다.

물론 그들은 법을 어겨서 들어왔다. 그러나 다소 이상하게 들릴 수도 있는데 그들은 법을 어기지 않고는 살 수 없다. 사회적 불평등 탓에 남들만큼 교육받을 수도 없었다. 세상에서 멸시받고 사회 밑바닥

구석으로 내몰려 취직도 못 하고 가난한 삶을 살 수밖에 없었다. 먹고살기 위해 어쩔 수 없이 절도하거나 폭력을 쓰게 된 사람이 대부분이었다.

그리고 한 번 징역을 살게 되면 사회에서 더욱 살아갈 공간이 좁아져 결국 두 번, 세 번 들어오게 된다. 마음이 아프지만 사실이다. 그들도 부유한 가정에 태어나서 남들처럼 교육받고 취직했다면 불행하지 않았을 것이다.

그들은 당연히 돈도 없고 영치금도 없다. 그래서 입었던 옷에 몸뚱이 하나로 추운 겨울날에 들어오면 엄청 힘들다. 나처럼 속옷이나 양말이 충분히 있어도 동상에 걸리는데, 그들 중에는 얇은 양말만 신거나 내복을 입지 않은 사람도 있었다.

어느 날 나는 절도죄로 들어온 한 청년과 사소한 일로 말다툼했다. 나는 그가 한겨울인데도 내복은커녕 얇은 양말밖에 안 신었음을 알고 있었으나 일부러 모르는 척했다. 그가 나중에 나에게 "이 선생님, 미안하지만 양말에 여유가 있으면 하나만 주실 수 없습니까?"라고 했다. 나는 그때 처음 알아차린 척하며 "아이고, 얇은 양말을 신었네" 하고 징역 보따리 안에서 두꺼운 양말을 꺼내 주었다. 그 청년은 나에게 고마워했지만 나는 나의 짓궂은 행위가 너무 싫어서 마음이 아팠다.

한번 말다툼했다고 못 본 척하며 두꺼운 양말을 많이 가지고 있으면서 왜 나누어 주지 않았는가. 나는 내가 한 짓이 너무 부끄러워서 몹시 후회했다. 그때 일을 생각하면 지금도 마음이 아프다. 좁은 방안에 같이 살다 보면 말다툼쯤은 누구나 하기 마련이다. 좁은 방에

24시간 갇혀 매일 똑같은 얼굴만 보고 지낸다면 예수님이나 부처님도 한 번쯤은 싸우지 않겠는가.

진정한 학문
|

나는 일반수들에게 배운 점도 많았다. 누군가가 "이 선생님한테 질문하겠습니다. 생선을 잡아서 건멸치를 만들 때 살아 있는 것을 삶아야 할까요, 아니면 죽은 뒤에 삶아야 할까요, 어느 쪽이 맞는다고 생각하세요?" 하고 물었다. 내가 "살아 있는 것을 삶아야 신선하고 맛있지 않겠어?" 하고 대답하자 "아니요, 틀렸습니다. 살아 있는 것을 삶으면 아가미가 벌어져 머리가 떨어지기 쉽습니다. 그래서 죽은 뒤에 삶는 것이 정답입니다"라고 했다. 나는 '그렇구나' 했다. 전혀 모르는 이야기였다.

그때 다른 사람이 "이 새끼야, 이 선생님은 우리하고는 달라서 학문을 하는 분이라 그런 하찮은 지식 따위는 몰라도 되는 거야. 그렇죠, 선생님" 하고 질문한 사람을 나무랐으나, 나는 실생활에 근거한 이러한 지식이야말로 중요하다고 생각했다.

나는 학생 신분으로 징역살이하게 됐기 때문에 실사회에 관해서 모르는 것이 많았다. 그러니 사회에서 노동하며 살아가는 사람들의 이러한 살아 있는 지식, 생활에 밀착한 지식이 별로 없었다. 탁상 학문만 해 온 나를 찌르는 날카로운 가시였다.

프로 야간 스포츠맨

|

창문 건너편 방에 붙임성 있는 청년이 있었다. 우리는 가끔 수화로
통방했다.

"죄명은?" 하고 물어보니 "야간 스포츠맨"이라고 했다. 야간 스포
츠맨이란 밤에 몰래 담을 넘는 '월담'을 가리킨다.

"몇 년 받았어?"

"3년 6개월."

"항소는?"

"안 했다. 확정됐으니 곧 이감 갈 거요."

"왜 항소 안 했어?"

그는 피식 웃으며 항소이유서 용지를 살 돈이 없었다고 했다.

나는 어이가 없었다. 3년 6개월 형을 받으면서 항소도 하지 않았
다니! 그것도 불과 몇백 원짜리 용지를 살 돈이 없어서라고 웃으며
말했다. 이게 도대체 무슨 일인가. 그러나 그는 태연했다. 제법 숙련
된 '야간 스포츠맨'인 듯했다. 자신같이 어둠의 사회에서 살아가는
이들은 한번 붙잡히면 그걸로 끝, 법원 따위에는 아무런 기대도 하지
않는다고 말하는 듯했다. 가난한 데다 어둠의 사회에서 긴장하고 살
아오면서 삶의 철학이 확립된 듯하기도 했다. 애당초 바깥 사회 기구
따위에는 아무 기대도 하지 않는다고.

그런 그가 말했다.

"당신이나 나 그리고 다른 사람들도, 인간은 모두 도둑이오. 나는
남의 집을 털려고 했을 뿐이고 당신은 나라를 훔치려고 한 거지. 사

람이란 뭔가를 훔치며 살아가는 거라고. 우린 모두가 도둑인 게 틀림없소."

그는 교도소로 이감될 때 작은 징역 보따리를 달랑 들고 경쾌하게 웃으면서 손을 흔들며 떠났다.

전과 7범의 말

|

내 방에 당시 40대 초쯤 된 전과 7범이 있었다. 그의 전과는 모두 폭행죄였다. 20대 한 소매치기가 빈정거리며 말했다. "형님은 그 나이에 벌써 전과 7범입니까? 징역과 인연이 아주 깊은가 보지요?" 그러자 그의 대답이 재미있었다.

"그게 무슨 소리냐! 그래도 난 너희 나이 때는 아직 한 번도 들어오지 않았어."

그 젊은이는 아무 대꾸도 못 했다. 나는 "과연 그렇구나" 하고 생각했다. 40대에 7범인 이 사람도 20대 초에는 전과가 하나도 없었는데 그 후 20여 년의 세파 속에서 어느덧 전과 7범이 되고 말았다. 그는 "스무 살쯤에 이미 '빵잽이'(전과자)가 된 너희는 40대쯤 되면 7범 이상이 되지 않겠냐"라고 말했다.

나는 그가 이른바 조폭이 아니라 가정을 꾸리고 생활하며 먹고살기 위해 그 나름대로 노력해 왔음을 알게 되었다. 그리고 한국 사회에서 돈도 아무 연줄도 없는 민중들이 먹고사는 일이 얼마나 어렵고 힘든지 이해할 수 있었다.

그로부터 40년 세월이 흘렀다. 그는 지금도 죄를 거듭하고 있을까? 그리고 그를 비꼬던 젊은이는 전과 몇 범이 되었을까?

세상에 가진 것 없이 자기 힘만으로 살아가기란 참으로 어렵다. 사회의 법이나 감옥은 그런 밑바닥 민중들을 단속하고 사회에서 집어내기 위해 있으니 말이다. 부유한 자들과 같은 인간이자 사회 구성원인데 법과 감옥은 이러한 사람들에게는 예외 없이 가혹하고 무자비하다.

동전 위조죄

|

내 방에 마흔 살쯤 되는 사람이 들어왔다. 가짜 100원짜리 동전을 주조하고 사용했다는 죄목이었다.

그는 공사판 노동자로 일하면서 힘든 세월을 보내왔다. 열심히 살아왔는데 살림은 전혀 나아지지 않았다. 그래서 그는 깊게 생각하지 않고 가짜 100원짜리 동전을 주조하기로 했다. 200~300개나 만들었을까. 그것을 가게에서 몇 번 쓰다가 들켜서 경찰이 이른바 '주조 공장'을 덮쳤다.

그는 가짜 동전 주조죄의 중대성을 인식하지 못하고 한 1년 정도만 징역을 살면 될 줄 알았는데, 1심에서 구형 7년에 실형 5년을 선고받고 돌아오자 "하느님, 부처님, 살려 주세요" 하고 애원하며 통곡했다.

젊은 소매치기나 폭력배들은 "100원짜리 동전을 100개, 200개 만

들어 봤자 얼마나 되겠냐" 하고 그를 놀리기도 했지만, 나는 이 사람이 성실하게 살려고 노력해 왔음을 알고 동정했다.

그는 깊이 생각해서 이런 일을 저지른 것이 아니었다. 그저 조금이라도 현금을 갖고 싶어서 한 짓이었다. 그러나 가벼운 범죄처럼 보여도 국가의 화폐를 위조했으므로 엄벌을 받게 된다.

가난한 삶을 살아가야만 하는 민중들의 조그마한 속임수도 이렇게 감당하기 어려운 엄벌로 가차 없이 뭉개진다.

우스갯소리

|

여기서 우스갯소리나 하나 해 보자.

절도죄로 들어온 사람에게 재판장이 물었다.

"피고인은 이전에 형사 처벌을 받은 일이 있나요?"

그 사람은 어떻게 대답해야 할지 고민에 빠졌다. 왜냐하면 "있습니다"라고 솔직히 말하면 누범이라고 죄가 무거워지기 때문이다. 어쩌면 판사는 전과 기록을 조회하지 않았을지도 모른다. 사실 어찌 된 연유인지 전과 기록을 조회해도 나오지 않는 경우가 왕왕 있었다. 그렇다면 스스로 "있습니다" 하고 솔직히 대답하는 것은 바보 같은 짓이다.

그렇다고 "없습니다"라고 대답하는 것도 문제가 있었다. 왜냐하면 판사가 전과 사실을 알고 있으면서 물어보는 경우가 있기 때문이다. 그럴 때 "없습니다"라고 거짓말하면 악질로 찍혀 형기가 배가 될 수도 있다.

그 사람은 '있다'고도 '없다'고도 대답하지 못하고 있다가, '있다'도 '없다'도 아닌 "…습니다!"라고 큰 소리로 대답했다.

잘 들리지 않아서 재판장이 다시 물었다. "있어요? 없어요?"

그 청년은 이번에도 또다시 "…습니다!"라고 소리쳤다.

재판장이 몇 번 물어도 "…습니다!"

짜증이 난 재판장이 말했다.

"피고에게는 절도 전과가 두 개나 있지 않아요?"

그러자 그 청년은 태연하게 말했다.

"그러니까 아까부터 '있습니다'라고 대답하고 있지 않습니까."

그의 전과는 이미 들통나 있었던 것이다.

옆에서 지켜보던 변호사가 그때 말했다.

"피고인에게 전과가 두 개나 있다고요? 나한테 그런 소리는 한마디도 안 했는데. 재판장님, 이런 사람은 엄벌에 처해 주시기 바랍니다. 변론을 마치겠습니다."

내친김에 또 하나.

소 도둑질을 한 사람이 붙잡혀 재판받을 때 변호사가 물었다.

"피고인은 논두렁에서 새끼줄을 주운 사실이 있습니까?"

"네, 있습니다."

"그 새끼줄을 퇴비로 쓰려고 집에 끌고 온 거지요?"

"네, 그렇습니다."

"그랬더니 뒤에서 소가 따라왔더란 말이지요?"

"네, 그렇습니다."
"재판장님, 이상입니다"

요(要)시찰

|

'요시찰'이란 구치소에서 특별히 감시 대상이 되는 사람을 가리키는 말로, 교도관은 대상자의 동향을 매일 보안과에 보고한다.

요시찰 수감자들은 가슴의 수감 번호 위에 표식을 달게 되는데, 국가보안법은 빨간색, 학생 등 긴급조치는 노란색, 강도살인죄는 파란색이다. 또 모양으로도 구분되어 있어, 삼각형은 사형수, 사각형은 무기 이하의 유기수였다. 이들이 수용된 방문 위에도 가슴에 있는 모양과 똑같은 나무 표식이 붙어 있는데, 이는 방 주인이 어떤 죄로 들어왔는가를 누가 보아도 곧바로 알 수 있도록 하기 위해서였다. 나는 국가보안법 사형수로서 빨간색 삼각형 표식을 달았다. 당시는 빨간색, 노란색, 파란색 할 것 없이 요시찰이 많아서 방 한 칸 건너 하나씩 요시찰 표식이 붙어 있었다. 다른 방으로 전방할 때도 방문 위 표식은 함께 옮겨졌다.

사형수는 원칙적으로 6개월에 한 번씩 다른 방으로 옮기는데 거기에는 두 가지 이유가 있다. 하나는 같은 방 일반수들과 불필요하게 친해지지 않게 하기 위해서다. 또 다른 이유는, 실은 이것이 주된 이유지만 자살과 탈옥을 방지하기 위해서다. 같은 방에 오랫동안 있다 보면 여러 가지 물건을 구하여 탈옥하려 하는 사람도 있다고 한다.

나는 도저히 그런 용기는 없었으나, 그런 사람들은 쇠톱 같은 것을 어떻게든 구해서 오랫동안 조금씩 쇠창살을 자르며 준비하다가 밤중에 탈옥한다고 한다. 사실인지 아닌지는 모르지만 '통일혁명당 사건'*의 주범으로 사형이 집행된 김종태라는 사람은 밤중에 변소의 쇠창살을 뚫고 2층에서 뛰어내리다가 발각되어 붙잡혔다고 한다.

어쨌든 그런 이유로 사형수는 원칙적으로 6개월마다 방을 옮기는데 물론 꼭 그렇지는 않고, 1년 가까이 같은 방에서 지내기도 했다.

어느 민주 인사

|

몇 년 동안 미결수(사형수는 집행될 때까지는 미결로 취급)로 지내다 보면 같은 사람이 여러 번 들어오는 경우가 있었다.

하루는 운동 시간이 되어 복도에 줄 서 있는데, 뒤쪽에서 "여기에 재일동포 이철이라는 학생이 있다던데 어디 있는지 모르세요?"라고 묻는 소리가 들려왔다. 앞에 있던 내가 돌아서서 "제가 이철인데요…"라고 했더니, 새로 긴급조치로 들어온 사람이 "당신이 이철 씨군요. 언젠가 좋은 날도 올 테니 용기를 내세요"라고 격려해 주었다. 그가 한화갑 씨였다. 한화갑 씨는 오랜 세월 김대중 씨를 따르던 사람이다.

---

* 1968년 8월 중앙정보부가 발표한 지하당 조직 사건. 1960년대 최대 공안사건으로 158명이 검거되고 세 명이 사형 집행되었다.

그는 그 뒤 얼마 있다가 출소하여 나갔는데 며칠 되지 않아 다시 들어왔다. 내가 다시 만난 반가움에 "한 선생님, 보통 사람은 징역 한 번 들어오기도 어려운데 선생님은 왜 이렇게 자주 들어오십니까?" 하고 웃으며 말했더니 그는 출소를 축하하는 모임에서 정부를 비난했더니 또다시 '긴급조치'에 걸려 바로 구속되었다고 했다.

나도 남들처럼 들어왔다 나갔다 하는 징역살이를 하면 얼마나 좋을까? 그러나 우리 사형수는 한 번 들어오면 그만, 나갈 때에는 '송판 가다마이'(관이라는 뜻, 양복을 뜻하는 일본어 가타마에가 어원)를 입고 나가야 한다고들 했다. 몇 번이나 들락날락하는 사람들이 정말 부러웠다. 학생들도 긴급조치로 들어왔다가 몇 달 뒤에는 특사로 출소하곤 했다. 3·1절이나 8·15 광복절, 음력 4월 부처님 오신 날이나 12월 크리스마스, 그 외에도 출소하는 기회는 많았다. 그런 사람들이 부럽기도 하고 샘이 나기도 했다.

"당신들이 한 번만 덜 나가고 나를 한 번만 나가게 해 달라"라고 말하고 싶었다. 그러나 우리에게는 결코, 아니 정말로 결단코 그 차례가 오지 않는다. 그러나 사형 집행될 차례만은 원하지 않아도 반드시 돌아온다!

사형장

나는 방을 옮길 때마다 방 근처 운동장에서 운동했는데 어떤 때는 사형장 입구 근처가 운동장이 되기도 했다. 사형장 입구에는 미루나무가 두 그루 있고, 그 주변에는 잔디가 깔려 있었다. 나는 그 주변에서 운동하면서 이 사형장에서 여태까지 얼마나 많은 사람이 사형되었을까 하고 늘 생각했다.

일제강점기에는 독립운동가들이, 해방 후에는 진보적 인사나 남파된 사람이 많이 처형되었다. 일제강점기에는 일본인들에게 처형되었기 때문에 독립투사로서 긍지를 가지고 죽을 수 있었다. 그러나 해방 후에는 동족의 손에 처형되었다.

1945년 8·15부터 자유당 시절인 이승만 정권의 독재 시대, 또 박정희 군사독재 시기와 '10월 유신' 후에 얼마나 많은 사람이 여기서 사형되었을까.

조봉암 선생이나 현역 대학생이었던 여정남 선생을 생각하면 나도 사형될 가능성이 크다고 생각했다. 그렇게 개혁에 앞장섰던 선배들이 날조된 사건으로 여기 서대문구치소에서 형장의 이슬로 사라졌다. 나는 같은 장소에서 죽을 수 있음이 오히려 영광스러운 일이라고 스스로 타일렀다.

인간은 태어난 이상 한 번은 죽는 법, 단순히 오래 살았다고 가치 있는 인생은 아니다. 얼마나 잘 살았는지 그리고 어떻게 충실한 최후를 맞이하는지가 중요하다. 사람의 가치란 비록 짧게 살아도 의미가 깊다고 생각했다. 설령 아무도 알아주지 않고, 남들이 인정해 주지 않더라도 스스로 납득할 만한 생을 살아왔다고 말할 수 있는 그런 사람은 남의 눈에는 헛된 죽음처럼 보인다 해도 분명히 웃으며 죽을 수 있다.

나는 만약 사형이 집행되더라도 조용히 웃으며 죽음을 맞이하겠노라고 생각했다.

사형수 중에는 마지막 말로 "조국 통일 만세"라든가, 북한에서 온 사람 중에는 "김일성 장군 만세" 등을 크게 외치다 죽은 이가 많았다고 한다. 나는 그렇게까지 할 생각은 없었다. 사형수로 살아온 것 자체가 이미 격동의 인생이었기 때문이다.

적어도 마지막 가는 길에서는 "좋아, 넌 잘 살았다" 하고 미소 지으며 죽을 여유를 갖고 싶었다. 그래서 내가 죽을 때는 "사랑하는 사람이여, 행복하게 사세요!"라고 한마디만 하고 갈 생각이었다. 많은 선구자의 뒤를 따라간다고 생각하니 사형도 그렇게 힘들게 느껴지지 않았다. 사형장 앞에서 운동하면서 '여기가 내 마지막 장소구나' 하고 생각하니 애착마저 느꼈다.

관에 내 이름이

|

언제였던가. 사형이 확정되어 언제 집행되어도 이상하지 않던 어느 날, '소지'가 내게 와서 살짝 귀띔했다. "형님, '내청(내부 청소)'으로 일하는 친구가 오늘 사형장을 청소하고 왔는데, 안에 들어가 보니 관이 여러 개 쌓여 있고 관마다 이름이 적힌 종이가 붙어 있었다고 합니다"라고 했다.

나는 그 순간 등에 전류가 흘렀다. "그래서? 누구누구 이름이 있었대?"

"형님 이름이랑… 강 형과 진 씨도…."

틀림없었다. 이제 서서히 집행할 시기가 다가오고 있다. 집행하기 며칠 전에는 청소를 한다고 했다. 나는 납득했다.

"가르쳐 줘서 고마워. 하지만 다른 사람에게는 말하지 마라. 놀라게 하고 싶지 않으니까."

나는 입단속을 했다. 나만 알고 있어도 되지 않겠나 생각했다.

나는 오늘 아니면 며칠 안에 사형 집행이 있으리라 확신했다. 숨을 빨리 거두도록 양동이에 받아 놓은 물을 다 마실 수는 없지만 적어도 속옷은 새것으로 갈아입고 조만조 어머니가 깨끗이 빨아서 넣어 주신 하얀 한복을 입고 기다렸다.

생각해 보니 짧은 인생이었다. 하고 싶은 일도 많았다. 남들처럼 결혼하여 가정을 꾸리지도 못했다. 내가 사형되었다고 들으면 민향숙은 얼마나 슬퍼할까? 그녀의 인생은 앞으로 어떻게 될까? 나를 어리석은 바보라고 생각할까? 이런저런 생각이 머릿속을 맴돌았다. 그리고 일본에 계시는 어머니! 용서해 주십시오! 아버지를 죽게 만든 것도 모자라 이 죄 많은 아들은 어머니보다 먼저 갑니다. 앞서 언급했듯이 내 아버지는 나와 민향숙이 구치소에 갇힌 그날 돌아가셨다.

조국의 통일을 보지 못한 채 죽는다 해도 솔직히 상관없었다. 조국에 유학 왔을 때부터 내 가슴속에서 조국은 이미 통일되었다. 게다가 위대한 선배들의 뒤를 따라가는 일은 영광스러운 일이다. 선택받은 자들만이 죽음으로써 역사의 한 페이지를 장식한다는 자부심도 있었다.

나는 조용히 기다렸다. 하루가 지나고 이틀, 사흘이 지났다. 과연 언제 데리러 올 것인가?

그러나 며칠이 지나도 아무런 호출이 없었다. 누군가에게 물어볼 일도 아니었다. 도대체 어떻게 된 것일까? 다른 사형수들하고 세수 시간이나 운동 시간에 만나도 모두 아무 일도 없는 것처럼 지내고 있었다. 굳이 알리지 않는 게 좋다고 생각하여 나도 평소처럼 지냈다.

결국 아무 일 없이 날이 지나가고 집행은 일단 멀어진 듯 느껴졌다.

그러나 이번에 집행되지 않았더라도 결코 기뻐할 기분은 아니었다. 이번에는 아무 일도 없었지만 다음에는 분명히 일어날 일이다. 방 안에서는 아무것도 모르는 일반수들이 어제와 마찬가지로 잡담하거나 바둑을 두다가 말다툼하기도 하는데 나는 그런 소리가 전혀 머리에 들어오지 않았다.

사형 집행

|

어느 날 운동 시간에 '울릉도 사건'*의 김용득 선생님을 우연히 만났는데, "오전에 검사가 불러서 다녀왔다. 좋은 일이라도 있으면 좋겠는데"라고 말씀하셨다.

당시 남북이 포로를 교환한다는 소문이 돌아서 그런 이야기가 구체화되고 있는지도 모른다는 기대감이 있었다. 그런데 다음 날 아침 세수 시간에 김 선생님 방을 들여다보니 조용하고 시무룩하지 않은가.

---

*　1974년 4월 중앙정보부가 울릉도 주민들과 일본으로 농업 연수를 다녀온 사람 등 47명을 연행하여 고문하고 허위자백을 받아 내 조작한 간첩 사건. 2015년 재심에서 무죄선고를 받았다.

'혹시나?' 하고 문짝 위를 보니 사형수의 빨간 세모 표식이 없었다. 나는 놀라서 방 사람에게 "김 선생님은?" 하고 물었다. 그러자 "어제 오후에…"라고 말했다.

그날 무려 여섯 명이 사형되었다. 그리고 오늘도 또 몇 사람이 사형될 거라는 말이 돌아서 사형수들은 불안해하고 있었다. 나도 사형 판결이 확정되어 언제 집행되어도 이상하지 않은 터였다. 그래서 그날은 아침과 점심을 먹지 않고 내복도 새것으로 갈아입고 기다렸다. 언제 집행되어도 괜찮도록.

나는 그날 운동하러 나가도 몸을 움직일 수 없었다. 옆방에 긴급조치로 들어온 양성우 시인('겨울공화국'이라는 시를 발표하여 구속. 훗날 국회의원)에게 "양 선생님! 아무래도 오늘도 집행이 있을 것 같습니다. 만약 제가 집행되면 바깥 사람들에게 이철은 훌륭하게 살다가 죽었다고 전해 주십시오. 어쩌면 내일 아침에는 못 만날지도 모릅니다"라고 작별 인사를 했다. 내가 그렇게 말하고 시찰구에 손가락을 넣자 양성우 시인은 내 손가락을 꽉 쥐고 "응, 응" 하며 고개를 끄덕였다. 그의 눈은 눈물로 촉촉했다.

그날도 저녁때까지 여섯 명이 사형되어 이틀 동안 열두 명이 사형 집행되었다.

그날 밤늦게 한 교도관이 내 방을 찾아와 "이번 집행은 모두 끝났으니 내일부터 안심하고 식사하라"라고 슬쩍 알려 주고 갔다. 그러나 잘 수 있는 기분이 아니었다. 나는 뜬눈으로 밤을 지새웠다.

홍창기(가명)

|

나는 사형이 집행된 홍창기를 생각하면 가슴이 저민다.

홍창기는 살인죄로 들어왔다. 사건 당시에는 미성년자였으나 재판 중에 성인이 되어 사형을 선고받아 확정되었다(그에게 소년법은 적용되지 않았다). 그는 가톨릭 세례를 받고 매일 열심히 기도하며 성경을 읽고 성가를 불렀다. 얌전하고 조용한 청년이었다.

그가 왜 사람을 죽였는지 듣지는 못했다. 사건에 관한 자세한 이야기는 물어보기 어려운 법이다. 그저 가난한 가정에서 자랐음은 분명하고 돈이 궁핍해 강도질하다가 들켜 사람을 죽인 것이 아닌가 짐작할 뿐이다.

그에게는 동생을 극진히 사랑하는 누나가 있어 가끔 접견하러 왔다가 울며 돌아갔다. 누나는 당시 작은 회사에 근무하면서 많지 않은 월급에서 돈 몇 푼을 영치금으로 넣어 주고 있었다. 그런데 어느 날부터 누나가 갑자기 접견도 오지 않고 영치금도 넣어 주지 않게 되었다. 동생 창기는 이유를 몰랐다. 아마 사람을 죽여서 사형수가 된 동생에게 정나미가 떨어졌겠거니 했을지 모른다. 그러나 나는 이유를 알게 되었다. 그 이유는 다음과 같았다.

창기 누나는 사형수가 된 동생이 가엾어서 견딜 수 없었다. 어떻게든 동생을 살리려고 여기저기 탄원서를 냈으나 아무런 소용도 없었다. 가정은 여전히 가난했다. 누나는 작은 회사의 경리부에서 근무하다가 그만 회삿돈에 손을 대고 말았다. 그리고 그 일로 체포되어 결국 서대문구치소에 수감되었다.

그것이 접견을 못 오게 된 이유였다. 물론 동생에게는 아무 말도 하지 않았다.

당시 가톨릭교회에서는 1년에 한두 번씩 사형수들에게 위문금을 몇천 원씩 보내 주곤 했는데, 창기 누나 사정을 알게 된 교도관이 불쌍하게 여겨 그 돈을 창기 누나에게 영치금으로 넣어 주면 안 되겠냐고 나에게 물어 왔다. 나는 그 자리에서 동의했다. 결국 홍창기는 사형이 집행될 때도 누나 소식을 모르고 떠났다. 정말 가엽고 불쌍한 남매였다.

내가 그를 가슴 아파 하는 것은 그 일 때문만이 아니다. 어느 날 창기와 복도에서 마주쳤을 때 그가 "요즘 사형 집행되는 꿈만 꾸니 무서워서 잠을 잘 수 없다"라며 울기 시작했다. 나는 평소 "창기야 걱정할 것 없다. 죽을 때는 다 같이 죽는다. 집행될 때는 우리 둘이서 손잡고 가자"라고 위로해 주었다. 그런데 어느 날 그가 "형도 사형수인데 어떻게 그렇게 아무렇지 않게 지낼 수 있어? 무섭지 않아?"라고 물었는데 나는 그때 너무나 경솔한 말을 하고 말았다. "난 조국을 사랑한 죄로 사형수가 되었고, 아무 죄도 없으니 집행당해도 당당하게 죽을 수 있다"라고.

창기는 순간 나를 쳐다보더니 고개를 돌리며 "형은 좋겠소, 죄가 없으니까. 나는 사람을 죽인 살인범이니까…"라고 하지 않는가! '아차!' 그때까지 같은 사형수라고 나를 믿고 친형처럼 따르며 저승까지 함께 가자고 말했었는데, 그날 내가 생각 없이 한 말로 상처 입은 창기는 얼마나 슬펐을까.

며칠 뒤 운동장에서 같은 방 사람을 만나 창기에 관해 물어보았다.

그는 집행되는 꿈을 꾸는 게 무섭다고 잠을 자지 못한다든가, "아버지, 어머니를 보고 싶다"라며 울기만 한다고 했다.

나는 지금 이 글을 쓰면서도 가슴속이 꽉 막힌다. 어린애 같은 창기의 얼굴이 떠올라 견딜 수 없이 괴롭다. 나는 그에게 너무 미안해서 다음에 만나면 지각없는 말을 해서 미안하다고 사과하고 싶었다. 그러나 그의 집행 날짜가 눈앞에 다가오고 있었다!

며칠 뒤 홍창기의 사형이 집행되고 말았다. 나는 집행에 입회한 가톨릭 교도관으로부터 다음과 같은 말을 들었다.

"홍창기의 마지막은 참 훌륭했다. 매일 훌쩍훌쩍 울면서 죽고 싶지 않다고 해서 걱정했는데 마지막에는 참으로 당당했다. 나에게도 '신세 많이 졌습니다'라고 하고 '철이 형에게 먼저 가서 기다리겠다고 전해 주세요'라고 했다." 나는 홍창기의 마음에 상처 준 것을 사과하면서 "창기야, 하늘나라에서는 살인죄든 반공법이든 아무 구별도 없다. 다음은 내 차례니까 조금만 기다려 줘"라고 했다.

아직도 나는 창기를 떠올릴 때마다 가슴이 아프다.

사형수들 이야기
|

홍창기에 관한 이야기가 나왔으니 몇 사람 더 이야기해 보겠다.

앞서 언급한 김용득 선생님과 같이 '울릉도 사건'으로 수감되었다가 1977년 12월 형제가 함께 사형된 전영관, 전영봉 선생님. 1974년에 발표된 울릉도 사건은 일가친척이 수십 명이나 투옥된 간첩 조작 사건으로 그중 전영관 선생님은 당시 대구교도소에 수감된 부인에게 자주 편지를 쓰셨다. 그러나 결국 두 분은 재회하지 못한 채 형이 집행되고 말았다. 선생님의 심정은 어떠했을까.

그리고 어떤 사건인지는 모르지만, 김복순 씨. 이분은 언젠가 나에게 "인간은 어느 때든 기어코 살아남는다 하고 마음먹으면 꼭 살게 되는 법이니, 낙심하지 말고 힘내시오"라고 말씀해 주셨다.

재일동포 진두현 선생님의 공범으로 지목된 김태열 선생님과 박기래 선생님. 김태열 선생님은 신념이 매우 강했다. 말투는 담담하지만 늘 힘찬 어조로 "앞으로 남북이 교류와 협조를 해 나가려면 국가보안법이 먼저 철폐되어야 한다. 그렇게 되면 당연히 사회주의 정당도 만들어져서 합법적으로 활동할 수 있게 된다"라고 말씀하셨다. 내가 "과연 그런 시대가 오겠습니까?" 하고 묻자 "꼭 올 것이다. 그렇게 되면 사상범으로 투옥된 사람들도 석방된다. 그렇지 않으면 북한도 납득하지 않을 것이고 남북협상의 의미가 없다"라고 단호하게 말씀하셨다. 나는 질문한 것을 부끄러워하면서도 뭔가 밝은 전망이 열리는 듯한 기분이 들었다.

김태열 선생님에게는 나이 드신 어머님이 계셔서 편지를 쓸 때마다 "제 편지가 가는 동안은 아직 살아 있다고 생각하시고, 편지가 가지 않게 되면 집행되었다고 알아주십시오"라고 쓰셨다고 한다. 편지를 받으신 노모 마음은 얼마나 괴로웠을까. 편지를 쓰시는 김 선생님도 그렇지만 연세 드신 어머니로서는 더더욱 견디기 힘드셨으리라.

왜 1982년 10월에 김태열 선생님만 사형이 집행되었는지 알 수 없으나, 집행되지 않은 재일동포 진두현 선생님이나 기적적으로 집행을 면한 박기래 선생님은 마음이 복잡했을 것이다. 박기래 선생님은 그 뒤 무기형으로 감형되어 우리는 대전교도소 서화반에서 재회하게 된다.

사형 집행을 탄원한 사형수

|

그런데 사형수 중에는 검사에게 하루빨리 집행해 달라고 탄원서를 낸 사람도 있었다. 모든 것을 포기한 이승에는 아무런 미련도 없으므로 불안한 나날을 보내느니 일찍 죽는 게 낫다는 뜻이다.

임 씨라는 사형수는 좋아하던 여성과 동거했다. 그러나 그 여성의 부모가 결혼에 반대하여 딸을 강제로 집에 데려갔고 여성도 점차 임 씨를 멀리했다. 화가 난 그는 여성의 집에 들어가 여성의 할머니를 죽이고 어머니와 여동생에게도 중상을 입혔다. 임 씨는 그 사건으로 무기징역형을 선고받고 복역하던 중 여성의 아버지에게 (어떻게 밖으로 보낼 수 있었는지 모르지만) 편지를 보내 "20년이 지나서 출소하면 너를 꼭 죽이겠다"라고 협박했다고 한다.

겁에 질린 여성의 아버지가 감옥에 있는 임 씨를 고소하여 임 씨는 복역 중에 다시 재판받게 되었다. 그 재판에 출석한 여성의 아버지는 '매일 불안해서 잠을 잘 수 없다. 그가 평생 출소하지 못하게 해 달라'고 말했다고 한다.

안양교도소에서 복역 중이던 임 씨는 1977년 10월 추가재판을 받았는데, 끝을 날카롭게 간 드라이버를 숨겨 와서 증언석에 있던 여성의 아버지를 덮쳤다. 아버지는 재판관 자리까지 도망갔으나 결국 그 자리에서 찔려 죽고 말았다. 법정은 아수라장이 되어 판검사는 뒷문으로 달아나고 교도관들도 매우 힘들었다고 한다.

이 사건은 첫 법정 살인사건으로 결국 그는 무기형에다 살인죄가 추가되어 사형선고를 받았다. 주변 가족들이 따뜻하게 대했다면 이런 비극은 일어나지 않았을지 모른다. 불행하게도 그는 인생을 포기하고 말았다. 아니 빼앗겼다고 하는 것이 더 정확할지 모른다.

사형수들은 사회에서 어떤 중대한 죄를 범하기에 사형수가 된다. 그런데 이들의 공통점은 한결같이 '남들처럼 살아 보고 싶다, 남들처럼 결혼식도 올리고 싶다'는 간절한 마음이 지나친 나머지 범죄를 저지른다는 점이다.

가난한 사람이나 소외되는 사람이 없는 사회가 되면 그런 비극은 일어나지 않고, 일으키는 사람도 나오지 않을 것이다. 타인을 차별하거나 소외해 그 사람을 사회 한구석으로 내몰거나 박해하는 일이야말로 사회적 범죄다. 그런 의미에서 보면 사형수란 어떤 의미에서는 사회적 희생자라고 할 수 있다.

무등산 타잔
|

옥중에서 직접 만난 적은 없지만 '무등산 타잔'이라고 불렸던 청년이 있다. 광주 무등산 산기슭에는 빈민가가 펼쳐져 있었고, 광주시는 1977년 당시 빈민가를 일소하는 데 온 힘을 쏟았다.

당시 철거민들 가운데 박홍숙이라는 청년이 있었다.

그는 국민학교를 나와 중학교에 진학하고 싶었으나 돈이 없어서 검정고시에 합격한 뒤 사법시험을 치르기 위해 공부했다고 한다. 그는 어머니와 살던 집이 도시계획으로 철거 명령을 받고 이를 거부하자, 철거반원들에 의해 강제 철거당하여 집이 불타고 말았다. 그는 철거반원들에게 노인들이 사는 오두막집만은 제발 태우지 말아 달라고 호소했으나 철거반은 그의 간절한 호소를 무시하고 노인들의 집까지 불태워 버렸다. 이에 격노한 박홍숙이 철거반원들과 격렬하게 싸웠는데, 무술에 능통했던 그는 이 과정에서 철거반원 네 명을 죽이고 말았다.

당시 신문에서는 이런 그를 '무등산 타잔'이라고 크게 보도하여 그의 이름이 널리 알려졌다. 그를 안타까워하는 많은 사람이 사형만은 면하게 해 달라고 탄원서를 제출했으나 결국 사형선고를 받아, 1980년 '5·18'이 진압된 직후에 사형되었다. 23세, 젊은 나이였다. 철거만 없었더라면 가난 속에서도 성실히 살았을 법한 참으로 아까운 청년이었다. 나는 그의 짧고 슬픈 인생이 오래 전하기를 바란다.

실로 사형이란 제도는 잔인하다. 비록 중죄를 저지른 사람, 세상을 전복하려 한 사람이라 하더라도 요즘 시대에 '죽음의 형'이란 제도가 있어서는 안 된다. 인간은 누구나 불완전한 존재로 오심도 당연히 있을 수 있다. 과연 누가 법의 이름을 빌려서 죄인을 죽일 자격이 있단 말인가.

내가 재판받을 때 검사가 "이철은 이 세상에서 영원히 말살되어야 한다"라고 했는데, 나는 사형제도야말로 영원히 말살되어야 한다고 말하고 싶다.

이름도 알려지지 않고 도시 빈민가에서, 공장에서, 농촌에서, 권력에 항거하여 죄를 지었다는 이유로 무자비하게 죽임당하거나 분신자살하여 젊은 생애를 마감한 민중의 아들딸이 무수히 있다. 전태일 열사는 지금은 누구나 알지만 그의 뜻을 이은 사람들의 헌신적 노력이 없었다면 그의 존재는 알려지지 않고 묻혀 버렸을지 모른다.

예수 그리스도도 마찬가지다. 제자들이 기록을 남기지 않았다면 세상 누구도 일개 목수의 아들을 모르고 지났을지도 모른다.

싸움에 승리한 쪽은 패배한 쪽의 영웅이나 지도자에 관한 기록 따위를 남기지 않는다. 나는 황석영 작가의 명작 《장길산》에 깊이 감동했는데, 작가 말에 따르면 의적 장길산에 관한 실제 기록은 불과 한 쪽, 아니 몇 줄밖에 없다고 한다. 이렇게 적은 자료를 가지고 작가는 상상을 더해 명작을 써 낸 것이다.

비록 싸움에 졌더라도 패배한 쪽이 민중의 지도자, 영웅들의 이야기를 상세히 기록해 둔다면 훗날 언젠가 민중의 역사 속에서 꽃피어 오래도록 전할 수 있다. 그렇게 된다면 그 사람은 죽었어도(죽임을 당했어도) 민중의 마음속에 언제까지나 살아남게 된다.

잊지 못할 사람들

3

1977 03
—
1979 08

꿈 이야기

|

나는 원래 몸이 튼튼한 편이 아니어서 옥중에서 건강이 안 좋을 때가 많았다.

특히 위장이 약해 자주 설사하고 감기에도 자주 걸렸다. 증상이 가벼울 때는 그나마 괜찮지만 오한이 심할 때는 밤새 땀을 흘리며 덜덜 떨었다. 그런 밤에는 자주 악몽에 시달렸다. 사형이 집행되는 꿈인데, 왜 그런지 같은 장면이 많았다.

꿈에서는 우선 길가에 나무를 길게 엮어서 만든 사형대가 있고 그 밑에 꼼짝하지 못하게 묶인 사형수 여러 명이 한 줄로 서 있다. 나도 그중 한 사람이고 웬일인지 내 옆에는 언제나 김지하 시인이 있었다.

저쪽 끝에서 한 사람씩 순번대로 집행하는데, 사형집행인이 사형수의 목을 묶은 포승줄을 나무틀에 걸어서 당기면 다른 집행인이 사형수가 서 있는 나무 의자를 발로 걷어찬다. 그 순간 목이 묶인 사람은 공중에 매달리고 포승줄을 잡아당기던 집행인은 그 밧줄을 옆 나무에 묶는다. 이렇게 한 사람이 집행되면 다음 사람 차례가 된다.

이렇게 한 사람씩 처형당하는 모습을 옆에서 지켜보면서 나는 내 차례를 기다릴 수밖에 없다. 드디어 옆의 김지하 시인 차례가 왔다. 그가 서 있던 의자가 발로 차여 몸이 공중에 매달렸다. 다음은 내 차례다. 나는 물론 어떻게 할 수도 없다. 다른 사람들처럼 내가 서 있던 의자가 발로 차였다. 동시에 내 몸이 허공에 뜨면서 목의 밧줄이 쿡! 하고 쪼여 온다. 그 순간 나는 잠에서 깬다.

잠에서 깨면서 '아, 꿈이었구나!' 하고 정신을 차리려 하는데 몸이 움직이지 않는다. 이불에서 일어나 보려고 해도 몸이 무거워서 움직일 수 없다. 등에서 엉덩이까지 땀에 흠뻑 젖어 있고 심장은 쿵쾅쿵쾅 소리를 내며 고동친다. 마음을 가라앉히려 해도 어떻게 할 수가 없다. 그런 밤에는 더 이상 잠을 이룰 수 없어 누운 채로 날이 밝기를 기다릴 수밖에 없었다.

리영희 교수님과 김지하 시인
|

1977년이었던가, 한양대학교 리영희 교수님이 서대문구치소에 수감되셨을 때 운동 시간대가 같았던 적이 있다. 새파랗게 맑은 하늘이 인상 깊게 남아 있다.

내가 리영희 교수님한테 "선생님, 이렇게 넓고 아름다운 하늘인데 우리에게는 고작 쇠창살 창으로 보이는 작은 하늘밖에 허용되지 않습니다"라고 했더니, 교수님의 대답이 명답이었다. "하늘은커녕 땅도 허용되지 않네!"

리영희 교수님을 생각하면 제일 먼저 떠오르는 추억이 있다. 추운 겨울날 교수님이 운동장에 장갑을 끼고 나오셨는데 자세히 보니 장갑이 아니라 양말이었고, 그것도 양쪽 다 구멍이 하나씩 나 있었다. 내가 교수님한테 "선생님, 양말에 구멍이 났네요. 새 양말이 없으면 하나 드릴까요?"라고 했더니, 교수님이 하신 말씀이 "구멍이 있어야 구멍으로 손가락을 내고 책장을 넘길 것 아니야"였다.

리영희 교수님과 운동 시간에 가끔 만나서 대화하던 어느 날 교도관의 경호를 받으며 한 청년이 걸어왔다. 그 사람이 "오오, 리영희 교수님 아닙니까? 안녕하셨습니까?" 하고 인사했다. 교수님도 "자네도 잘 지내고 있는가?" 하고 반갑게 인사하셨다.

떠나가는 그의 뒷모습을 보면서 내가 "선생님, 저분은 누구십니까?" 하고 묻자 교수님은 "자네는 김지하도 모른단 말인가?"라고 하셨다. 나는 김지하 시인의 이름은 들어서 알고 있었으나 만난 적도 없었고 물론 인사한 적도 없었다.

그 뒤 운동장이 김지하 시인이 수용된 3사 상(2층)의 앞마당으로 바뀌었을 때 나는 운동 시간에 그의 방 근처까지 다가가 밑에서 그의 본명(김영일)을 조용히 불러 보았다. 그는 2년 전에 크게 문제가 된 '양심선언문* 사건 때문에 당시 삼엄한 감시 아래 있었고, 늘 교도관

---

* 1975년 5월 한 만기 출소자가 사회에 반출했고, 8월 4일 일본 가톨릭 나고야교구 소마 주교가 발표했다. 김지하 시인이 조영래 변호사와 둘이서 작성했다고 알려졌다.

한 명이 그의 독방 문 앞에 진을 치고 있었다.

그러자 그가 얼른 변소 창문으로 얼굴을 내밀며 "누구요?" 하고 작은 소리로 물었다. 나는 "이철이라는 재일동포 사형수입니다"라고 자기소개를 했고 그 뒤 운동 시간에 가끔 교도관의 눈을 피해 그와 대화했다. 그는 내가 재일동포임을 알자, 일본 가족에게 '테야르 드 샤르댕(Pierre Teilhard de Chardin)'의 책을 부탁하여 읽어 보라고 권했다. 샤르댕은 가톨릭 사제면서 북경원인의 유골 발굴 작업에 참가한 고인류학자로서, 성서에 나오는 수천 년 전의 인류창조설과 몇십만 년 전의 인류 유골을 놓고 종교와 과학이 양립할 수 있게 노력해 왔다.

김지하 시인하고는 운동 시간에 몇 번 이야기를 나누다가 내가 다른 방으로 가는 바람에 그 뒤로는 만나지 못했다. 그러나 한참 뒤 그가 오사카에 강연하러 왔을 때 재회할 기회가 있어 당시 이야기를 하면서 술잔을 든 일이 있었다.

김지하 시인이 1975년 5월 옥중에서 외부에 내보낸 '양심선언문'은 건빵 종이봉투에 썼다고 했다. 그 사건이 있은 뒤로는 건빵을 구매할 때 건빵을 종이봉투에서 꺼내서 주고, 봉투는 교도소 측이 수거해 갔다. 당연히 며칠 지나면 건빵에 습기가 차서 맛이 떨어졌다.

김지하 시인은 10년 뒤인 1985년에 이 '양심선언문'은 고 조영래 변호사와 공동으로 썼으며, 자신이 옥중에서 틀을 잡고 조영래 변호사가 그 틀에 따라 썼다고 밝혔다. 그것은 대단한 명문장으로 해외에서도 번역되어 사회에 큰 반향을 불러일으켰다. 당연히 교도소 안에서도 큰 소란이 일어나 외부와 비밀 연락이나 통방에 매우 신경을 곤두세웠다.

그럴 때 내 통방 사건이 일어나고 말았다.

첫 투쟁
|

1977년 2월 9일, 나는 조만조 어머니를 만나기 위해 접견 대기실에 있었다. 그런데 그날 우연히 도쿄 출신 진두현 선생님을 그곳에서 만나게 되었다. 국가보안법 사범, 더군다나 사형수들끼리는 절대로 접견실이나 대기실에서 만나게 하는 일이 없다. 한 사람이 접견이 끝나면 그 사람을 일단 방으로 돌려보낸 뒤에 다음 사람을 데리고 나오는데, 어찌 된 일인지 그날 진두현 선생님을 거기서 만났다.

이때 진 선생님은 여러 사회 소식을 알려 주셨다. 카터 대통령이 주한미군 축소를 고려하고 있다든가, 특히 핵 부대는 이미 철수 작업에 들어갔다는 등의 내용이었다. 당시 카터 대통령이 박정희에게 한국 민주주의를 바로잡도록 요구했고, 잘되면 우리의 석방까지도 가능성이 있지 않을까 기대했기 때문에 우리는 카터 정부의 그러한 정책이 반가웠다. 그런데 진 선생님한테 들은 그 이야기 때문에 나는 생각지도 못한 큰 봉변을 당하게 되었다.

나는 접견이 끝나고 방에 돌아와 당시 내 방 위층에 있던 재일동포 사형수였던 강종헌 씨에게 진 선생님이 한 이야기들을 그대로 전했다. 그러자 며칠 지난 2월 16일, 보안과 부장과 주임이 내 방에 와서 "이 방에서 일본어를 아는 사람은 누군가?" 하고 물었다. "제가 할 수 있습니다" 하고 대답했더니 "아니, 너 말고 다른 사람"이라고 하는 게 아닌가. 나는 이상하게 생각했다. 그 당시 내 방에서 두세 명이 나에게 일본어를 배우고 있어서 나 대신에 그들이 한 사람씩 보안과에 불려 갔다. 그런데 무슨 까닭인지 불려 나간 사람들이 한 명도 방에 돌아오지 않았다.

한 시간쯤 지났을까. 이번에는 "이철에게 물어볼 게 있다"라며 나를 데리러 왔다. 그때도 나는 이유를 전혀 알 수 없었다. 아마 사형장에 끌고 갈 때도 이런 식으로 데리고 가지 않을까.

보안과에 가니 주임과 부장, 교도관 몇 명이 '조사실'이라는 방에 나를 데리고 갔다. 그 방은 일명 '헌병대'라고도 불리던 심문하는 방이었다.

그들은 나를 의자에 앉힌 다음 "이철, 아니, 별 대단한 용건은 아닌데, 며칠 전에 강종헌하고 일본어로 통방한 적이 있지?" 하고 물었다. 나는 속으로 당황했으나 시치미 떼며 "가끔 통방은 합니다만, 어떤 말을 했는지 기억이 잘 나지 않습니다"라고 했다. 그러자 그들은 종이 한 장을 가져왔다. 거기에는 카터 행정부가 한국에 민주화를 요구했다, 핵 부대는 이미 철거를 시작했다 등, 여섯 가지 항목이 쓰여 있었고 마지막에 강종헌의 서명이 있었다.

나는 이 진술서를 본 이상 시치미를 뗄 수 없어서 "아마 그런 이야기를 한 것 같습니다. 미안합니다"라고 고개 숙이며 말했다. 내가 순순히 인정했기 때문에 그들은 쉬이 끝나겠다고 생각했는지 "앞으로는 이런 말썽을 일으키지 않았으면 좋겠어. 우리도 너희 사형수한테는 많이 배려해 주고 있잖아" 하면서 "절차상 일단 필요하니까 강종헌처럼 한 장 써 주라"라고 요구했다. 그들이 시키는 대로 "그런 이야기를 틀림없이 강종헌에게 전했습니다"라고 썼더니 그들은 안심했는지 "설령 이런 이야기를 들었더라도 통방해서 다른 사람에게 가르쳐 주면 안 되잖아. 이 일 때문에 우리가 얼마나 혼났는지 알기나 해?"하고 강종헌 씨와 통방했던 일이 판명된 경위까지 나에게 설명했다.

그들의 말에 따르면 내용은 이러했다.

여수 세관에서 고위직에 있던 사람이 뇌물수수죄로 구속되어 내 방 바로 윗방에 수용되어 있었다. 어제(전날에) 검사 취조를 받으러 간 그에게 검사가 "구치소 생활은 지루하시죠?"라고 물었다고 한다. 그가 "아니요, 아주 재미있어요" 하고 대답하자, 검사가 "그래요? 무슨 재미있는 일이라도 있었나요?"라고 다시 물어서 "어제 아랫방 사형수가 2층 사형수에게 카터가 한국에 민주화를 요구했다느니, 핵 부대 철수를 시작한다느니 하는 이야기들을 일본어로 하는 것을 들었는데 오랜만에 듣는 일본어라서 재미도 있었지만, 도대체 그런 시국 이야기는 어디서 들어오는 걸까요?" 하고 말했다고 한다.

놀란 검사는 그 자리에서 구치소에 전화를 걸어 "빨갱이 사형수들이 이런 대화를 하는데 구치소는 무얼 하고 있는 거야!" 하며 호통쳤다. 소장은 보안과장에게 철저히 조사할 것을 지시했다. 이런 사실이 중앙정보부에 알려지거나 법무부에 통보되면 그들에게는 큰 문제가 되기 때문이다.

그들은 나의 자백을 수월하게 받아 내기 위해 분한 마음을 억누르고 겉으로는 부드럽게 대하는 것이 느껴졌다. 그들은 소장과 보안과장한테 얼마나 혼났을까. 당시 보안과장으로 있던 황모 씨는 특히나 엄격한 사람이었다. 그들은 잠시 설명하더니 "그럼 이제 방에 돌아가도 돼. 수고했다"라고 하면서 자못 내가 수고라도 많이 한 듯 말하고 나를 돌려보냈다.

나는 그들이 숙련된 수법으로 일을 진행하는 데 속으로 감탄했다. 나를 불러내자마자 '오리발'을 내밀지 못하게 강종헌 씨가 쓴 진술서부터 보이며 내가 인정하게 한 다음 단숨에 자술서까지 받아 냈다. 상대방의 심리까지 다 읽고 있다는 뜻이다. 그들이 나에게 무엇보다 묻고 싶었던 일, 즉 누구에게 그 이야기를 들었는가 하는 가장 핵심적 부분에 관해서는 일절 언급하지 않았다.

나는 그들이 가장 듣고 싶어 하는 그 일 때문에 다시 호출될 거라고 각오했다.

아니나 다를까 10분도 되지 않아 "이철, 아까 놓친 게 있었으니 수고스럽지만 한 번만 또 나와 줄래?"라며 찾아왔다. 나는 '드디어 올 것이 왔구나!' 하고 각오를 다지면서 속으로 '당신들이 원하는 대로는 되지 않을 거야' 하고 마음먹었다. 그들이 가장 중요한 것을 놓칠 리가 없었다. 가장 듣고 싶었던 내용을 처음부터 꺼내면 내가 거부할지도 모르니, 그들 나름대로 꾀를 부린 것이다.

다시 조사실로 갔더니 그들이,

"아까는 깜빡했는데, 그 이야기는 누구한테 들었다고 했지?"

"네? 아까 이야기 말이에요? 글쎄요, 누구였지…?"

"아직 며칠 지나지 않았으니 기억하고 있겠지?"

"잠시만요. 으음, 누군지 잘 생각나지 않는데요."

그들의 안색이 조금 변했다.

"생각이 잘 안 난다고? 그럼 어디서 들은 거야? 들은 장소는 기억하겠지?"

"그래요, 아마도… 운동장에 나갈 때 누군가 말하는 것을 지나가면서 들은 것 같은데요…."

"그 사람 얼굴을 보면 알겠지?"

"아니요, 살짝 보기만 했으니까 모를 것 같습니다."

그들은 점점 초조해졌다.

"국보법이었는지 긴급조치였는지는 알 것 아냐, 일반수는 이런 이야기에 관심이 없으니 국보법이나 학생이었겠지?"

"아뇨, 일반수였던 것 같기도 해요…."

이야기가 이쯤 되자 그들은 더욱 초조해지고 나를 째려보는 사람도 있었다. 내가 순순히 '누구'인지 말하리라 기대하고 또 그들 나름대로 술책을 쓰기도 했는데 내가 순순히 진술하지 않았기 때문이었다.

"어느 방에 있는 사람이야? 아직 출소하지 않았을 테니 방을 같이 돌아보고 한 사람씩 얼굴을 확인하면 알 것 아니냐!"

"아닙니다. 그게 몇 호실 사람인지 잘 모르겠습니다."

"…."

"…."

갑자기 "묶어!" 하는 분노 섞인 소리가 울렸다. 참지 못한 주임이 명령했다.

교도관들이 수갑을 찬 나를 덮쳐 포승줄로 묶었다. 그들은 먼저 허리를 포승줄로 묶고 등 쪽으로 늘인 다음, 다른 끈으로 수갑을 찬 두 팔꿈치 부위가 바짝 붙게 묶고 나서 가슴에서 머리 뒤쪽으로 넘기며 잡아당겼다. 그러고 나서 허리를 묶은 포승줄 사이에 그 끈을 넣고 꽉 조였다. 그러자 양 팔꿈치가 붙은 두 팔이 머리에서 목뒤까지 당겨져 몸은 새우가 거꾸로 휜 것처럼 되었다. 그리고 그 상태에서 허리 포승줄에 묶어 고정하고는 나를 마구 패기 시작했다. 팰 때는 손가락만 한 밧줄을 세 겹으로 꼬아서 만든, 흔히 '꽈배기'라고 불리는 고문 도구를 썼다. 물에 적셔서 내려치면 무게가 상당히 실린다.

물을 먹어서 무겁고 탄력이 있는 꽈배기가 몸에 감길 때마다 검은 줄무늬가 온몸에 새겨진다. 뱀이 기어다닌 자국 같은 멍이다. 그것으로 온몸을 가리지 않고 마구 맞으면 통증이 이만저만이 아니었다. 맞을 때마다 몸은 개구리처럼 펄쩍펄쩍 뛰며 몸을 뒤로 젖힌 채 좌로, 우로 구를 수밖에 없었다. 그러나 나는 이를 악물고 비명을 삼켰다. "욱, 욱!" 하고 참으면서 맞는 수를 "다섯… 열…" 하고 세어 나갔다.

그들은 내가 버티는 것을 보고 이번에는 나무 막대기를 가져와서 내 목과 목뒤에 묶여 있는 양팔 사이에 끼워 넣고 위에서 쿡쿡 누르거나 좌우로 흔들어 댔다. 이것은 '비녀 꼽기'라는 고문이다. 이 고문은 10분 이상 계속하면 실신해 버릴 정도로 무서웠다. 그래서 그들은 10분쯤 지나면 2~3분은 쉬고, 2~3분 지나면 다시 시작한다. 이렇게 여러 번 당하고 나니 의식이 몽롱해지고 나중에는 통증조차 느끼지 못했다. 이렇게 40~50번을 매 맞다 보니 나는 날카로운 통증을 거의 느끼지 않게 되었다. 나도 신기했다. 그사이에 손과 팔의 혈관이 터져서 출혈이 일어났고 입었던 한복의 흰 소매와 가슴 부위가 빨갛게 물들었다.

나는 속으로 '솔직히 말할 테니 그만 때려라' 하고 말하고 싶었다.

그런 유혹에 몇 번이나 사로잡혔다. 진두현 선생님 이름이 목구멍에서 금방이라도 튀어나오려 하는 것을 여러 번 삼켰다. 이렇게까지 당했는데 이제 와서 솔직하게 말하기에는 너무 아까웠다.

나는 '한 번만 더 맞으면 솔직히 말하자. 아니다, 한 번만 더 참아보자' 하고 맞을 때마다 상반된 생각을 거듭하며 견뎠다. '중앙정보부 지하실에서 견디지 못해서 두고두고 깊은 상처를 입었던 악몽을 되풀이해서는 안 된다. 다시는 저런 비참한 꼴을 당하지 말아야지' 하는 마음도 있었다.

아, 진두현 선생님은 지금쯤 내가 이런 고문을 받고 있다는 사실을 알고 계실까. 알고 있다면 언제 자기 이름이 튀어나올지 몰라서 얼마나 불안해하실까. 만약 내가 솔직히 말하면 이번에는 진 선생님도 나와 똑같이 당할 것이고, 그렇게 되면 견디지 못하고 소식을 전해 준 교도관 이름까지 말해 버릴지도 모른다. 그렇게 되면 결국 나처럼 진 선생님도 고문받고 그 교도관도 직장에서 쫓겨난다. 그 일만은 절대로 막아야 했다. 진 선생님은 물론, 우리에게 호감을 갖고 바깥소식을 전해 준 교도관도 지켜야 했다.

그들은 꽈배기로 때리면서 동시에 발로 내 다리와 등을 닥치는 대로 걷어찼다. 나는 두 팔이 목뒤로 당겨진 채 콘크리트 바닥을 굴렀다. 그런 가운데서도 그들은 "솔직히 말해! 이름을 대면 풀어 주겠다. 누가 가르쳐 줬어? 교도관이냐, 아니면 누구야?" 하고 집요하게 물었다. 그들은 완전히 야수였다.

나는 처음에는 "잊어버렸다. 운동장에서 들었다"라고 대답했으나 나중에는 대답조차 하지 않았다. 아니, 대답할 기력조차 없었다. 그들은 내가 의식이 있는지 살피기 위해 가끔 "야, 이철!" 하며 나에게 말을 걸었다. 나는 차라리 기절하고 싶었다. 기절해 버리면 아무런 통증도 느끼지 않을 테니까.

드디어 승리!

매 맞기 시작한 지 한두 시간 지났을까. 주임이 의자에서 일어서더니, "이철, 다시 묻겠는데 누구한테 들었는지 모른단 말이지? 운동장에서 지나가다가 들은 거지?"라고 물었다. 내가 꺼져 가는 소리로 "그래요, 이런 일까지 당하면서 거짓말할 리가 없지 않습니까"라고 하자 주임은 "누가 물어도, 가령 검찰이나 중앙정보부에서 물어도 여기서 한 말과 똑같이 말할 수 있겠나?" 하고 거듭 물었다. 그들은 자신들이 받을 문책을 걱정하고 있었다.

나는 속으로 '이겼다!'고 생각했다. 그래서 "누가 물어 와도 사실대로 말할 수밖에 없다"라고 말하자 주임이 "풀어 줘!" 하고 지시했다. 그들은 처음 묶었을 때보다 더 조심스럽게 천천히 포승줄을 풀기 시작했다. 그러나 포승줄을 풀 때가 더 고통스러웠다. 팔이 목뒤까지 당겨져서 어깨 관절이 180도 돌아갔기 때문에 그것을 다시 풀어서 원래 위치로 되돌릴 때는 신중해야 했다.

그들은 나를 덮쳐 묶을 때와는 전혀 다른 사람 같았다. 살살 어깨도 풀어 주고 위로의 말도 건넸다. "우리도 어쩔 수 없어서 한 거니까 이해해 줘. 이번 일은 검찰에서 연락이 와서 알게 된 일이라 소장님도 보안과장님도 체면이 완전히 구겨진 거야. 그래서 화내며 철저히 조사하라고 지시한 거라고. 우리도 지시받은 이상 심문 안 할 수 없잖아."

주임은 아까 말한 대로 '자술서'를 쓰라고 지시했고, 나는 '사실'대로 "운동장에서 누군가가 말하는 것을 지나가다가 들었는데 얼굴도 이름도 기억나지 않습니다"라고 썼다. 다 쓰자 주임이 "다 끝났으니 이제 방으로 돌려보내는데 네가 있던 방은 이미 분산되어 없어졌다. 너를 조사하는 동안에 같은 방에 있던 사람들도 모두 조사를 마치고 다른 방으로 옮겼고, 너는 이 건으로 징벌을 받게 되니 지금부터 징벌방에 수용하겠다"라고 말했다.

징벌방
|

젊은 교도관이 나를 징벌방으로 데리고 가면서 물었다.

"이철 씨, 그렇게 맞았는데 아프지 않던가요?"

"담당님, 별말씀을 다 하시네요. 나도 사람인데 왜 안 아프겠어요"라고 대답하자 "그렇게 맞으면 보통 비명을 지르거나 묻는 대로 솔직히 말할 텐데 이철 씨는 신음조차 내지 않던데요"라고 했다. 나는 속으로 우스웠다. 내 몸뚱이가 무쇠로 만들어진 줄 아나, 나도 엄청 아픈 걸 겨우 견뎌 낸 것뿐인데.

그러나 나는 승리했다는 생각에 마음이 상쾌했다. 몸 마디마디는 쑤시고 움직이기도 불편했지만 속으로 크게 외쳤다. '이겼다!' 나는 첫 승리를 음미했다. 상처투성이 승리였다. 그렇다, 이기기 위해서는 상처를 입게 된다는 점도 실감했다.

며칠 뒤 이발반의 관용부들이 가위와 바리캉을 들고 왔다. 이발반 반장은 몸집은 작지만 주먹 세계 출신으로, 의리의 사나이였다. 그가 말했다.

"이철 씨는 훌륭했다고 하던데요, 보안과에서 소문이 파다하더라고. 담당들도 '저렇게 맞았는데도 굴복하지 않고 견디는 걸 보니 역시 사형 선고받은 놈은 다르다'고 하더라고. 아니, 그들도 이철 씨 말을 믿지는 않는데 끝까지 모르쇠로 우기니까 어쩔 수가 없었던 거라. 역시 사나이는 굵고 짧게 살아야 해!"

나는 그의 '굵고 짧게'라는 말이 썩 마음에 들었다. 그렇다, 어차피 언젠가 사형장의 이슬로 사라질 몸, 일생은 짧다. 질질 끌며 오래 살기보다 짧더라도 의미 있는, 남부끄럽지 않은 삶을 살아야지 하고 생각했다.

일주일쯤 지나서 진두현 선생님이 운동하러 나갔다가 돌아오시는 길에 몰래 찾아와 내 손을 잡으며 "이철, 고마워. 정말 고마워" 하고 몇 번이나 말하고 가셨다. 나도 고개를 끄덕이며 미소를 지었다. 진 선생님은 정말 고마워했다. 강종헌 씨도 나중에 만났을 때 "형, 미안해. 통방한 내용을 그들이 다 알고 있어서 어쩔 수 없었어. 몸은 괜찮아요?"라고 했다. 나는 "괜찮아, 다 잘되었으니 신경 쓰지 마라"라고 했다.

황 보안과장이 순시를 돌다가 내 방을 들여다보면서 "네가 이철이냐. 이 빨갱이 새끼야, 제2의 김지하 사건이라도 일으키려 했어!" 하고 욕을 퍼붓고 갔다.

커다란 교훈
|

나는 징벌 한 달 만에 징벌방에서 풀려나와 다른 방으로 옮기게 되었다. 동시에 묶였던 포승줄도 풀렸다. 그 당시 재소자들 사이에서는 내 사건이 소문났기 때문에 새 방에서 같이 지내게 된 사람들이 사건의 진상을 듣고 싶어 했다. 그러나 나는 그냥 웃으며 "운동장에서 들은 이야기…"라고만 했다.

꽈배기로 맞아서 생긴 시퍼런 멍은 몇 달 지나도 몸에 남아 있었고, 옷을 벗으면 마치 뱀이 겹겹이 몸에 감겨 있는 것처럼 보였지만 나에게는 그 멍들도 사랑스럽게 느껴졌다. 오히려 상처가 점점 아무는 것이 아쉬웠다.

나는 이번 일로 할 만큼 했다는 만족감을 느꼈지만, 왜 중앙정보부에서도 이번처럼 지켜야 할 사람을 지키지 못했을까, 이번처럼 견뎌냈더라면 민향숙도 어머니도 고생하지 않았을 텐데 하고 후회했다.

이 사건은 내 옥중 13년에서 첫 번째 승리였고 나에게는 큰 자신감을 안겨 주었다. 그리고 살려고 하면 죽고, 죽으려고 하면 이길 수 있다는 소중한 깨달음을 얻었다.

민향숙의 이감과 묵주 교환

|

1977년 3월 8일 대법원에서 상고가 기각되자 민향숙도 3년 6개월 형이 확정되어 교도소로 이감되게 되었다.

징벌이 끝나고 열흘쯤 지난 어느 날, 내 대부인 김 교도관이 찾아와 "마리아(민향숙)를 위해서 기도해 줘"라고 했다. 나는 깜짝 놀라 "혹시 몸이라도 아픈가요?" 하고 물었다. 조만조 어머니에게 '마리아는 잘 있다'고 들어왔기 때문이다. 내가 다시

"혹시 이감입니까?" 하고 묻자

"그래. 내일 아침에 가게 되었어."

"어디입니까?"

"광주야."

지금까지는 그래도 같은 구치소에 있다는 생각에 마음이 놓였는데 먼 곳으로 떨어져서 지내야 한다고 생각하니 마음이 아팠다. 게다가 나는 사형수다. 살아서 다시 만날 수 있을까. 그리고 조만조 어머니도 딸을 접견하려면 광주까지 가야 한다.

김 교도관은 광주 이감이 결정되자 보안과장에게 '이철은 사형수니까 두 사람은 살아서는 다시 만날 수 없다. 그러니 두 사람이 마지막으로 한 번만 만날 수 있게 허락해 달라'고 부탁했다고 한다.

그러나 보안과장은 "그놈은 징벌도 먹은 악질 빨갱이"라며 일언지하에 거부했다. 보안과장이 완강하게 거부한 이상 말단 교도관으로서는 어떻게 할 도리가 없어서 그는 나를 찾아왔다.

"이철이 마지막으로 마리아를 만나지 못해서 가슴 아프다. 그러니

뭐라도 기념이 될 만한 것이 있으면 내놓아라. 내가 마리아에게 전해 주겠다"라고 했다.

나는 이렇다 할 만한 것이 없었으나 순간적으로 평소에 쓰던 묵주를 꺼냈다.

"지금 저에게는 이것밖에 없습니다. 이걸 전해 주세요."

결국 김 교도관은 내 묵주를 민향숙에게 전해 주고, 그녀가 가지고 있던 분홍색 묵주를 나에게 가져왔다. 이렇게 우리의 묵주가 교환되었다.

그 후 우리는 어디에 가든 그 묵주를 무엇보다도 소중한 보물로 여기며 아꼈다.

훗날 민향숙은 1979년 8월 23일에 석방되었고, 그다음 날 접견하러 와서 "이것 기억나세요?" 하며 손바닥에 쥐고 있던 묵주를 보여 주었다. 어찌 잊었겠는가! 나는 너무 기뻤다. 그녀의 묵주가 나에게 무엇보다 소중했듯이 그녀에게도 나의 유품인 묵주가 소중하고도 소중했다. 조만조 어머니는 묵주는 목에 거는 것이 아니라고 하셨지만 나는 언제나 목에 걸었다. 얼마나 사랑스러운 묵주인가! 조용히 들여다보기만 해도 그녀가 미소 지으며 말을 건네는 듯했다. 나는 그 후 어느 교도소로 가든 그 묵주를 늘 간직했으며 출소할 때도 들고나왔다.

우리 아이들이 성인이 되어 부모의 유품으로 간직해 주기를 바라는 그 묵주는 현재 서대문형무소역사관(옛 서대문구치소)의 재일동포 양심수 전시실에 전시되어 있다. 이 묵주는 단순한 묵주가 아니라 우리의 고통과 슬픔과 사랑의 역사를 가득 담고 있다.

광주의 민향숙

|

절도 전과가 있는 청년이 내 방에 들어왔다. 이름은 김영민이라 하고 광주교도소에서 복역했다고 했다.

나는 광주에 있었다는 그에게 흥미를 느꼈다.

"광주에 있었다면 광주 이야기나 좀 해 주겠어?" 하자 그가 "광주의 여사에 숙명여대생이 하나 있었습니다"라고 했다. "그녀의 이름은 모르지만 숙대생이라고 하면 다 압니다. 그녀에게는 재일교포 약혼자가 있었는데 사형선고를 받고 집행되었다고 합니다."

나는 귀를 의심했다. '뭐라고?' 그의 입에서 민향숙 이야기가 튀어나오리라고는 꿈에도 생각하지 못했다.

"오, 재미있구나, 그 이야기 좀 더 해 봐." 나는 두근거리는 가슴을 누르며 아무렇지 않게 재촉했다.

"그녀는 가톨릭 신자로 매주 예배에 나오는데요, 강당 1층은 남자, 2층은 여자로 구분되어 있어서 1층 남자들은 그 귀여운 숙대생 얼굴을 한번 보려고 아래층에서 '숙대생, 숙대생, 얼굴 보여 주세요!' 하고 소리칩니다. 그러면 몸집이 큰 할머니가 늘 옆에 있다가 그때마다 그녀 앞에서 두 팔을 벌리고 그녀가 보이지 않게 가리는 거예요. 남자들이 '할망구는 비켜!' 하고 소리쳐도 듣지도 않고 숙대생을 숨긴단 말입니다."

나는 눈물이 나올 뻔했다. 아, 민향숙 이야기를 여기서 듣다니! 생각도 못 했다.

"참 재미있네. 또 다른 이야기는 없나?" 내가 다급하게 재촉하자 그는 계속했다.

"지난 운동회 때 이야기입니다. 여자들이 나오는 프로그램에 대여섯 명이 한꺼번에 뛰다가 종잇조각을 줍고 거기에 이름이 적힌 사람을 찾아내 그 사람과 짝을 지어서 골까지 달리는 경기가 있습니다. 마침내 그 숙대생이 등장할 차례가 되자 운동장에 있던 남자 모두 그녀에게 시선을 집중하고 있었지요. 그녀가 '준비, 땅!' 소리에 달리기 시작했고 종이를 주워 보니 '보안과장'이라고 적혀 있었지요. 그녀는 본부석으로 달려가서 '보안과장님!' 하고 소리쳤습니다. 보안과장은 자신이 불리자 황급히 나오기는 했으나 뚱뚱한 몸이 답답할 정도로 둔했단 말입니다. 숙대생은 보안과장의 손을 잡고 어느 정도 달리다가 갑자기 과장의 모자를 잡아 벗기더니 그 모자를 손에 들고 골로 뛰어갔습니다. 이 광경을 지켜보던 사람들은 깜짝 놀랐습니다." 아니, 보안과장의 모자를 잡아 벗기다니. 그런 말은 들어본 적도 없었다. 지켜보던 사람들이 한순간 아연했다가 그 직후 일제히 "워!" 소리를 내며 폭소를 터뜨렸다고 한다.

김영민의 말을 듣다 보니 민향숙 모습이 눈에 훤히 보이는 듯했다.

그녀는 어려서부터 달리기를 잘해서 느릿느릿하게 달리는 것을 도저히 참을 수 없었으리라. 민향숙의 지기 싫어하는 성격이 드러난 자못 그녀다운 이야기였다.

내가 숙대생 이야기에 흥미를 느끼는 기색을 보이자 그는 계속했다.

"숙대생의 약혼자는 재일교포 학생이었는데 벌써 사형이 집행되었다고 합니다."

"그 학생에 관해서 뭔가 들은 게 있나?"

"아니요, 없습니다."

나는 그를 놀라게 해 주려고 작은 목소리로 말했다.

"그 학생은 아직 살아 있어."

"정말입니까? 서대문에 있나요?"

"그래, 지금 너랑 이야기하는 사람이 바로 그 사람이야. 내가 그 숙대생 약혼자인 재일교포라고."

김영민은 내 말뜻을 이해하자 눈을 크게 뜨며 내 손을 잡고 말했다.

"아이고! 참 놀랐습니다. 집행되지 않았군요. 살아 계실 줄 정말 몰랐습니다. 그런데 왜 집행되었다는 소문이 났을까요?"

어쨌든 나는 오랜만에, 그것도 우연히 민향숙 이야기를 듣게 되어 기뻤다. 게다가 그녀는 광주에서 많은 사람에게 격려받으며 지내는 듯했다. 나는 그녀의 소식을 전해 준 김영민이 고마워서 그에게 담요와 영치금을 넣어 달라고 조만조 어머니한테 부탁했다. 그는 아주 고마워했다. 그와 같은 '빵잽이'는 가족이 면회를 오지 않고 영치금도 없어서 '개털'이라고 불렸고, 반대로 부유한 사람들은 '범털'이라고 했다.

몇 달 후 그는 대전교도소로 이감되었다. 그 후 내가 무기형으로 감형되어 대전으로 갔을 때 그는 목공장에 출역하고 있었는데, 나는 조만조 어머니에게 또 부탁하여 그에게 영치금을 넣어 주었다. 그 뒤 그가 어떻게 되었는지는 알 수 없다.

재일동포 박순조 씨

|

기운찬 얼굴에 키가 그다지 크지 않은 사람이 내 방에 들어왔다. 알고 보니 그는 박순조라는 재일동포였다. 그가 나중에 출간한《한국·일본·오무라 수용소》(JDC출판, 1982)에 따르면 그날은 1978년 4월 22일이었다.

오사카 출신인 박순조 씨는 사업을 크게 해서 성공한, 상당한 자산가인 듯했다. 그는 당시 '오사카 흥은'(민단계 흥업은행)의 이사장이었던 이모 씨로부터 한국에 골프장을 만들자는 제안을 받아 거금을 투자해 서울 외곽 의정부에 '로얄컨트리클럽'을 만들었다. 자금 총액 5억 엔 중 60퍼센트를 그가 분담하고 나머지 40퍼센트는 이 이사장이 출자하는 약속이었다고 한다.

그런데 이 이사장이 약속을 어겨 40퍼센트인 2억 엔을 내지 않았을 뿐만 아니라 박순조 씨 말에 따르면, 전직 중앙정보부 차장과 강원도의 모 탄좌 회사 사장이었던 이모 씨 등이 결탁하여 박순조 씨 회사를 가로채려고 했다. 박순조 씨는 결국 이들의 모략으로 전 재산을 빼앗기고 말았다.

박순조 씨가 그 후 이 악당들을 고소하고 다방면에 호소하자 이들은 박 씨 입을 막기 위해 또다시 모략을 꾸몄다. 깡패를 시켜서 박 씨에게 시비를 걸었고, 박 씨가 폭행해서 앞니가 부러졌다며 거짓으로 고발하게 했다. 이리하여 그는 경찰에 끌려갔는데 상대방이 합의를 거부하고 처벌을 요구하는 바람에 서대문구치소에 수감되었다.

그런데 수많은 감방 중에서 하필 내가 있는 방에 수용된 것은 무슨 인연이었을까. 그는 분노를 터뜨릴 데가 없어서 나에게 사건의 전말을 설명하면서 "권력을 악용한 이런 일이 어떻게 있을 수 있겠냐"라며 골수에 사무친 원망을 토로했다.

박순조 씨 같은 사례는 충분히 있을 법한 이야기였다. 왜냐하면 그전부터 정권의 거물급들과 결탁하여 재일동포 자산가들에게 국내에서 사업을 벌이자고 제안하여 이들의 재산을 빼앗는 사례가 허다했기 때문이다. 그러나 나는 이들이 입을 막기 위해 박순조 씨를 감옥에 집어넣은 것은 그나마 다행이었을지 모른다고 생각했다. 왜냐하면 쉽게 사람을 죽여 놓고 암매장해 버릴 가능성도 있기 때문이다. 살해당하지 않은 것만으로도 운이 좋았다고 해야 할지도 모른다.

박순조 씨는 나의 간첩 조작 사건에 마음 아파하며 "앞으로 꽃도 피우고 열매도 맺어야 할 재일동포 젊은이가 아까운 목숨을 잃는 것이 너무 슬프다. 어떻게든 살아남도록 하라"라고 타이르듯 말해 주었다.

조국을 배우러 왔다가 27세 나이에 옥중에 갇혀 사형선고를 받은 같은 재일동포 처지를 안타까워하면서 박순조 씨는 몇 달 뒤 출소했다. 나는 가까운 친족과 헤어지는 듯 쓸쓸했다.

박순조 씨 후일담

|

실은 박순조 씨에 관해서는 엄청난 후일담이 있다. 내가 훗날 오사카에서 접한 이야기는 다음과 같다.

　나는 오사카에 있는 '서울서림'의 이자훈 사장님으로부터 어떤 재일동포에 관한 한국 신문 기사를 일본어로 번역해 달라고 부탁받았다. 그 사람의 아들이 한글을 잘 몰라서 아버지의 친구였던 자신에게 신문을 가지고 찾아왔다고 한다.

　내가 그 신문을 받아 읽어 보니, 세상에! 그 기사는 다름 아닌 서대문구치소에서 만났던 박순조 씨에 관한 기사였다. 내가 이자훈 사장에게 이분을 알고 있다고, 옥중에서 만난 경위를 설명하자 이 사장은 놀라면서 "이것도 무슨 인연인가 보다"라고 했다. 신문 기사를 가지고 온 박 씨의 아들도 역시 놀랐다.

　이 사장은 나에게 박순조 씨에 관한 후일담을 자세히 말해 주었다.

　박순조 씨는 서대문구치소에서 출소한 뒤 여권을 빼앗겨 일본으로 돌아가지도 못하고 일본의 가족들과 떨어져서 살아야 하는 울분의 나날을 보냈다.

　보통 사람이라면 비탄에 빠진 박 씨의 인생은 거기서 끝났을지도 모른다.

　그러나 박 씨는 일본으로 돌려보내 주지 않는다면 밀출국해서라도 일본으로 돌아가 소송해야겠다고 결심하고 밀항선을 조달하여 부산에서 일본으로 건너갔다. 그리고 오사카 집으로 돌아가 일본 출입국관리국에 자수하고 그 자리에서 체포되어 오무라 수용소로 보내졌다. 그 뒤 그는 다시 기적적으로 수용소에서 나와 오사카의 집으로 돌아갈 수 있었는데, 그동안 자신이 겪었던 이야기와 악당들에게 전 재산을 빼앗기게 된 경위를 책으로 펴냈다. 이 책이 앞서 언급한 《한국·일본·오무라 수용소》다. 박 씨의 자초지종을 들은 서울서림의 이

자훈 사장은 의분을 금치 못하여 그의 책을 자신의 서점에서 판매해 주었다고 한다. 나는 박순조 씨의 불운을 생각하며 깊이 동정했다.

그로부터 2년 뒤인 1984년 7월 17일 박순조 씨는 세상을 깜짝 놀라게 하는 일을 일으켰다. 그는 한국에서 나올 때 입수했던 권총을 가지고 오사카 흥은 본점에 쳐들어가 은행 직원들을 인질로 잡고 '이 이사장을 데리고 오라'며 인질 농성을 시작했다. 당연히 경찰대도 출동하여 인근은 발칵 뒤집혔고 TV 방송국의 생방송이나 신문으로 크게 보도되었다. 결국 열네 시간 인질 농성 끝에 그는 체포되어 다시 한국으로 강제송환 되었다가 비운 속에서 사망했다고 한다.

박순조 씨는 자서전에서 서대문구치소에서 만난 재일동포 사형수에 관해 언급했다. 그의 책에서 뜻밖에 발견한 나에 관한 기술을 소개해 둔다. 내가 그를 잊지 못했던 것처럼 그도 나를 기억하고 있었다.

방에는 죄수가 네 명 있었는데 그중에 진심으로 나에게 헌신했던 한 남자가 있었다. 그는 32~33세쯤 되는 사형수였다. 5년이 된다는 구치소 생활이 그를 종교로 이끌었고, 정직한 심정을 가진 사람이었다. 그는 내 신변에 관한 모든 일을 기꺼이 돌봐 주었다. (중략) 사상범으로 사형을 선고받은 재일교포 학생들도 사형을 면할 수 있었다. 내 동거인이었던 그 사형수도 아마 그런 사정으로 죽음을 하루하루 미루고 있었을 것이다. 그는 각오한 사람답게 불안한 표정을 짓거나 겁먹은 태도를 결코 보이지 않았다. 언제나 상냥하게 웃으며 나를 보살펴 주었다.

-《한국·일본·오무라 수용소》, 175~176쪽

나는 박순조 씨에게 깊은 동정심을 느꼈다.

그는 젊은 시절 홀로 일본으로 건너가 고생을 거듭한 뒤 큰 자산가가 되었으나 한국에서 권력을 악용한 악당들에게 결국 전 재산을 빼앗기고 나락으로 내던져져 악몽 같은 운명을 살게 되었다. 박순조 씨 역시 군사독재에 희생된 한국 민중이었다.

글로 남기고 싶은 이야기가 너무 많아 이렇게 쓰다 보니 많은 지난 일이 계속 떠오른다. 13년 동안에 내 방을 거쳐 간 사람은 과연 몇 명이나 될까? 그 한 사람 한 사람마다 얽힌 추억이 있고 그들에게 한국 민중의 역사가 있다.

그 한 사람 한 사람이 우리 사회 밑바닥에서 꿈틀거리는 사람들의 전형이고, 그런 사람들이 모여 한국 민중을 이룬다. 그래서 그 한 사람 한 사람의 이야기가 무엇보다 소중한 민중 현대사가 된다.

박현채 교수님

박현채라는 교수이자 경제학자가 구치소에 들어오셨다. 내가 어떻게 들어오셨냐고 물었더니 "내 친구 임동규가 '한국에서도 도시 게릴라가 가능하겠는가?' 하고 묻길래, '한국에서는 불가능하다'고 대답한 것밖에 없다"라고 태연하게 말씀하셨다. 나는 속으로 이런 교수가 다 있구나 하고 놀랐다. 감옥에서는 참으로 여러 사람을 만나게 된다.

박현채 교수님은 1995년 8월에 돌아가셨는데, 파란만장한 인생을 살아오셨다. 그는 1950년에서 1952년까지 지리산에서 '빨치산' 활동에 참여하여 '소년 돌격대' 중대장을 지냈다고 한다.

산에서 많은 사람이 죽어 빨치산 활동이 약화되어 갈 무렵, 어떤 사람이 그에게 "너는 여기서 죽지 말고 하산하여 학문을 하라"라고 말했다고 한다. 그래서 그는 투항하여 살아남았고 나중에 서울대 경제학과에 입학했다. 그런데 경제학자가 되고 난 후에도 산에서 죽은 옛 동지들을 생각하며 마음 아파했던 듯하다.

이병주 작가는 《지리산》이라는 빨치산 소설을 쓴 유명한 작가인데, 술자리에서 그의 이야기가 나오기만 하면 박현채 교수님은 "이병주 같은 놈은 이렇게 해 버려야 해!" 하며 총을 겨누는 시늉을 하셨다고 한다. 이병주 작가가 빨치산 활동을 왜곡했다는 말인가.

박현채 교수님은 1964년 '제1차 인민혁명당 사건'과 1979년 '통일혁명당 재건 사건'에도 관련됐는데, 한국 사회의 구성체 논쟁에 불을 지핀 분이기도 하다. 1980년대 한국 운동권에서 한국 사회의 역사적 자리매김을 논하면서 식반론(식민지반봉건사회론)이나 종속국론, 주변국론 등등 일대 논쟁이 벌어졌는데, 박 교수님은 논쟁의 불쏘시개 역할을 하셨다.

고대생 이범 씨

|

1979년 여름, 대학생들은 매년 그렇듯 8·15 특사에 관해 많은 이야

기를 나누고 있었다. 그리고 서로 출소하면 이렇게 하고 싶다, 저렇게 할 거라고 하면서 벌써 마음은 바깥에 있어서 들떠 있었다. 그런 속에서 나는 한 고려대 학생에게 말을 걸었다. 그의 이름은 이범이라고 했다.

"이범 씨, 출소하면 다시 활동할 수 있어서 좋겠습니다. 못 나가는 사람 몫까지 열심히 해 주세요."

그러자 그는 아무렇지도 않게 이렇게 말했다.

"저는 나가지 않을 겁니다. 반성문을 쓰고 나갈 바에는 안 나가는 게 낫지요. 밖에 나가 봤자 또 들어올 테고, 사실 지금 나가 봐야 별 대단한 일도 못 합니다."

나는 솔직히 놀라며 '이런 학생도 있구나' 하고 감탄했다. 우리도 그런 말을 한 번만이라도 할 수 있으면 얼마나 좋을까 생각하니 처지가 한심스럽기만 했다. 그날 밤 나는 '에라, 모르겠다. 나갈 놈은 다 나가라. 나에게는 여기가 제일 어울린다'고 자조하며 잠자리에 누웠다.

참고로 이범 씨는 그 뒤에도 여러 번 투옥되었고 1988년에는 국가보안법으로 구속되었다고 한다. 그는 '백산서당'이라는 출판사를 인수하여 운영하다가 2014년 10월 많은 사람이 안타까워하는 가운데 병사했다.

갑작스러운 호출

|

얼마나 잠들었을까. 한밤중에 "이철, 빨리 일어나서 나와!" 하는 소리와 함께 방문이 덜커덕 열렸다. 자다가 깬 나는 뭐가 뭔지 알 수 없었다. 복도에 부장과 교도관이 서 있었다. 나는 그 순간 깨달았다.

'드디어 왔다! 이날이 왔구나!' 심장이 일시에 소리 내며 쿵쾅거리기 시작했다.

'올 것이 드디어 왔다' 머릿속이 새하얗게 되어 아무 생각도 나지 않았다. 나는 어쩔 줄 몰라 유령처럼 일어났다.

"빨리 나와!"

나는 겨우 방을 둘러보았다. 방 사람들이 일제히 상체를 일으켜 걱정스러운 얼굴로 나를 쳐다보고 있었다.

한여름 새벽인데도 방 안에는 싸늘하게 긴장감이 돌았다. 그때 누군가가 일어섰다. 나는 그에게 다가가 손을 잡고 "우리 가족이 짐을 찾으러 오거든 내주시오"라고 말했다. 다른 사람들도 말없이 손만 내밀었다. 나는 새 옷으로 갈아입는 것조차 잊었다.

그러나 나는 수갑을 차고 복도에 나간 순간 정신을 차렸다. 그리고 내가 걸어가는 모습을 보고 있는 사람들의 눈을 향해 말했다. "나의 이야기를 밖에서 해 주시오."

복도를 걸어가면서 나는 자신에게 말했다. "침착해라, 어쨌든 침착해. 최후의 순간을 맞아 부끄럽지 않게 해라. 넌 누구냐? 사형수로 선택된 이철이 아닌가. 정신 차려라" 하고 스스로 격려했다.

4사의 복도가 중앙 복도와 만나는 끝 방에 강종헌 씨 방이 있었다.

그에게는 알려야겠다는 생각에 방 안을 들여다보니 그는 아무것도 모르고 자고 있었다. 나는 발로 "쿵!" 하고 문을 찼다.

그러자 문 가까이에서 자던 그가 벌떡 일어나더니,

"형, 어디 가오!"

"나도 몰라, 일어나서 준비해 놔. 다음은 네 차례야!"

내 말이 그의 귀에 비수처럼 꽂혔으리라.

중앙 복도에서 오른쪽으로 꺾고 5사, 6사를 지나 밖으로 나가면 붉은 벽돌벽이 있고, 그 벽 출입문에서 스무 걸음 정도 나가면 좌우로 갈림길이 있다. 오른쪽은 보안과로 가는 길, 왼쪽으로 돌면 사형장 입구다. 나는 틀림없이 왼쪽으로 갈 거라고 생각했다. 동쪽 하늘이 어렴풋이 밝아 왔다. 그러나 교도관들이 갈림길에서 택한 길은 왼쪽이 아니라 오른쪽이었다.

"뭐? 사형장이 아니야?"

교도관들은 한마디도 하지 않았다. 사형장이 한 걸음 두 걸음 뒤로 멀어져 간다.

'곧장 사형장으로 향하면 내가 저항할 줄 알고 일부러 오른쪽으로 꺾은 거구나. 뭔가 잊어버린 것이 생각났다고 틀림없이 되돌아갈 것이다' 나는 확신했다. 교도관들이 새벽 이른 시간에 불러낸 적은 여태껏 한 번도 없었기 때문이다. 그러나 우리는 틀림없이 보안과 쪽으로 가고 있었다. 침묵을 견디지 못한 내가 부장에게 말을 걸었다.

"부장님, 이렇게 이른 아침에 도대체 어디로 가는 겁니까?" 그러자 부장이 말했다.

"오늘은 광복절 아닌가. 국경일 아침에 부르는 것은 좋은 일이지,

나쁜 일이겠어？"

그때 나는 비로소 이해했다. "아, 오늘이 광복절이었구나!"

여태까지 크리스마스나 광복절에 사형을 집행하는 일은 있어도 우리에게 좋은 일은 아무것도 없는 줄로 알았다. 정말 우리에게도 좋은 일이 있단 말인가? 부장의 말을 들은 순간 나는 "후~" 하고 숨을 길게 내쉬었다. 불려 나올 때부터 지금까지 숨 쉬는 것도 잊고 있었는지, 온몸의 기란 기가 다 빠지는 듯했다.

보안과 가까이에 이르자 가톨릭 담당이 종종걸음으로 달려왔다. 함박웃음을 지으며 "이철, 축하해"라고 했다. 내가 작은 소리로 "감형입니까?" 하자 고개를 끄덕였다.

부소장실 소파에 사복을 입은 사람이 앉아 있었다. 50세쯤 된 중앙정보부 간부인 듯한 사람이 손가락으로 나를 소파에 앉도록 가리키며 말했다.

"네가 이철인가? 너는 오늘 감형되는 줄 알고 있나?"

"모릅니다."

"넌 오늘 무기형으로 감형된다. 사형을 면한 기분은 어때?"

나는 그 말에는 대답하지 않고 "누구누구 감형됩니까?" 하고 물었다.

그러자 그가 소리를 질렀다.

"지금 남 걱정하게 생겼어! 네 일에나 신경 써."

나는 그 한마디로 감형이 나 혼자임을 알아차렸다.

"오늘은 학생들 특사 때문에 왔는데 너를 기쁘게 해 주려고 불렀다. 감형장은 몇 시간 뒤에 올 거야. 감형장이 도착하는 대로 다시 불러낼 거다."

내가 보안과 사무실에 들르자 안면이 있는 교도관들이 다가와 "이철, 축하한다" 하고 반갑게 말을 걸었다. 나는 미소로 인사하면서도 사실인지 농담인지 실감이 나지 않았다. 그리고 나 혼자만 감형되어 다른 사형수 동료들에게 몹시 미안했다. 특히 강종헌한테 어떻게 말해야 하나? 그는 나와 같은 재일동포 학생으로 사형수 중에서 제일 어렸다. 게다가 나와 그는 구치소에서 왠지 인연이 있어서 언제 어느 방으로 전방하든 우리 방은 비교적 가까웠다. 그도 "형하고는 옥중 인연이 깊은 것 같소"라고 말하기도 했다.

감형

|

두 시간쯤 지나자 다시 호출되었다. 부소장실로 들어가니 소장이 과장을 여럿 거느리고 들어왔다. 소장은 나를 보자마자 "자네가 이철인가? 축하한다. 이야기는 들었겠지만 기분이 어떤가?" 하고는, "먼저 감형장을 읽겠다"라며 읽기 시작했다.

"대통령령 ○○조에 따라 감형한다. 법무부 장관 ○○. 이상!"

소장이 "무기형이 되었으니 오늘부터는 수갑을 풀고 생활하게 된다. 열쇠는 누가 가지고 있나?"라고 말했다. 옆에 있던 부장이 열쇠를 건네자 소장은 몸소 수갑을 풀면서 "지금까지는 죽음으로 향한 나날이었지만 이제부터는 살기 위한 나날이다. 무기형은 성실하게 생활하다 보면 언젠가 다시 사회에 복귀할 수 있다. 앞으로도 모범적으로 생활하여 빨리 그날이 오기를 바란다"라고 말했다.

그날 나는 빡빡머리로 삭발되었다. 바리캉으로 머리를 깎이면서 이제부터 진짜 징역살이가 시작되는구나 하고 실감했다. 삭발된 머리를 쓰다듬어 보니 부드러운 줄 알았던 머리는 수세미처럼 딱딱했다.

방으로 돌아와 보니 이미 내 방 사람들은 분산되어 나는 5사 하 독방으로 전방되었다. 나는 또다시 한 평 남짓한 방에 혼자, 그것도 수갑도 차지 않고 지내게 되어 방을 구석구석까지 전부 독점할 수 있었다.

'무기형! 이제 사형 집행당할 일은 없다'고 생각하니 살 수 있다는 기쁨이 발밑에서, 아니, 그 밑의 밑에서부터 솟아올라 차츰 내 가슴속에 충만하는 듯했다. 이제부터는 수갑을 차고 지내지 않아도 되고 저 악마 같은 주 부장한테 한밤중에 수모를 당하지 않아도 된다고 생각하니 큰 소리로 만세를 외치고 싶었다. 두 주먹과 두 팔에 힘을 주어 아래에서 위로 두 팔을 들어 올렸다.

그러나 다른 동료들을 생각하면 미안한 마음뿐이었다. 사형수는 누구나 같은 동료로서 살 때나 죽을 때나 일심동체였고, 저승까지 가는 길을 함께 손잡고 가자고 서로 약속하고 격려했던 동지들이었다. 그렇게 동지들이 하루하루 최종 지점을 향해 가고 있는데 나만 갑자기 그 대열에서 이탈하여 무기수 쪽으로 옮겨 갔다. 나만 살게 되리라고는 생각하지도 않았는데.

민향숙과 재회

|

1979년 8월 15일 사형에서 무기로 감형되자 다음 날 일본에 계시는 친어머니와 조만조 어머니가 접견하러 오셨다. 그리고 일주일 뒤에 민향숙이 만기출소를 해서 그다음 날 어머니와 함께 접견하러 왔다. 민향숙은 체중이 38킬로그램까지 빠졌다고 했으나 미소 띤 얼굴에는 예전의 상냥함이 남아 있었다. 나는 그녀가 너무나 사랑스러워 까무러칠 것만 같았다.

그날은 특별히 유리가 없고 철망만 있는 특별접견실에서 접견했다. 나는 철망 너머로 그녀의 표정을 하나도 놓치지 않으려고 쳐다보았다. 내가 "고생시켜서 미안하다. 얼마나 나를 원망했을까?"라고 하자 그녀는 "전혀 원망하지 않았다. 만난 것도 후회하지 않았다"라고 말해 주었다. 나는 진심으로 기뻤다. 그녀는 "광주에 있을 때 누군가가 이철 씨는 사형 집행되었다고 했기 때문에 어머니가 면회 와서 이철은 살아 있다고 아무리 말해도 반신반의했다"라고도 했다.

나는 민향숙과 3년 반 만에 만난 기쁨으로 가슴이 벅찼다. 삭발한 머리가 부끄러워서 "빡빡머리가 이상하지 않아?"라고 했더니 "교도소에서 익숙해서 하나도 이상하지 않다"라고 했다.

그녀는 주머니에서 뭔가 꺼내더니 "이거 기억하세요?" 하고 물었다. 낯익은 검은 묵주였다. 기억할 뿐이겠는가. 잊을 수 없는, 내가 유품으로 그녀에게 보낸 묵주였다.

그녀는 "매일 당신을 만나는 마음으로 이 묵주를 가지고 기도해 왔다"라며 미소를 지었다. 나는 그때 '그녀가 계속 변함없이 나를 생각해 주었구나' 하고 하느님께 감사했다.

30~40분쯤 지나서 어느새 특별 접견 시간도 끝나 갔다. 내가 의자에서 일어나 철망에 손을 대자 그녀가 재빨리 철망 속으로 손가락을 넣고는 내 손가락을 잡았다. 그렇게도 사랑스러운 듯 나를 바라보며 내 손가락을 잡고 한동안 놓지 않았다. 나는 "인제 그만"이라고 말하는 대신에 미소를 지어 그녀의 손가락을 서서히 떼었다. 그사이에 불과 며칠 전까지 사형수였던 나에게 징역살이를 마치고 출소한 약혼녀가 접견하러 왔다는 소문이 돌아 몇몇 교도관이 와서 우리의 접견 모습을 뒤에서 조용히 지켜보고 있었다.

우리는 손가락을 떼고 나서도 한동안 아무 말도 하지 않았다. 그저 고요하기만 했다. 접견 담당이 제정신이 든 것처럼 "이철 씨, 이제 슬슬 갈까요?"라고 했다.

나는 그녀가 너무 사랑스러워 꼭 안아 주고 싶은 마음을 참고 그녀와 어머니에게 손을 흔들었다. 그리고 미소를 지으며 "잘 가요!"라고 한마디 하고 접견실을 나왔다.

방으로 돌아가면서 접견 담당이 "참 좋은 접견이었어요"라고 말했다.

이감

|

그것이 서대문구치소에서 나의 마지막 접견이었다.

감형된 지 약 한 달이 지난 1979년 9월 12일 저녁, 교무과 담당이 살며시 찾아와서 "어디에 가더라도 기도를 열심히 하세요. 하느님께서 언제나 지켜 주실 것입니다"라고 했다.

"이감인가요?" 하고 묻자

"그렇습니다, 내일 아침입니다."

"어디입니까?"

"대전이에요."

내가 "그동안 많은 도움을 주셔서 감사합니다"라고 정중히 인사하자, 그는 "대전에 가서도 건강하게 잘 지내세요"라고 작별 인사를 하고 돌아갔다.

다음 날 아침 일찍

"이철, 이감!"

방 밖에서 큰 소리와 동시에 보안과 담당이 자고 있던 나를 깨웠다. 어젯밤에 짐을 정리해 두어서 곧바로 밖으로 나와 보니 복도에는 이감되는 사람이 많이 모여 있었다.

점호가 끝나자 이감자들은 대형 버스에 실려 서대문구치소를 빠져나갔다. 보통 지방 교도소로 이감될 때는 전철이나 호송용 버스를 이용하는데 그날은 버스였다.

우리를 태운 버스는 고속도로로 대전을 향해 달려갔다. 길가의 산과 언덕에서는 벌써 가을 기운이 느껴졌다.

대전 시내를 달리고 있을 때 대형 트럭을 탄 2인조가 자꾸 신호를 보내왔다. 우리가 호송되는 죄수임을 눈치채고는 담배를 창문 너머로 넣어 주려 했다. 창문을 열고 담배가 날아오자 담배 받은 사람이 라이터 켜는 시늉을 했다. 그러자 트럭은 몇 번 접근했다 멀어졌다

하더니 라이터도 던져 주었다. 담배와 라이터를 건네주고 대형 트럭은 유유히 사라졌다.

　받은 담배는 여러 사람이 돌아가며 피웠지만 나는 괜찮다고 하고 피우지 않았다. 앞으로 길고 긴 무기징역이 기다리고 있다. 담배는 절대 피우지 않겠다고 마음먹었다.

대전교도소 특별사동 제6사

1979 09

1981 11

특별사동 제6사

|

우리를 태운 버스는 대전 중구 중촌동 대전교도소에 도착했다.

현재 대전교도소는 유성구에 있는 신 교도소(1984년 3월 20일 이전)
지만 당시 대전교도소는 중촌동에 있었고 일제강점기에 붉은 벽돌로
지어진 낡은 건물이었다. 우리는 중앙 복도에 집결하여 각자 징역 보
따리 검사와 신체검사를 받고 간단한 사무 절차를 마친 뒤에 한 사람
씩 배방 되어 흩어졌다.

내가 배정된 곳은 제6사라고 불리는 비전향 장기수들이 수용된
'특별사동'이었다. 중앙 복도에서 6사로 가려면 통과해야 할 철문이
아홉 군데나 있었고, 6사 입구에는 '직원이라 하더라도 보안과장 허
가 없이 출입 금지'라고 쓴 작은 팻말이 걸려 있었다.

6사에 도착한 나는 본무 담당으로부터 서너 가지 질문과 주의 사
항을 들은 다음, 입구 근처 3호실에 수용되었다. 6사에는 본무 담당
과 운동 담당이 한 명씩 배치되어 있었고 그들은 우리에게 절대로 다

른 방하고 통방하지 않도록 엄중히 경고했다.

6사에는 0.75평 크기 방이 마흔 개 있었고, 방 맞은편에는 작은 운동장이 열 개 있었다. 운동장 한곳에서 네 개 방 사람들이 한 사람씩 교대로 운동했다. 운동장은 사방이 높은 붉은 벽돌담으로 둘러싸여 있었고 4~5평 정도로 작았는데, 그 한가운데에 느티나무 한 그루가 있었다.

6사의 방은 시신을 넣는 관처럼 생겼고 곰팡이 냄새가 났으며 변소 시멘트 바닥에는 검게 변한 구더기가 여러 마리 있었다. 변소의 작은 쇠창살에는 철망까지 쳐져서 빨갛게 녹슬어 있었다.

6사는 고요했다. 들리는 소리라고는 밖에서 가끔 들려오는 새소리 말고는 복도를 걷는 교도관의 발소리뿐이었다. 그 발소리도 복도에 깔아 놓은 멍석 매트 위를 걸을 때는 들리지 않았다. 담당이 각 방 주인이 무엇을 하는지 파악하기 위해 비밀리에 순찰 돌 때는 이 멍석 매트 위를 고양이 걸음으로 걸었다. 아무도 눈치채지 못하게 우리의 동정을 살피고 매일 보고서에 기록했다. 6사는 외부로부터 완전히 격리된 교도소 내 외딴섬이었다.

6사 바로 앞에는 5사가 있었는데 '긴급조치'로 들어온 청년이 많았다. 5사도 격리된 특별사동이라는 점에서는 6사와 같았지만 6사만큼 규율이 엄하지 않고 교도관도 비교적 온후한 사람이 배치되었다.

6사 옆의 8사에는 방이 네 개 있었는데 그 당시에는 수용자가 아무도 없다가 광주 5·18 후에 김대중 씨와 관련된 사람들이 수용되었다. 8사는 일제강점기에는 사형장이었다는 말도 있고 도산 안창호 선생이 거기에 계셨다는 말도 들었다.

내가 들어간 6사 3호실 앞에는 5사로 통하는 문이 하나 있었는데 그 문이 열려 있을 때 5사 사람들이 운동하는 모습을 볼 수 있었다. 하루는 5사 쪽을 보고 있으니 장영달 씨 모습이 보이는 게 아닌가. 서울대 의대의 서광태 씨 얼굴도 보였다. 모두 건강하게 원기가 넘쳐 보였다. 그들도 내가 대전에 와서 기뻐했다.

내가 6사에 온 다음 날 아침 장기수 선생님들이 세면장으로 가면서 내 방 앞에서 말을 걸어 주셨다. 나는 작은 시찰구에서 눈으로만 인사했다.

"이철 선생님이 대전에 오신 것을 환영합니다."

"이야기는 많이 들었습니다."

"사형선고를 받아서 고생이 많았습니다."

"몸은 괜찮으신가요?"

"여기서 우리와 함께 살아갑시다."

모두 나를 걱정해 주셔서 가슴이 벅찼다. 대전 6사에는 고병택 선생님, 정승연 선생님, 김원중 씨, 이동석 씨 등 재일동포도 계셨고 모두 내가 감형되어 기뻐해 주셨다.

내 오른쪽 방 4호실에는 인민혁명당 사건 관계자 이태환 선생님이 계셨고, 왼쪽 2호실에는 강희남 목사님이 계셨다. 기독교 목사님이 비전향 장기수 사동에 계셔서 뜻밖이었는데, 강 목사님은 "나는 공산주의자도 아닌데 무엇으로 어떻게 전향하라는 말이냐!" 하고 전향을 거부하고 계셨다.

강희남 목사님은 1999년 11월 문익환 목사님 등과 함께 '조국통일범민족연합(범민련)'을 결성하여 남측 본부 의장으로서 1990년대

통일운동을 이끌어 오시다가 2009년 6월 6일 자택에서 스스로 목숨을 끊으셨다고 한다. 방에 '이 목숨을 민족의 제단에'라고 적힌 붓글씨와 '지금은 민중 주체의 시대다'로 시작하는 유서가 한 장 있었다고 한다.

> 지금은 민중 주체의 시대다
> 4·19와 6월 민중 항쟁을 보라
> 민중이 아니면 나라를 바로잡을 주체가 없다
> 제2의 6월 민중 항쟁으로 살인마 이명박을 내치자

강 목사님과 친한 분이 말하기를 "최근 남북 관계가 잘 풀리지 않아 민주주의가 후퇴되는 것 같다"라고 말씀하셨다는데, 민주화와 통일운동 과정에서 다섯 번이나 구속되며 치열하게 싸워 오신 분이라 너무나도 가슴이 아팠다.

《내 삶의 길을 찾으려도》
|
대전에 와서 며칠 지난 뒤 김원중 씨가 내 방을 들여다보며 말했다.

"이철 형, 형에 관한 책이 일본에서 출판된 걸 알고 있어요?"

전에 어머니가 접견하러 오셨을 때, 구원운동을 하는 친구들이 나에 관한 책을 낼 거라는 말은 들은 적이 있었다. 그래서 "출판한다고는 들었으나 출판되었는지는 모른다"라고 했더니 그는 "이미 출간되

었어요. 제목은《내 삶의 길을 찾으려
도: 심판받아야 함은 KCIA다!》예요"
라고 했다. 내가 어떻게 알았는지 물
었더니 그는 "얼마 전에 일본에서 도
서출판 총목록을 보내와서 무심코 보
다가 우연히 찾았다"라고 했다. 다음
날 그는 교도관의 눈을 피해 도서 총
목록을 가져왔다.

두꺼운 목록에는 일본에서 출판된
서적이 10만 권이나 실려 있었다. 그
리고 작은 활자가 빽빽한 속에 "내 삶

《내 삶의 길을 찾으려도》, 1978년
3월 20일 출판

의 길을…"이라는 글자가 보였다. 편자는 '이철씨를구원하는모임(이
철구원회) 전국연락회의'였다. 친구들이 구원 운동으로 이런 책까지
출간해 주었다고 생각하니 가슴이 뭉클해졌다.

일본에서 나를 위한 구원 운동이 폭넓게 전개되고 있다는 말은 여
러 번 들었다. 2심 재판 때 일본 국회의원 130여 명과 일본 가톨릭 10
대 교구 주교님과 대주교님들이 탄원서를 제출해 주셨다는 사실은
구명운동이 얼마나 폭넓게 전개되고 있는지를 말해 주었다.

구원 운동 친구들

나는 몇 번이나 그 활자를 읽었다. 바라보고 있으니 아득한 일본 땅

에서 구원 활동을 하는 친구들 얼굴이 떠올랐다. 가나가와현 지가사키시의 미야자키 유이치 군 얼굴은 분명하게 떠올랐다. 그는 대학생 시절 열심히 학생운동에 참여했고 나와 그는 하숙집 근처에서 자주 만나서 많은 이야기를 나누었다. 그는 그 후 나의 구원 운동에서 중심적 역할을 해 주었다.

내 모교인 히토요시 고등학교 학생회장이었던 도요나가 요시노리 군 얼굴도 떠올랐다. 히토요시 고교 동창들과 선후배들이 일본 각지에서 내 석방을 호소하며 직장 동료나 노조, 지역 활동가들과 함께 이철구원회를 결성하여 폭넓게 구원 활동을 펼쳤다.

여기서 아주 간단하게나마 각 지역 구원회에 관해 설명하겠다. 이철구원회는 도쿄, 나고야, 오사카, 구마모토, 구마·히토요시 등 열세 개 지역에서 조직되어 일본 전국에서 구원 운동을 펼쳤다.

도쿄에는 모임이 두 개 있었는데, 미야자키 유이치 군과 도요나가 요시노리 군, 이시이 히로시 군, 마쓰모토 유리 양 등 히토요시 고교 동창을 중심으로 구성된 동창생 모임과 도쿄 시민들이 중심이 된 도쿄 시민 구원 모임이었다. 동창생 모임은 도쿄 긴자의 스키야바시 공원에서 단식투쟁을 하고 1979년 9월 하쿠류 밴드, 기나 마사키치 씨 등이 출연한 '신바람 콘서트'와 구성극 〈분노〉를 상연했다. 또한 '시와 슬라이드의 밤', '이철구원회 전국연락회의(전국련) 10만 명 서명운동', 일본 외무성과 법무성에 민원 제기, 주일한국대사관에 대한 항의활동 등도 펼쳤다. 또한 구치소나 교도소에 접견하러 가는 사람을 위한 《한국어회화》 소책자도 제작했다. 그 귀중하고도 유니크한 소책자는 현재 서대문형무소역사관의 '재일동포 양심수 전시실'에 전시되어 있다.

오사카의 야마다 겐이치 선생님과 스미타니 아키라 씨 등을 중심으로 한 오사카 모임은 1976년 12월 오사카역 앞에서 단식투쟁을 했고 1977년 3월에는 나카노시마 공회당 집회를 마친 뒤 난바까지 미도스지 거리 시위를 벌였다. 그리고 당시 내가 위장이 약해 통증을 호소했기 때문에 의사를 보내는 의료 파견도 기획했다. 또한 구원회 회보도 펴내고 1979년 8월 15일에 내가 무기형으로 감형되자 오사카 우메다 지하상가에서 호외와 벽보를 붙이고 다녔다고 한다. 1978년 봄, 가수 미카미 히로시 씨, 도모베 마사토 씨 등이 출연하여 개최한 '들어라 영혼의 외침 콘서트'도 잊지 못할 행사였다.

나고야 일본성공회의 마쓰모토 히로시 씨, 구라모토(나가사키) 유미코 양 등을 중심으로 구성된 나고야 모임은 1978년 3월 '날아라 노랫소리, 바다를 넘어' 콘서트와 많은 항의 집회, 정기적으로 추진한 서명운동과 전국련과 연계한 한국 방문 지원 등, 활발히 활동해 주셨다.

구마모토에서도 오쓰카 가즈오 군과 하자마 쓰카사 군, 다카다 겐지 군 등의 구마모토 모임이 1977년 3월에 단식투쟁을 했고, 1978년 '봄맞이 콘서트'와 수많은 항의 집회, 한국 방문 지원 활동, 지역 주민들을 대상으로 한 호소, 구명 활동 등을 펼쳤다. 또한 구마모토대학 의대의 나카모토 하루오 씨와 마스이 고스케 씨 등은 이철구원회 사무국을 담당하는 중요한 역할을 맡아 주셨다. 구마모토현 의회에서는 이철 구명탄원서를 작성하여 주후쿠오카 한국 총영사관에 제출하는 등의 활동도 펼쳤다.

내가 태어난 구마·히토요시 지역에서는 히토요시 고교 동창인 도쿠나가 마사카쓰 씨 등과 구마 지구 노조 조합원들이 여러 차례 히토요시역 앞에서 단식투쟁과 기자회견을 하고, 많은 가두 활동도 전개했다. 또 니시키마치 의회와 사가라무라 의회는 구명탄원서를 의결하여 한국대사관과 주후쿠오카 한국 총영사관에 제출해 주셨다.

당시 많은 재일동포 정치범이 있었으나 전국 각지에 개인 구원회가 열세 개나 결성된 것은 이철구원회뿐이었다. 각 지역 이철구원회는 이철구원회 전국연락회의라는 전국 조직을 결성하여 다른 개별 구원회들과 협력하며 구원 활동을 벌여 나갔다. 당시 재일동포 정치범의 개별 구원회도 많았고 전국 조직도 있었지만 나는 정말 고마운 친구들이 있어서 마음속 깊이 감사했다.

나는 일본 각지에서 친구들이 집회를 열고 유인물을 배포하거나 항의 단식을 하고 콘서트를 여는 등 바쁘게 활동하는 모습을 상상해 보았다. 그리고 이러한 책까지 펴내 주었다. 그것도 소책자가 아니라 도서 목록에 당당히 실릴 만큼 훌륭한 책이었다. 몇 번이나 그 페이지를 들여다보면서 내 가슴은 벅찼다.

그러나 한 가지 납득이 가지 않는 대목이 있었다.

친구들은 어떤 생각으로 책 제목을 정했을까? 나로서는 책 제목이 다소 마음에 들지 않았다. 《내 삶의 길을 찾으려도》라니, 도대체 이게 무슨 말인가? 친구들은 내가 사형선고를 받아서 '나는 죽고 싶지 않다. 살고 싶다'고 생각할 줄 알았단 말인가?

나는 분명히 당시 사형선고를 받고 '어떻게든지 살고 싶다, 죽기 싫다'고는 생각하지 않았다. 오히려 나는 당시 중정(중앙정보부) 지하실에서 고문을 견디지 못하고 허위자백을 했다. 이런 한심한 나로 인해 많은 대학 친구까지 고초를 겪게 하고 사랑하는 약혼녀마저 감옥에 끌어넣고 말았다는 자책감 때문에 나 같은 놈은 차라리 죽는 게 낫다고 생각했다.

그러나 세월이 흐르면서, 중정 지하실에서 흙발로 짓밟혀 산산조각이 났던 나라는 인간의 파편들을 다시 하나하나 주워 모아 그 조각들을 맞추어 나가면서 내 생각에 서서히 변화가 일기 시작했다.

고문을 견디지 못해 허위 사실을 자백하는 큰 잘못을 저지른 것은 사실이다. 그러나 끝없이 자책하며 스스로를 괴롭게 만드는 그들의 최면술에서 내가 깨어나지 못하고 있는 것은 아닐까 하고 깨닫게 되었다. 나는 서서히 '더 이상 스스로를 자책하고 괴롭히지 말자. 어리석고 못난 나를 매질해 온 나였지만, 그런 나를 위로하고 격려할 이도 나밖에 없다'고 생각하게 되었다.

중앙정보부 지하실은 인간을 인간이 아니게 만드는 악마의 공간이다. 어느 날 갑자기 무방비 상태로 연행된 사람은 고문 전문가들에게는 쉽게 요리하기에 안성맞춤인 먹잇감일 뿐이다. 그들은 모든 원인을 내 탓으로 돌리며 평생을 자책감에서 헤어나지 못하게, 쳇바퀴를 끝없이 돌리는 우리 속 햄스터처럼 만든다. 역도산 같은 장사가 연행되었더라도 결과는 마찬가지다.

나는 두 번 다시 같은 과오를 되풀이하지 않겠다고 다짐했다. 그리고 나의 육체와 영혼이 치유받고 싶어 한다는 사실을 깨달았다. 그러자 수년 동안 나를 괴롭혀 온 자기혐오의 늪에서 서서히 빠져나올 수 있었다.

'심판받아야 함은 KCIA!다'라는 부제는 자못 강렬했다. 친구들이 나에게 "용기를 잃지 말고 함께 나아가자", "겁먹지 마라, 두려워하지 마라!" 하고 격려해 주는 듯했다. 당시 아직 충분히 각오하지 못했던 나를 친구들이 이렇게 격려해 주었다. 나는 친구들의 뜨거운 사랑과 끓어오르는 신뢰에 보답해야겠다고 다짐했다.

며칠 동안 '내 삶의 길을 찾으려도'라는 제목이 머리에서 떠나지 않았다. 제목이 구어체가 아닌 문어체 같아서 어떤 시의 한 구절처럼 느껴졌다.

'아니, 시라고? 그래, 시의 한 구절이구나'

그러자 어떤 시 한 구절이 자연스레 머리에 떠올랐다.

'내 삶의 길을 찾으려도 내가 살길이 있으랴, 없으랴'

이어서 '누가 알랴 내 흉중의 모색, 누가 들으랴 내 임종의 소리'

아, 이것은 다름 아닌 내 자작시 〈여정〉의 한 구절이었다. 친구들이 이 시의 한 구절을 책 제목으로 삼았다.

나는 대학 2학년 때 청춘의 고민을 몇 편의 시로 지어 친구인 다카다 군에게 편지로 보냈는데, 그 편지가 그의 책상 서랍에 보관되어 있었다. 그들은 그것을 찾아내 책 제목으로 삼고, 시에 곡을 붙여 집회나 콘서트에서 불렀다고 한다. 이 시는 민족정체성 때문에 갈등하던 시기에 '민족의 한 사람으로 살고 싶은데 과연 내가 살길이 있을까?' 하고 고민하는 심경을 담았다.

부제인 '심판받아야 함은 KCIA다!'는 내가 항소이유서에 썼던 내용이다. 나는 단죄받을 만한 짓은 아무것도 하지 않았는데 그들은 나를 간첩 행위를 했다며 사형하려 한다. 무고한 사람을 죽이려 하는

'이철구원회'는 일본 전국에서 활동을 펼쳤다.

1978년 3월 구마모토 시내에서 '사형 확정 1주년 규탄, 이철 씨는 무죄다'라는 플래카드를 들고 시위하는 사진.

KCIA야말로 심판받아야 마땅하다는 주장이었다.

비전향 장기수 선생님들
|

내가 대전 6사에 들어간 지 얼마 되지 않아 김우택 선생님이 환갑을 맞이하신다고 함께 환갑을 축하하기 위해 조금씩 선물을 보내자는 말이 전해 왔다. 6사에는 옥중에서 오래 생활한 분이 많아 그 한 분 한 분에게 깊은 개인사와 분단사가 있었다.

당시 6사에 계셨던 선생님들을 생각나는 대로 소개해 본다.

경상북도 출신 김우택 선생님, 함경도 출신 김동기 선생님, 우도 출신 고성화 선생님, 함경도 출신 김명수 선생님, 서울 출신 김선명 선생님, 경기도 출신 김은환 선생님, 경상남도 김익진 선생님, 마산 출신 김인수 선생님, 서울 출신 김창원 선생님, 충북 출신 박완규 선생님과 양정호 선생님, 이북 출신 장병락 선생님, 조창손 선생님, 최수일 선생님, 전남 출신 서옥열 선생님, 안동 출신 이대식 선생님, 이북 출신 박주섭 선생님, 재일동포 양회선 선생님, 전주 출신 최재필 선생님, 이북 출신 차만석 선생님, 정 선생님, 인민혁명당 사건의 대구 출신 이태환 선생님, 전주 출신 강희남 목사님, 부산 출신 최건석 씨, 전남 화순 출신 손성수 씨, 대구 출신 이준태 씨. 그 외에 앞서 언급한 재일동포 네 분과 얼마 뒤에 들어오신 남민전의 임동규 선생님과 박석률 선생님, 삼척 사건의 김태일 씨도 6사로 들어왔다.

여기서 몇몇 분들을 소개하기로 한다.

경북 출신 김우택 선생님은 평소 '안동 할배'라고 불렸다. 선생님 전력에 관해서는 방이 떨어져 있어서 자세한 이야기는 들어보지 못했다. 선생님은 차분하고 잘생겼으며 좀처럼 화를 내지는 않지만 한번 화가 나면 완고했다. 강건하면서도 미소에는 언제나 깊은 자상함이 담겨 있었다. 6사에서 지도자 격 몇 분 중 한 분이었음을 생각하면 젊은 시절부터 당과 관계된 일을 해 오셨는지도 모른다. 믿음이 가는 온후한 분이었다.

선생님은 오랜 옥중 생활을 마친 뒤 출소하여 부산에서 사셨다고 한다. 부산에서 〈완전한 만남〉 연극을 공연할 때 극단 단원들이 진짜 장기수에게 연극을 보여 드리고 평을 부탁했는데 선생님은 연극을 보면서 시종 눈물을 흘리셨다고 한다. 부산의 민가협이나 범민련 모임에도 나와서 격려하셨다. 마음 편하게 여생을 보내며 고생하신 만큼 오래 사셨으면 하는 바람이다.

함경도 출신 김동기 선생님은 이북에서 대학을 나온 지식인으로, 남쪽으로 파견되었을 때 총격전이 벌어져 허벅지에 관통상을 입었고, 그 부분이 움푹 파여 걸을 때는 다소 절뚝거렸다. 머리가 명석하고 행동력도 있었으며 옥중에서 영어 사전을 통째로 암기하여 영어 책을 읽는 것이 특기였다.

우도 출신 고성화 선생님은 '제주 4·3' 이후 부산에서 '남로당' 부산 책임자가 되었다고 들었다. 일본에서도 거주한 시기가 있어서 오사카 나미쇼 고등학교 출신이라고 했다. 남로당 출신이라서 그런지 북쪽 출신들과 피부색이 좀 달랐다고 하면 지나친 상상일까.

재일동포 고병택 선생님도 같은 제주도 출신이라서 출소하여 일본으로 가신 뒤에 교도소 측에, "고성화 선생님하고는 같은 집안이니까 일본에서 영치금을 보내 주고 싶다"라고 교섭하여 고성화 선생님에게 매달 1만 엔씩 10년 동안 송금하셨다. 물론 그 돈은 6사 모두를 위해 소중히 쓰였다. 나는 고병택 선생님의 이러한 실천은 오래 기억할 만한 대단한 일이라고 생각한다. 여간한 생각이 아니라면 10년 동안이나 송금할 수 없기 때문이다.

고성화 선생님은 2000년 9월에 비전향 장기수 63명이 북한으로 송환되었을 때 동지들과 함께 북한으로 가지 않고 한국에 남으셨다. 북한에서 안락하게 생활하기보다 남한에서 활동하는 쪽을 택하셨다. 고성화 선생님이 일본에 오셨을 때 우리는 오사카에서 선생님과 간담하는 자리를 마련했는데, 그때 어떤 사람이 "북한으로 가신 분들은 모두 좋은 대우를 받는다고 들었는데 선생님은 왜 안 가셨습니까?" 하고 묻자 "좋은 대우를 받기 위해 지금까지 활동해 온 것은 아니다"라고 말하셨던 일이 기억난다. 선생님은 2013년 7월 제주도에서 돌아가셨다.

고성화 선생님에 관해서는 자서전 《통일의 한길에서: 고성화 선생님 회상기》(창미디어, 2005)에 활동하신 내용이 상세히 기술되어 있다.

서울 출신 김선명 선생님은 1951년에 구속되어 1995년에 출소할 때까지 무려 45년이라는 긴 세월을 감옥에서 보내셨다. 노동자 출신이지만 집안이 몰락하기 전 어린 시절에는 99칸짜리 집에서 살았다고 하셨다.

한국전쟁 당시 인민군에 입대하여 북으로 가신 일 때문에 아버지와 형, 누나가 우익들에게 학살당했다고 한다. 휴전협정 후 남북 전쟁포로들이 교환되어 북측으로도 많이 돌아갔으나, 선생님은 북에서 특수임무를 띠고 남파되었다는 이유로 제외되어 다시 군사재판에서 무기형이 선고되었다. 그리고 45년. 김선명 선생님은 노총각 대표 같은 분으로, 내가 '노총각!'이라고 놀리면 "전국의 아이들은 다 내 아들딸이요"라고 말씀하셨다. 일찍이 같은 방에서 생활하신 조창손 선생님이 한때 건강이 매우 좋지 않아 사경을 헤매었을 때 김선명 선생님이 조창손 선생님 몸을 주물러 주거나 쓰다듬어 주고, 또 추운 날밤에는 조 선생님을 꼭 안고 자기도 하셨다. 그래서 구사일생으로 살아난 조 선생님은 지금도 김 선생님을 생명의 은인으로 여긴다.

그런 깊은 인간애가 있는 분이었기에 문익환 목사님도 김선명 선생님에 관한 시를 쓰셨다. 여기에 문 목사님의 〈43년 김선명 할아버지께 바치는 시〉의 한 구절을 소개한다.

얼마나 긴 세월이었습니까
김선명 총각 할아버지
43년이나 당신을 가둬 둔 조국
얼마나 부끄러운 역사입니까

(중략)

김선명 총각 할아버지
끝도 안 보이는 당신의 그 기다림은 무엇이었습니까
43년은 얼마나 긴 싸움이었습니까

몽둥이 찜질이야 기절해 버리면 그만일 테지만

온몸 바늘로 찔러 대는 쓰림과 싸우며 버텨 내신

그 신념은 도대체 무엇입니까

　나는 1988년에 출소한 뒤 대전교도소에 김선명 선생님을 면회하러 갔는데 그때 선생님은 "감옥에 들어와서 처음으로 접견실에 와 보았다"라고 말씀하셨다. 그 뒤 '민주사회를 위한 변호사 모임(민변)'의 임종인 변호사가 선생님을 접견하러 갔더니 "당신이 두 번째 접견입니다"라고 하셔서, 임 변호사가 "첫 번째는 누구였습니까?" 하고 묻자 "재일동포 이철이라는 사람이요"라고 하셨다고 한다. 내가 임 변호사님에게서 직접 들은 이야기다.

　서울 출신 김창원 선생님에 관해서는 재미있는 일화가 있다. 선생님에게는 미국에 사시는 누님이 영치금을 가끔 보내오는데, 어느 겨울에 누님한테 보낸 편지에 "올 겨울은 교도소에서 멍석을 한 장씩 지급해 주어서 따뜻하게 지낼 수 있었습니다"라고 써서 보냈더니 편지를 받은 누님이 통곡하셨다고 한다. 김창원 선생님은 누님을 안심시키려고 따뜻하게 지냈다고 썼는데 누님은 마음이 얼마나 아팠을까. 재미있는 것은 교도소가 소 내의 비참한 이야기들이 적혀 있는 편지는 내보내 주지 않지만, 그 편지는 교도소에 고마워하는 내용이라 자랑삼아 바깥에 내보낸 듯했다.

　이북 출신 장병락 선생님은 몸이 쇠약했다. 조창손 선생님과 같은 배를 타고 안내원으로 남파되었다가 발각되어 구속되었다. 앞머리가 깨끗하게 벗겨지고 깔끔한 인상이었다. 장 선생님은 나에게 아주 친하게 대해 주셨다. 북에는 의사인 부인이 있다고 했다. 한때는 폐와 복막이 결핵에 걸려 위험했으나 가까스로 회복되셨다.

최수일 선생님은 다른 분들보다 젊은 편이었는데 지금은 얼마나 나이 드셨을까. 북에서 무사히 돌아오기를 기다리는 노모와 젊은 아내의 가슴속은 어떻고, 또 비록 본인이 말로 하지는 않지만 노모와 부인을 향한 미안함은 얼마나 컸을까. 물론 다른 선생님들도 마찬가지지만 자신들이 구속된 데에는 부끄러움도 후회도 없고, 통일운동에 투신하여 민족을 위해 고난을 겪는다고 생각할 것이 분명하다. 그러나 북쪽에 남겨 둔 젊은 아내와 가족을 생각할 때마다 미안함과 안타까움으로 가슴속이 얼마나 저미었겠는가.

전남 출신 서옥렬 선생님은 고려대학교를 졸업한 뒤 북에서 김일성종합대학을 졸업하셨다. 무기형을 받고 징역살이하는 도중에 추가로 무기형을 받아 '쌍무기'가 되었다. 무기징역 하나만으로도 힘든데 "무기형은 하나나 두 개나 매한가지입니다"라며 태연하게 웃으셨다. 서 선생님은 늘 온화한 어조로 논리정연하게 말씀하셔서 교도소 측과 협상에 대표로 나가는 일이 많았다.

함경도 출신 김명수 선생님은 투박하고 힘이 넘치는 분으로 징역살이를 강한 의지로 견뎌 오셨다. 우직하다 할 만큼 선생님의 한마디 한마디는 모두 확신에 차 있었다. 북에 아들이 둘이 있다고 들었는데 그 아들 이름을 가슴속으로 얼마나 부르셨을까.

마산 출신 김인수 선생님은 삭발하였으나 하얀 은발이 인상적인, 마음씨 좋은 할아버지 같은 온후한 분이셨다. 붉은 얼굴은 은발과 대조되었고 동안으로 귀여웠다.

전주 출신 최재필 선생님은 온후한 분으로 젊었을 때 학교 교사로 일하신 듯하다. 선생님은 안타깝게도 내가 6사에서 나와 서화반에 있을 때 옥사하셨다. 선생님의 유해는 가족들이 모셔 갔을까? 그렇지 않으면 무연고 사망자가 되어 분단된 국토 위를 헤매고 있을지도 모른다. 아니다, 틀림없이 돌아가신 가족들과 함께 천상에서 평안하게 지내고 계시리라.

이북 출신 차만석 할아버지는 대전에서 최고령자였는데, 당시는 아직 건강하시고 6사 사람들에게 사랑받고 계셨다. 1970년대 '사상전향 백색테러'* 속에서도 용기를 내어 견뎌 온 노투사였다. 선생님은 치아가 없어서 고생하셨다. 교무과장이 선생님한테 틀니를 넣어 주겠다고 약속했으나 몇 달이 지나도 아무 소식이 없어서 따져 보니 "전향서를 쓰면 언제든지 넣어 주겠다"라고 했다고 한다. 그 말에 모두 분개하였지만 선생님은 전향서를 쓰면서까지 틀니를 넣을 생각은 없다며 완강히 거부하셨다.

안동 출신 이대식 선생님은 동안의 호청년이었다. 영남학파 거성 퇴계 이황 선생의 19대손으로, 어머님은 독신인 아들이 계속 옥에 갇혀서 자손을 남기지 못하면 조상을 뵐 면목이 없다고 하셨다는데, 이 선생님은 가족의 설득에도 전향을 거부하셨다. 나는 같은 고려대 후배이기도 하고 또 비교적 나이가 비슷해서 "대식이 형"이라고 부르며 친하게 지냈다.

---

* 1960~1970년대 폭력적 전향 공작 테러에 관해서는 김하기 작가의 《완전한 만남》(창작과비평사, 1990년)에서 상세히 다루고 있다.

재일동포 양회선 선생님은 광주 출신으로 와세다대학을 나왔다. 한때 대학에서 강사도 하셨다는데 구속됐을 무렵에는 서울 명동에서 찻집을 운영했다고 한다. 양 선생님에게는 누님이 계셨는데 매달 접견하러 오실 때마다 산더미 같은 접견물을 넣어 주셔서 선생님은 6사에서는 중요한 존재였다.

조창손 선생님은 앞서 잠시 언급했는데, 공작선 기관장이었고 장병락 선생님과 함께 체포되었다. 의지는 강했지만 지병이 많아서 몸이 쇠약했다. 얼굴은 야위었으나 쾌활하게 말씀하시고 매우 친근한 분이었다. 장병락 선생님보다 먼저 출소하여 몇몇 사람과 같이 어렵게 생활하고 계셨다. 건강이 빨리 회복되기를 바란다.

유재형 선생님은 '통일혁명당 재건 사건'으로 구속된 듯한데, 폐결핵을 심하게 앓고 계셨다. 선생님 방에서는 밤마다 심한 기침 소리가 들렸다. 운동을 나가도 햇빛이 비치는 양지에 웅크려 계셨고 운동할 기력도 없어 보였다. 병이 상당히 심하리라 짐작했다. 어느 날 선생님이 피를 토하여 의무과로 옮겨졌는데 그 뒤 돌아가시고 말았다. 6사 선생님들은 그날 밤 유 선생님을 추모하여 밥 한 끼 단식하기로 하였으므로 나도 동참했다.

이렇게 여태까지 얼마나 많은 분이 돌아가셨을까.

수십 년에 이르는 징역살이로 병약한 분들이 가족들의 옥바라지도 받지 못한 채 한 분씩 돌아가시는 것을 보자니 남은 사람들은 견디기 어려웠다. 나중에 들은 바로는 유 선생님 유해는 가족이 인수하러 오지 않아 무연고 사망자로 처리되었다고 한다.

인민혁명당 사건

|

내 옆방 4호실에 계셨던 이태환 선생님은 인민혁명당(재건위) 사건[*]
관련자로 해방 직후부터 진보적 사상을 지녔으며 몽양 여운형 선생을
존경하셨다.

　인혁당 사건에서는 1974년 전국민주청년학생총연맹(민청학련) 사
건을 배후에서 움직이던 지하당으로 인혁당이 지목되었고 대구, 경
북 지역 사람들이 중심이 되었다. 대법원 판결이 내려진 지 불과 열
여덟 시간 만(다음 날 새벽)에 주모자로 지목된 도예종 선생님을 비롯
한 여덟 명의 사형이 집행되어 사회적으로 큰 물의를 일으켰다. 이
사건은 박정희 군사독재정권이 정권 안보 차원에서 조작한 사법살인
사건으로, 관련자들에게는 2007년 재심에서 무죄판결이 선고되었다.

　박정희 군사정권은 사회에 위협을 주고 또 가혹한 고문의 흔적을
남기지 않기 위해서 '죽은 자는 말이 없다'는 방법을 택했다. 대법원
판결이 내려진 날 가족들이 서대문구치소로 접견하러 가자 교도소
측은 오늘은 접견이 안 되니 내일 오라며 접견을 허락해 주지 않았다
고 한다. 가족들이 그 말을 믿고 다음 날 갔더니 이미 사형을 집행한

---

[*]　인혁당 사건은 제1차(1964년)와 제2차(1974년)가 있으며, 이 사건은 제2차 재건위
　　사건이다. 1974년 4월 중앙정보부가 인혁당을 민청학련 사건의 배후 세력으로
　　조작하여 발표했다. 이 사건 관련자 스물세 명 중 여덟 명이 대법원에서 사형이 확
　　정된 후 열여덟 시간 만에 형이 집행되어 사법살인 사건으로 불렸다. 2007년 재심
　　에서 무죄가 선고되었다.

뒤였다. 그뿐만 아니라 가족들이 장례식을 올리려 하는데 시신을 탈취해 가서 일방적으로 화장해 버렸다. 하룻밤 사이에 얼굴 한 번 보지 못하고 말 한마디 나누지 못한 채 시신을 접하게 된 가족들의 분노와 슬픔은 얼마나 컸을까. 정권 안보라는 명목 아래 무자비한 조작으로 사형 집행을 강행한 군사정권. 군사정권이란 참으로 무서웠다.

사형된 분들 중에 경북대학교 학생 여정남 씨가 있었다. 그는 인혁당에 소속되어 민청학련을 지도했다고 날조되어 사형을 받았다. 군사정권은 여정남 씨 같은 현역 학생도 망설임 없이 사형할 정도니, 우리 같은 재일동포 학생의 사형 집행도 망설이지 않을 거라고 생각했다. 여정남 씨는 나보다 네 살 위였다고 하는데 꽃도 피우기 전에 아깝게 세상을 떠나고 말았다. 참으로 애석하고 분하다.

이태환 선생님이 무기형을 선고받아 목숨을 건진 일은 그나마 다행이었다.

선생님은 6사에 계셨으나 다른 인혁당 관계자들은 민청학련 청년들과 함께 5사에 계셨다. 인혁당 관계자로는 전재권 선생님, 정만진 선생님, 임구호 씨 등이, 민청학련 관계자로는 이강철 씨, 정화영 씨, 장영달 씨 등이 있었다. 이태환 선생님은 방을 동지들이 있는 5사로 옮겨 달라고 여러 번 요구하셨으나 어찌 된 일인지 받아들여지지 않았다.

전재권 선생님은 당시 50세쯤이었고 정만진 선생님은 30대였는데 매력이 넘치는 분들이었다. 전재권 선생님은 출소 후 몇 년 안 되어 돌아가셨다고 들었다. 병에라도 걸리셨을까. 정만진 선생님은 튼튼한 체격의 형님 같은 분으로 사람 대하기가 아주 좋았다. 옥중에서 신장이 나빠져 치료 약을 드시다가 부작용 때문에 눈이 나빠졌다고 항의하고 계셨다.

임구호 씨 아버님

|

인혁당 사건 관련자 임구호 씨가 나에게 해 준 감동적 이야기를 소개
할까 한다.

임구호 씨가 구속된 후 어머니는 자주 오시는데 아버지는 한 번도
접견하러 오시지 않았다. 그는 늘 그것이 마음에 걸렸다. 그는 아버지
께서 미래가 창창했던 아들이 중형을 받아서 장래가 엉망이 되었다
고 화가 나셨다고 생각했다. 그런데 어느 날 아버님이 접견하러 오셨
다는 게 아닌가!

그는 긴장된 마음으로 접견실로 갔다. 아버지에게 어떤 꾸지람을
들어도 오로지 용서만을 구할 생각이었다. 그는 접견실에 들어가자
마자 콘크리트 바닥에 엎드려 "아버지, 이 불효자식을 용서해 주십시
오! 아버지를 이런 곳에까지 오시게 해서 죄송합니다!" 하고 소리 내
어 사죄했다고 한다.

그런데 아버지는 화내지 않았고 오히려 자상하게 이렇게 말씀하
셨다고 한다.

"구호야, 괜찮다. 일어나라. 나는 너를 불효자라고 생각해 본 적이
없다. 오히려 우리 세대가 진작 해결했어야 할 과제를 해결하지 못해
서 너희가 이런 고생을 하니 이 아버지들을 용서해 다오." 임구호 씨
는 예상치 못한 아버님의 말씀을 듣고 가슴이 메어 눈물을 참지 못했

다고 했다.

세상에는 이렇게 훌륭한 아버지가 계신다. 나는 임구호 씨가 정말 행복한 사람이라고 생각했다.

최건석 씨

|

최건석 씨는 나보다 두 살 아래로 장기수들 중에서 젊은 편이었다.

부산에서 학교를 마치고 고무 공장에 취직한 그는 여성 노동자들의 열악한 화장실을 보다 못해 회사 측에 개선을 건의했다고 한다. 그러나 그의 건의는 받아들여지지 않았다. 그는 생각 끝에 신문에 투서했는데 그 일로 해고되고 말았다. 그는 어릴 때부터 아버지에게 유도와 태권도를 배워 무술 실력이 뛰어났고 의협심이 강했다.

1969년 여름 부산 해운대역 구내에 있던 그에게 낯선 남자 두 명이 말을 걸어왔다. 깡패들이 시비를 걸어 온 줄 알았으나 무술을 익힌 그는 누구에게도 지지 않을 자신이 있었다. 그때 이들의 말에 생소한 북한 억양이 있음을 알아차렸다. 이를 이상하게 여겨 "너희는 누구냐? 혹시 북한에서 온 것 아니야?" 하고 물었다. 그러자 그들 중 하나가 대담하게 말했다. "그렇소. 우린 북에서 왔소이다. 어때, 너, 우리랑 북에 가 보지 않겠어?" 최건석 씨는 그들의 대범함에 놀라긴 했으나 남쪽 노동자들의 비참한 현실과 비교해 노동자의 나라라는 북한이 어떤지 보고 싶은 호기심도 있어 함께 가기로 동의했다.

며칠 뒤 늦은 밤 그들은 38선을 넘기 위해 경기도 파주시 문산 삼거리까지 갔다. 그리고 일행 중 한 사람이 소변을 보고 오겠다며 어디론가 갔는데 아무리 기다려도 돌아오지 않았다. 두 사람이 이상함을 눈치챘을 때는 이미 늦은 뒤였다. 지프차에 나눠 탄 군인들이 급히 달려오더니 둘을 덮쳤다. 어둠 속에 사라진 사람이 인근 검문소에 가서 자수하며 밀고한 것이었다. 최건석 씨와 또 한 사람은 격렬하게 저항했으나 격투와 총격전 끝에 군인들과 지원 나온 경찰관들에게 제압됐다.

체포된 뒤 육군방첩대에서 조사를 받았는데, 그는 미성년자였기 때문에 재판에서 비교적 가벼운 형을 선고받고 대구교도소로 보내졌다. 그리고 거기서 장기수들과 같이 살면서 출소할 무렵에는 확고한 사회관을 가지게 되었다.

출소한 뒤 그는 탁구장에서 코치로 일하며 하루하루 살았는데 어느 날 갑자기 이유도 모른 채 중앙정보부로 끌려갔다. 그것이 대구교도소 붉은 별 사건의 시작이었다.

붉은 별 사건[*]

|

---

* 대구교도소에서 박종린 선생 등이 소형 라디오로 북한 방송을 들었는데, 중앙정보부에서 이를 교도소 안에 '붉은 별'이라는 조직을 만들어 라디오에 송신기를 달아 북과 교신했다고 조작한 사건. 중앙정보부에서 붉은 별 사건이라고 명명했다. 박종린 선생은 1993년 출소했으며 2021년 1월 26일 사망했다.

대구에는 전주, 광주, 대전과 마찬가지로 좌익 장기수들이 수용되어 있었다.

대구의 장기수들은 친하게 지냈던 교도관으로부터 트랜지스터라디오를 입수해서 북한 방송을 청취하여 정세를 분석하거나 학습하고 있었다고 한다. 그들은 '1급수*'들이 방을 출입할 때 신체검사를 받지 않는 특권을 이용하여, 거처하는 방과 출역 공장을 드나들 때 라디오를 허벅지에 숨겨서 가지고 다녔다는 말도 있다.

대구교도소의 이 '붉은 별 사건(1976)'은 아마도 해방 후 옥중 투쟁사에서 특기할 만한 사건이다. 이 사건으로 대구교도소는 벌집을 쑤셔 놓은 것 같았다. 장기수를 포함한 많은 사람이 연행되어 조사받았고, 열다섯 명 정도가 기소되었다. 그때 최건석 씨 이름이 떠올라 급기야 다시 체포되었다고 한다. 이 사건의 중심인물은 무기수 박종린 선생이었는데 이 사건으로 무기형이 추가되어 '쌍무기'가 되었고, 또 다른 분은 조사 과정에서 스스로 목을 매고 자살했다고 한다. 그 외 사람들에게도 중형이 내려져 최건석 씨에게는 10년 형이 선고되었다. 그리하여 최건석 씨는 대전교도소 6사로 보내졌다.

붉은 별 사건 때문에 대구는 큰 혼란에 빠졌다. 그때까지 각 공장마다 반장이나 기도(문지기) 같은 중책은 대부분 장기수들이 맡아 왔는데, 그 사건 때문에 중요한 직위는 모두 박탈되어 좌익수들은 철저히 감시와 탄압을 받게 되었다. 대구교도소는 좌익수들에게 시베리

* 교도소에 수감된 재소자들은 생활 태도, 실적 등에 따라 1급수부터 4급수까지 분류된다. 그중 1, 2급수는 모범수로 불리며 상대적으로 혜택이 있는 편이다.

아로 변했다.

그런 대구로 우리가 이감되어 1985년에 '대구 7·31 사건'이 일어나는데, 이에 관해서는 제6장에서 서술하기로 한다.

손성수 씨

|

다음으로 전남 화순 출신 손성수 씨 이야기를 해 보자. 그의 별명은 '손 장군'이다. 그렇다고 군인 출신은 아니고 교도소에서 투쟁할 때 용감하게 싸워서 그렇게 불렸다.

그는 사건 당시 고등학생이었다. 취학연령이 보통 사람들보다 늦었기 때문에 조카뻘 되는 학생들과 함께 고등학교에 다녔다. 담임교사가 그와 같은 나이였다고 한다. 그는 1950년 한국전쟁 무렵 '소년단'에 소속해 있었다며, 당시 배운 노래를 작은 소리로 불러 주면서 빙그레 웃었다. 손 장군의 고향 화순은 예로부터 탄광 지대로 광산 노동자가 많아 좌익 사상을 가진 사람이 많았는지 모른다.

1961년 12월 밤 전남 목포항에서 제주행 여객선이 출항했다. 이 배에는 일반 승객 외에 고등학교 교사들과 그들의 가족 그리고 제자인 고교생 등 일행 26명이 타고 있었다. 배가 목포항에서 수십 마일쯤 나아갔을 때 사건이 일어났다. 배를 탔던 교사들과 학생들이 선장실을 덮쳐 행선지를 제주가 아닌 북한으로 향하도록 지시했다. 그러나 선장의 민첩한 사보타주로 여객선은 해상에서 엔진 고장을 일으켜 표류하기 시작했다. 이들은 할 수 없이 지나가던 어선을 빼앗아

다시 북쪽으로 향했으나 방향을 잘못 틀어 표류하다가 해상에 나타
난 대형 어선을 중국 선박으로 알고, 천에 '我們望北韓行(우리는 북한
행을 원한다)'이라고 써서 보였다고 한다. 그러나 불행하게도 그 배는
중국 배가 아니라 일본 배였다. 그들은 일본 경비정으로 갈아탔는데,
북한은커녕 남한 경비정에 넘겨지고 말았다.

이 사건은 교사 가족과 학생들이 단체로 북한에 넘어가려 한 사건
으로 사회에 큰 충격을 주었다. 여객선을 탈취하는 과정에서 휴가를
얻어 고향으로 돌아가려던 병사 두 명이 이들에게 저항하다 살해당
하는 불상사도 일어났다.

이 사건의 주동자인 교사 세 명은 사형, 손성수 씨에게는 무기형,
다른 학생들에게는 비교적 가벼운 형이 선고되었다. 손성수 씨는 건
장한 체격에 혈기가 왕성해 고함을 지르면 그 굵은 목소리가 6사를
떨게 할 정도였다. 그도 후에 대구 7·31 사건에서 함께 싸웠다.

남조선민족해방전선(남민전)*

|

어느 날 남민전의 박석률 씨가 심각한 표정으로 "남민전 가운데는 우
리가 군자금 마련을 위해 강도질한 일은 잘못이었다고 하는 사람이

---

* 1979년 10월에 발표된 유신독재 말기 최대의 공안 사건. 남민전은 남한 안에서
자생한 사회주의적·진보적 성향을 띤 민족주의 조직이었다. 이 사건으로 84명이
구속되고 두 명에게 사형 판결이 내려졌다.

있는데 어떻게 생각하느냐"라고 물었다.

나는 그런 이야기를 어렴풋이 듣기는 했는데 "당시 그런 방법밖에 없었다면 어쩔 수 없었던 게 아닌가"라고 대답했다. 그러자 그는 표정이 밝아지면서 "나도 그렇게 생각한다. 나중에 이러쿵저러쿵하는 것은 옳지 않다"라고 했다. 나는 속으로 '남민전 일부 사람들이 대의를 위해서라고는 하나, 일반 범죄와 같은 사건을 일으킨 데 마음 한 구석에서 꺼림칙하게 느끼고 있구나' 하고 그들 마음의 동요를 헤아릴 수 있었다. 그들은 산속에서 예행연습을 한 다음 1979년 4월 동아건설 최원석 회장 자택에 침입했다.

남민전 사건은 1979년 당시 한국 사회를 놀라게 한 대사건이었다. 약 80명이 조사받았다고 했다. 나는 그 말을 들었을 때 처음에는 과장된 이야기라고 생각했으나 사실 꽤 큰 사건이었다. 인혁당 사건 때 자취를 감추어 체포를 면한 이재문 선생님 등이 불과 4~5년 사이에 이런 대규모 조직을 만들었음은 놀라운 일이 아닐 수 없었다. 이태환 선생님은 이재문 선생님이 그때 체포되었다면 사형 집행당했을 거라고 하셨다.

이재문 선생님은 신향식, 김병권 선생님 등과 1976년 2월 '남조선민족해방전선' 준비위원회를 결성하고 강령, 규약 등을 확정하여, 반제·반독재 민주주의 투쟁을 계획했다. 그러나 사건이 발각됨과 동시에 체포되어 사형선고를 받았는데 집행되기 전에 서대문에서 옥사하셨다. 모진 고문으로 몸이 엉망이었고, 내가 들은 바로는 내장이 항문 밖으로 빠져나올 정도였다고 하니 고문이 몹시 처참했음을 추측할 수 있다. 신향식 선생님은 1982년 10월 사형이 집행되었다.

역시 같은 사건으로 구속된 김남주 시인은 훗날 이재문 선생을 기리며 다음과 같은 시를 남겼다.

(전략)

대중을 사랑하고 신뢰함으로써

대중으로부터 사랑과 신뢰를 받고자 당신은 최선을 다했습니다

그 이유를 당신은 이렇게 말했습니다

대중은 혁명을 떠받쳐 주는 기반이고

혁명을 밀어주고 이끌어 주는 원동력이고

최후까지 혁명을 지켜 주는 철옹성이기 때문이라고

(후략)

– 〈투쟁과 그날 그날〉, 김남주

대전 6사 10·26 사건

|

내가 6사에 들어온 지 한 달쯤 지난 1979년 10월 26일, 큰 사건이 일어났다. 그날 우리는 아무것도 모르고 지냈는데, 다음 날 27일 아침 6사에 군복을 입은 교도관들이 우르르 몰려와 복도에 배치되자 6사는 순식간에 얼어붙은 듯 긴장했다. 운동장에도 군복을 입은 담당들이 한 명씩 배치되었다. 그들도 역시 긴장하고 있었다.

내가 "담당님, 무슨 일이라도 있었어요?" 하고 물어도 "아무것도

아니야. 훈련이다"라고만 했다. 우리는 속으로 이상하다고 생각했다.

그러다가 나는 운동 시간이 되어 옆방의 이태환 선생님 방 시찰구를 살피면서 봤는데 이 선생님이 엄지손가락을 위로 세우시더니 곧바로 거꾸로 내렸다. 나는 우두머리가 죽었다고 하시는 건가 해서 내 손으로 목을 베는 시늉을 했더니 선생님은 고개를 갸웃거리며 "그럴지도 모른다" 하고 웃으셨다. 나는 '설마?' 하면서 운동을 끝내고 내 방으로 돌아갔는데, 무슨 훈련인지 납득되지 않았다.

실은 이 무렵 출역수들에게 갑자기 출역을 중지하라는 지시가 떨어져 모두 입방했는데, 어느 방에서 국기게양대에 휘날리던 태극기가 반기로 게양된 것을 보고 다들 바짝 긴장했다고 한다. 반기 게양은 통치권자의 죽음 말고는 없다. 그러나 우리 6사는 9중 철문으로 격리된 육지의 고도인지라, 반기에 관해 전혀 알지 못했다.

내가 운동을 마치고 방으로 돌아오자 이태환 선생님이 운동장으로 나가셨다. 이 선생님은 나를 보고 또다시 미소 지으면서 엄지손가락을 아래로 하고 고개를 갸우뚱하셨다.

그때였다.

소 내 방송에서 갑자기 무거운 장송곡이 흘러나오기 시작했다. 제법 긴 장송곡이었다. 6사에서는 아마 모두가 숨 쉬는 것도 잊은 듯했다. 그러자 "재소자 여러분에게 슬픈 소식을 전하겠습니다. 박정희 대통령 각하께서 10월 26일 서거하셨습니다"라는 말이 들려왔다. 나는 "앗!" 외마디 소리를 지르고 일어나서 시찰구로 뛰어가 이태환 선생님께 엄지손가락을 아래로 하여 신호를 보냈다.

그때 6사 가운데쯤에 계셨던 김명수 선생님의 굵은 목소리가 온 사동에 울렸다.

"만세! 만세! 만세!"

군복을 입은 교도관들이 김명수 선생님 방 쪽으로 급히 달려가는 소리가 들렸다. 나는 이 선생님에게 다시 엄지손가락을 거꾸로 보이며 알렸다. 선생님은 긴장한 얼굴로 고개를 끄덕이더니 다시 싱글벙글 웃으며 운동에 복귀하셨다.

나는 가슴이 두근거렸다. '박정희가 죽었다고? 독재자 박정희가 마침내 죽었단 말인가!' 그러나 도대체 무슨 일이 있었는지 알 수가 없었다. 어쨌든 독재자가 죽었음은 분명했다. 박정희에게 무슨 지병이 있다고는 듣지 못했다. 그렇다면 암살당한 것일까?

얼마 전에 5사 어떤 분(이름은 잊었으나 안양에서 미니컴 지하신문을 만들어서 살포한 죄로 투옥된 분)이 운동 시간에 공중에 손으로 크게 글씨를 써서 알려 준 적이 있었다. 그 글씨는 '부산, 마산, 폭동'이라고 읽혔다. 이번 박정희의 죽음은 어떻게든 이런 움직임과 관련이 있는 듯했다.

김명수 선생님은 큰 소리로 만세를 외쳐서 조사실에 끌려갔다. 나는 박정희의 사망 소식을 듣고 가슴이 두근거려 침착할 수 없었다. 그러나 단순히 기쁘다는 감정만은 아니었다.

한국 사회의 변혁이 지금 막 시작되려고 하는 바로 이때, 그렇다, 바로 이 역사의 커다란 갈림길에서 아무것도 하지 못하고 0.75평 방에 갇혀 앉아 있어야 하니 분했다. 박정희 정권을 타도하는 사업에 나도 함께하고 싶었다. 그러나 지금 나는 아무것도 하지 못하고 가만히 앉아 있을 수밖에 없다. 아아, 지금 밖에 있는 사람들은 얼마나 좋을까? 새로운 역사를 만들어 가는 작업에 참여할 수 있는 사람들이 부럽기만 했다.

박정희 사망 소식을 접한 지 며칠이 지난 어느 날 오후 나는 벽을 두드려 이태환 선생님을 변소로 불러냈다. 이 선생님은 "아, 오늘도 날씨가 좋구나" 하고 마치 바깥 공기를 마시러 창가로 나온 듯 나에게 응했다. 우리는 일본어로 조용히 말하기 시작했다. 화제는 주로 앞으로 사회 변화 전망에 관한 것이었다. 우리는 김대중 씨와 김종필 씨 그리고 최규하 씨 중 누가 정국을 이끌어 가게 될지, 또 윤보선 전 대통령이 어떻게 움직일지 등 이야기를 나누었다.

그러자 갑자기 내 방문을 "쾅!" 하고 걷어차는 소리가 나더니, "이철! 이 새끼 나와!" 하는 큰 소리가 났다. 나는 이태환 선생님과 통방에 열중하느라 운동 담당이 몰래 우리 이야기를 엿듣고 있다는 사실을 몰랐다.

운동 담당은 나와 이태환 선생님이 통방하고 있음을 알고 발소리가 나지 않도록 군화까지 벗어 던지고 변소 창문 바로 옆에 숨어 우리 대화를 가만히 엿들었다. 일본어였기에 내용까지는 알아들을 수 없었으나 대화에 김대중이나 윤보선이라는 이름이 자주 나와서 더 이상 방치할 수 없다고 판단했다.

내가 정신을 차리고 "문을 발로 차며 쌍욕을 하다니 너무하지 않습니까" 하고 항의하자 "이 새끼가 무슨 소리를 하고 있어. 빨리 나와!" 하고 나를 조사실로 끌고 갔다. 조사실에는 늘 교도관 서너 명이 대기하고 있었는데, 운동 담당의 말을 듣자 그들은 "이 새끼야, 김대중이 어쩌고 어째? 재일교포 간첩 새끼야, 빨리 말해. 너와 이태환이 무슨 이야기를 했어?" 하고 다그쳤다.

그들은 나에게 수갑을 채우고 콘크리트 바닥에 무릎을 꿇게 했다. 나는 "주로 건강하신지, 식사는 잘하시는지, 그런 이야기밖에 안 했다, 김대중이나 윤보선 이야기는 박정희 대통령의 사후에 어떻게 될 것인가 정도밖에 하지 않았다"라고 하자 운동 담당이 소리를 높이며 "이 새끼는 거짓말하고 있어! 내가 들은 것만 해도 김대중, 윤보선, 김종필, 최규하 등 이름이 여러 번 나왔어" 하며 아우성쳤다.

그러자 조사실 담당들이 "묶어!" 하고 소리치면서 수갑을 찬 나를 포승줄로 양쪽 손목에서 허리와 팔을 움직이지 못하게 단단히 묶고서는 여러 번 같은 질문을 했다. 내가 발로 차이고 주먹으로 맞으면서도 간신히 견디니, 그들은 "이태환을 불러 똑같이 물어보고 네 말과 다를 때는 징벌방으로 보낼 거다. 그래도 괜찮겠지?" 하고 거듭 물었다. 나는 "이 선생님께 물어보면 알 것이다"라고 하기는 했으나 이 선생님이 과연 말을 맞춰 주실지 속으로 불안했다.

잠시 뒤 그들은 나를 풀어 주고, 이태환 선생님을 불러서 따져 물었으나 다행히 폭행까지는 하지 않았다고 한다. 이태환 선생님도 나와 비슷하게 진술하셨기 때문에 그들도 선생님 연세를 생각해서 무리한 짓을 하지는 않은 듯했다.

사실 이 사건은 나를 포승줄로 묶고 폭행까지 할 일도 아니었는데 그들도 박정희 사망 사건으로 긴장된 나날을 보내고 있었고, 또 당시 서른한 살이었던 내가 대전교도소로 이감된 지 며칠밖에 되지 않아서 나에게 앞으로 까불면 이렇게 될 거라는 경고 차원에서 심하게 한 듯했다.

나와 이태환 선생님이 무사히 방으로 돌아와서 사건은 일단 마무리되었으나 6사 선생님들은 우리가 헌병대로 끌려가서 걱정하고 계셨다. 박정희 사망 후 교도관들도 신경을 곤두세우고 있었기 때문에 6사 선생님들은 말과 행동에 매우 신중하셨다. 운동을 나갈 때나 세면장에 갈 때도 서로 눈만 마주칠 뿐 아무 말도 하지 않았다. 그들은 1970년대 백색테러를 겪으신 만큼 교도관들을 불필요하게 자극하지 않도록 조심했다.

사상 전향 공작 전담반

앞서 언급했듯이 당시 대전, 대구, 전주, 광주 등 네 개 교도소에는 비전향 장기수들이 수용된 특별사동이 있었는데, 대전에서는 6사가 특별사동이었다. 5사에도 정치범들이 수용되었으나 그들은 긴급조치 관련이어서 오로지 6사 사람들에게만 집요한 전향 공작이 계속되었다. 전향 공작을 담당한 것은 교무과 '전향공작전담반'으로 교무과장 밑에 일반 교무계장과는 별도로 전담반의 계장 이하 교회사 수 명이 그 임무를 맡았다.

나는 대전교도소로 이감되자마자 교무과 박 교회사에게 불려 나갔다. 박 교회사는 참으로 간사했고, 긴 눈썹은 포마드라도 바른 듯 반짝였다. 그는 나에게 전향서를 쓰게 하려고 이런저런 수를 썼으나 나는 완강히 거부했다. 나와 박 교회사 사이에서 언성이 높아지면 그 옆자리에 있던 신 교회사가 비집고 들어와 "야, 이철! 넌 여기가 어딘

줄 알고 큰소리치는 거냐!" 하고 위협하듯 말했다.

신 교회사는 젊은 시절 씨름 선수였다고 한다. 6사 선생님들은 1970년대 전향 공작 테러 당시 신 교회사로부터 많이 폭행당했기 때문에 그를 좋아하는 사람은 아무도 없었다. 그런 신 교회사가 어느 날 나를 불러 놓고 말했다. "어이 이철. 오늘부터 박 교회사 대신에 내가 네 담당이다. 네 약혼녀 민향숙도 광주에서 내가 담당했다. 너도 고집만 부리지 말고 빨리 전향해서 6사를 나가야지. 왜 그렇게 전향서 때문에 고집부리냐." 나는 나대로 "전향서 쓸 생각은 전혀 없다"라고 완강히 거절했기 때문에 언제 만나도 신 교회사와는 대화가 진전되지 않았다. 신 교회사는 때로는 협박까지 하면서 어떻게든 쓰게 하려고 했으나 나는 계속 거부했다.

당시 전담반에서는 전향 공작 대상자를 주로 재일동포와 남한 출신자로 정했다. 북한에서 온 사람들은 1970년대 백색테러도 필사적으로 견뎌 낸 사람들이라 그들을 전향시키기란 여간 어려운 일이 아니었기 때문이다.

전향 공작의 폭행

어느 날 교무과로 불려 갔더니 신 교회사는 당시 도서관에 출역하던 통일혁명당 사건(1968) 무기수 이모 씨를 데리고 와서 나와 대면하게 했다. 그는 그 자리에서 나에게 공산주의 이론의 잘못을 설파하며 나에게 하루빨리 전향서를 쓰고 6사를 나와 자신들처럼 출역하라고 했다. 그는 서울대 철학과를 졸업했고 통혁당 기관지인 《청맥》지에 여러 차례 논문을 썼다고 말했다. 그는 진심으로 과거를 뉘우치고 교도소에 충성하는 사람 같았다.

내가 그의 설득에도 마음을 바꾸지 않자 신 교회사는 격분하며 나를 방 안쪽으로 끌고 갔다. 그리고 바닥에 무릎 꿇게 하고 양 손바닥을 위로 만세 하듯 어깨보다 위로 들게 했다. 내가 오래 견디지 못하고 손을 내리자 그는 욕설을 퍼부으며 내 양다리와 허리 등을 걷어차기 시작했다. "전향서를 쓸 건가 안 쓸 건가 여기서 확실히 말해! 신사적으로 대하니까 이 새끼가 까불고 있어!" 하며 폭행했다. 나는 바닥에 늘어져서 일어설 힘도 없었다.

그날부터 며칠 동안 나는 변소에 가서도 몸을 구부리지 못하고 반쯤 서서 일을 봐야 했다. 몸을 조금만 움직여도 통증이 심해 이를 악물고 살살 움직일 수밖에 없었다.

다음 날 보안과 계장이 순시를 돌더니 히죽히죽 웃으며 내게 말을 걸었다.

"이철, 잘 지내고 있나?"

"잘 지낼 리가 없잖아요."

"허, 무슨 일이 있었냐?"

보안과에서는 이미 6사 본무 담당을 통해 신 교회사의 폭행 사실이 보고되었으나 그들은 히죽거리며 모르는 척했다.

마침 그 며칠 뒤에 일본에서 친형이 접견하러 왔다. 그때 나는 형님에게 신 교회사의 폭행을 폭로했다. '전향하라며 온몸을 폭행했다. 일본에 돌아가면 친구들에게 공개해 달라'고 호소했다. 특별 면회에 입회한 신 교회사는 오만상을 찌푸리고 쓴 표정을 지으며 그 자리에서는 아무 말도 하지 않고 있다가 접견이 끝나고 가족들이 돌아가자 나를 다시 불러 놓고 뺨을 때리며 말했다. "이 새끼야, 특별 면회까지 시켜 주었는데 가족한테 그따위 소리를 해! 그래 좋다, 어디에든 호소해 봐라!"

그 일이 있고 나서는 나는 신 교회사와는 말하지 않았다. 교무과에 불려 가도 그가 있는 쪽은 보지도 않고 비스듬히 앉아서 대면했다.

내가 전향을 거부한 까닭은 비전향을 관철하겠다는 생각 때문은 아니었다. 나에게 전향이냐 비전향이냐 하는 문제는 그렇게 중요한 일 같지는 않다. 물론 가혹한 옥중에서 자신의 사상 신조를 굽히지 않고 살아간다는 것은 대단히 훌륭한 일이며 누구나 할 수 있는 일이 아니다. 나는 그런 의미에서 수십 년 동안 비전향을 고수해 오신 선생님들을 존경한다. 그러나 나 자신이 선생님들과 같은 길을 걸으며 앞으로 끝도 없는 터널을 뚫고 나가야 한다고 생각하니 억울한 마음이 들었던 것도 사실이다.

나는 하루빨리 여기를 나가서 커다란 변혁의 흐름에 동참하고 싶었다. 비전향을 고수한다면 조국 통일이라는 대의에 자신을 바치고 신념을 관철함으로써 정치생명도 온전히 보존하게 되리라. 그러나 이를 위해 옥중에서 꾹 참고 견디는 일이 역사를 만들어 가는 데 얼마나 기여할까. 오히려 하루빨리 사회에 복귀하여 활동할 수 있다면 그런 삶이 진정 역사에 기여하는 게 아닐까 하는 생각도 들었다. 물론 옥중에서 비전향을 관철함은 그 사람이 자신의 사상 신조를 결코 굽히지 않는다는 개인적 차원의 문제일 뿐만 아니라, 그 자체가 역사적 무대에서 자신이 해야 할 민족적 사명을 다한다는 뜻이다.

　비전향 장기수 선생님들은 나에게 "이철 선생, 여기서 우리와 함께 견디며 살아갑시다"라고 자주 말씀하셨다. 그러나 나에게는 감옥을 선택하는 길 말고 다른 길이 있는 듯했다. 게다가 약혼녀 민향숙과 조만조 어머니도 내가 출소할 날을 일일천추의 심정으로 기다렸다.

특사의 영화 감상과
옛 동지의 반공 강연
|

대전교도소에서는 한 달에 한 번씩 정기적으로 영화를 감상했다. 일반수는 교회당(강당)에 모여 다 같이 감상하지만 6사는 전혀 달랐다.

　영화 감상 날이 오면 우리는 한 사람씩 간격을 5미터 이상 띄우며 걸어가는데 곳곳에서 교도관들이 서서 감시했다. 교회당에 가서도 긴 나무 의자에 한 사람이 앉으면 그 옆 긴 의자는 비우고 아무도 앉히지 않는다. 즉 긴 나무 의자를 하나 건너 한 명씩 앉게 했다. 교회당까지 가는 길이나 교회당 안에서도 교도관들이 눈을 부릅뜨고 감시하기 때문에 우리는 아무 말도 하지 못해 서로 윙크하고 미소를 지으며 무언의 인사를 나누었다. 노인들은 모두 솜이 든 두툼한 겨울옷을 입고 머리에는 털실로 짠 '빵모자'라고 불리는 모자를 썼다.

　영화는 주로 눈물을 짜내게 하는 싸구려 영화가 많았는데 때로는 외국 유명 영화도 있었다. 그중에서 나는 미국 영화 〈디어 헌터〉에서 나온 잔인한 장면이 인상 깊었다. 베트남전쟁에 끌려간 젊은 병사들이 정신병을 앓는 영화다.

또 내가 아주 감동받은 영화로는 〈사막의 라이온〉(무스타파 아카드 감독)을 말하지 않을 수 없다. 리비아의 카다피 소령이 어린 시절에 목격했다는 한 늙은 독립운동 지도자의 공개 교수형 장면이 매우 인상적이었다.

리비아는 자기 나라하고 석유 거래를 원하는 모든 나라에 이 영화 상영을 조건으로 내걸었다고 한다. 한국도 리비아의 석유가 탐나서 그 조건을 받아들인 듯한데 놀랍게 교도소 안에서도 그 영화를 상영했다. 한국에서 첫 개봉은 1982년 1월이었고 1985년에 리바이벌 상영, 1987년 2월에는 KBS 방송 '토요명화'에서도 상영되었다고 한다. 실로 아이러니하게도 상영 시기는 모두 전두환 통치 시기였다. 우리는 리비아 정부에 감사했다.

그리고 교도소에서는 출소한 사상범을 가끔 데리고 와서는 반공 강연을 시켰다. 이런 날 선생님들은 기분이 무거워 보였고 우울해하셨다. 또 강연에 끌려온 사람의 심정은 어떠했겠는가. 자기가 납득하여 진심으로 반공을 주장하거나 자신의 과거를 뉘우치고 있다면 괜찮다. 그러나 속으로는 그렇지 않으면서 중앙정보부나 법무부의 압력으로 마지못해 끌려 나와 어제까지의 동지들 앞에서 반공 강연을 해야 한다면 그 사람은 출소한 것을 후회하게 될 것이다. 잔인하고도 슬픈 일이었다.

나중에 들은 이야기지만 통일혁명당 간부였던 분의 부인도 전국을 돌며 반공 강연을 했다고 한다. 사형이 집행된 남편을 생각하면 너무나 안타까운 일이다.

어머니의 죽음

|

교도소에서는 1년에 한두 번씩 '사회 참관'*을 간다. 1980년 3월 하순에 고병택 선생님이 사회 참관을 나가셨는데, 명목은 사회 참관이었으나 실제로는 서울에 있는 형님이 당국에 어렵게 요청하여 가족끼리 만나게 된 '특별 면회'인 듯했다.

고 선생님은 아마도 대전 시내 호텔 같은 데서 형님과 일본에서 찾아온 딸과 친구들을 만나고 오신 듯했다.

그날 저녁때 고 선생님이 6사로 돌아오셨는데, 내가 그 모습을 우연히 시찰구에서 보고 "고 선생님, 무슨 소식이라도 있습니까?" 하고 묻자 고 선생님은 "응, 나중에…" 하고 웅얼거리며 지나가셨다. 곧 여러 가지 사회 소식이 들려올 듯했다.

내가 변소에 나가 귀를 기울이니 멀리서 소곤거리는 소리가 들려왔다. 그런데 내 방 가까이까지 오니까 생각지도 못한 말이 들려왔다.

"뭐라고? 이철 선생 어머니가 돌아가셨다고?"

"얼마 전에 돌아가셨다고 합니다."

"…"

나는 귀를 의심했다. '설마, 그런 일이?' 가슴이 두근거렸다. 믿을 수 없었다.

"이철 동지 어머니께서 돌아가셨다고 합니다…."

---

* 사회 복귀라는 명분 아래 교도관이 재소자 대여섯 명을 인솔하여 교도소 밖으로 나가 견학하는 일. 밖에서 가족들과 면회할 수 있게 해 주기도 했다.

각 방 선생님으로부터 전해 오는 말이 이제 또렷이 들렸다. 옆방 이태환 선생님은 내가 변소에 안 나와 있는 줄 알았는지, 아니면 나와 있는 줄 알면서도 슬픈 소식을 전하는 자신을 격려하기 위해선지 내 방 벽을 톡톡 두드렸다. 나는 힘없이 말했다.

"여기 있습니다."

"이철 선생님, 힘을 내십시오. 슬픈 소식입니다. 이 선생님 어머님이 돌아가셨다 합니다."

나는 "그렇습니까?"라고만 하고 창문가를 떠났다.

선생님들은 슬픈 소식을 전하는 날에는 통방하지 않기로 생각했는지 다른 말소리는 하나도 들리지 않았다. 머릿속에 윙윙하는 소리가 울렸다. 나는 서 있지 못하고 벽에 기대 주저앉았다.

'아, 어머니! 당신은 17세 나이에 일본으로 시집와서 남들처럼 즐거운 일 하나 없이 이렇게 허망하게 가셨습니까? 어머니, 아버지가 53세라는 젊은 나이에 가셨으니 당신은 아버지 몫까지 오래 사셔야 하는데 겨우 56세 나이에 가셨단 말입니까?'

아버지뿐만 아니라 어머니까지 내가 감옥에 있는 동안 돌아가시다니 믿을 수 없었다. 그러나 고병택 선생님이 가져오신 일본 소식인 만큼 믿을 수밖에 없었다.

나는 소리 내지 않고 가슴속으로 몇 번이나 어머니를 불렀다. 가슴이 터지고 누가 목을 조르는 것 같았다. 큰 소리로 "어머니!" 하고 외쳐 보고 싶었지만 소리를 죽였다. 내가 살아서 돌아간다 해도 이제 어머니는 안 계신단 말인가? 아버지뿐만 아니라 어머니의 마지막마저 지켜보지 못할 줄이야….

그 후 일본 가족들에게서는 아무런 소식도 없었다. 옥중에 있는 내가 충격받지 않도록 배려하는 듯했다. 민향숙과 조만조 어머니가 접견하러 와서도 애써 아무 말도 하지 않았기 때문에 나도 모르는 척했다.

나에게 어머니 소식이 전해진 것은 한 달쯤 지난 1980년 4월, 오사카에 사는 누님이 접견하러 왔을 때였다. 누님은 먼저 구원 운동 친구들이 도쿄 스기나미공회당에서 콘서트를 열었을 때 무대 스크린에 큼지막하게 찍힌 나와 민향숙의 사진을 보여 주다가, 갑자기 표정을 바꾸더니 "무슨 말을 들어도 놀라지 마라. 실은 어머니가 돌아가셨어!" 하고 말을 다 마치기도 전에 울음부터 터뜨렸다. 나는 이미 알고 있었기에 담담하게 받아들였으나 누님을 생각해서 그때 처음 들은 척했다.

누님은 "어머니는 숨을 거두실 때까지 철이를 걱정하셨어. 끝까지 너를 걱정하다가 돌아가셨다" 하고 한 손으로 내 손을 꼭 잡고 또 다른 손으로 눈물을 닦았다. 나는 겨우 "아무런 소식이 없어서 혹시나 하고 생각했었다"라고만 했다.

내가 냉정하게 받아들이자 누님은 안심이 된 듯, 어머니 임종 때 이야기를 여러 가지 해 주었다. 그러나 나는 어머니가 돌아가셨다고 말하던 누님의 모습은 기억하지만, 그때 누님이 말해 준 내용은 거의 기억나지 않는다. 아버지에 이어 어머니마저 돌아가셨다는 사실을 마음으로 받아들이지 못해서였으리라.

어머니 생각

|

나는 그 뒤 어머니 생각을 많이 했다.

내가 어렸을 때 집 뒷밭을 일구시던 모습. 행상에 나갔다가 돈 대신에 받은 쌀을 메고 돌아오신 모습. 행상을 나갔다가 돌아오는 길에서 주웠다고 주머니에서 샤프펜슬을 꺼내며 "이건 철이한테 주랴?" 하고 내게 쥐어 주셨다. 나는 처음 손에 쥔 샤프펜슬이 신기해서 심을 꺼냈다 넣었다가 하면서 흥분했다. 언젠가 밤에 캄캄한 헛간 구석에서 울고 있던 어머니. 나는 어려서 이유를 몰랐으나 어머니에게 다가가 함께 울었다. 소학교 4~5학년 때 숙제 문제를 물었더니 어머니는 "엄마는 배우지 못했으니 네가 공부를 열심히 해서 알아내거라" 하셨다. 내가 공부하기로 마음먹은 것은 그때부터였다.

어머니는 학교에서 학문을 배운 일은 없었으나 한글은 잘 쓰셨고 한국에 편지 쓰는 모습을 몇 번 본 기억이 있다. 아마 고향에 계신 부모님께 쓰셨던 듯하다. 어머니가 쓰시던 한글은 우리가 훗날 배운 한글과는 좀 다른 '아래아'도 들어간 옛 '궁체'에 가까웠다. 또 나는 어머니가 삼촌이 쓰다 만 공책에 서툰 글씨로 일

20대 시절 어머니와 맏형

본 히라가나를 쓰며 연습하는 모습도 여러 번 보았다. 어머니 나름대로 일본어 읽기, 쓰기를 공부하려고 많이 노력하셨다.

기가 센 면도 있었다. 한 일본인 부인이 "당신 집은 조센진이잖아" 하며 얕보는 듯한 말을 하자 어머니는 그 집 현관에서 그 부인 머리채를 잡고 밖으로 끌어내며 말했다. "조센진이 어떻다고? 다시 한번 말해 봐, 조센진이 뭐가 나쁘단 말이야!" 나는 무서워서 나무 뒤에 숨어 그 광경을 지켜봤다. 내가 어렸을 때 외할머니가 돌아가셨다는 편지가 한국에서 왔다. 그날 어머니는 하루 종일 우셨다.

어머니는 어딘가 슬퍼 보이는 표정을 하는 일이 잦았다. 눈빛이 뭔가 먼 곳을 바라보는 듯했다. 소리를 내며 웃는 일도 그리 많지 않았다. 어머니는 점잖으셔서 집 뒤에서 밭농사를 할 때도 남들과는 다르게 기품이 있었다. 이런 이야기는 나뿐만 아니라 누님에게도 들은 적이 있었다. 내가 가지고 있는 어머니 사진에 당시 네다섯 살이던 나도 찍혀 있는데, 어느 사진을 봐도 어머니는 뭔가 생각에 잠긴 듯 애수를 머금은 표정을 하고 있다.

내가 감옥에 들어가기 전에 어머니와 형님이 대화하는 내용을 들은 적이 있었다.

"어머니, 이번에 한국에 가실 때 얼마나 준비하면 되겠어요?"

"고향에 처음 가니 100만 엔 정도 준비해 주면 좋겠다."

당시 100만 엔은 큰돈이었다. 형님도 그 말을 듣고 말을 잇지 못했다. 나도 속으로 놀라긴 했으나 어머니가 일본에 오신 후 처음으로 한국에 가신다고 한 말 뒤에는 수십 년 동안 일본에서 보낸 힘겨운 삶이나 고향을 향한 그리움이 얼마나 두껍게 쌓였는지 느낄 수 있었다. 어머니는 17세 때부터 56세에 돌아가실 때까지 얼마나 많이 고통을 견뎌 오셨을까. 어딘가 먼 곳을 바라보는 듯한 슬픈 표정은 그런 나날 속에서 자연스레 몸에 밴 듯했다.

어머니 이름

|

어머니는 17세에 아버지와 결혼하고 일본으로 건너온 뒤 4남 2녀를 낳았다.

나는 어릴 때부터 어머니의 '이분의'라는 이름이 도무지 이해되지 않았다. 여성의 이름처럼 들리지 않았기 때문이다. '가루 분'에 '의리 의'라니 얼마나 이상한 이름인가. 가루와 의리에 관해 어린애 나름대로 이것저것 생각해 봤으나 알 수 없었다. 어머니에게 직접 물어보기도 했으나 어머니는 그저 미소만 지을 뿐 아무 말도 하지 않았다.

소학교를 다닐 때 어머니 이름을 쓰는 시간이 있었다. 내가 '이분의'라고 한자로 썼더니 선생님이 "그건 아버지 이름 아니야? 어머니 이름을 쓰란 말이야"라고 했다.

그런데 대전교도소에 있던 어느 날 홀연히 그 수수께끼가 풀렸다.

"이분의, 이쁜이!"

그렇다. 이분의라는 이름을 '리·분기'라고 일본식으로 발음했기 때문에 알 수 없었는데 한국어로 제대로 '이쁜의'라고 발음하고 나니까 비로소 그 뜻을 알게 되었다. 어머니는 집에서나 마을 어른들에게 "이쁜아", "이쁜이"라고 귀여움을 받아 오다가 그 이름 그대로 한자로 써서 "이분의"라고 호적에 올렸다.

나는 생각지도 못했던 큰 발견을 했다. 어머니가 마을 사람들로부터 "이쁜아", "귀여운 애"라고 불렸던 옛날을 생각하니 마음이 크게 들떴다.

어머니는 내가 1심 선고를 받고 나서 접견 금지 조치가 해제된 직후에 처음으로 서울구치소에 접견하러 오셨다. 어머니와 조만조 어머니는 접견실에서 내 얼굴을 보자마자 울기 시작하더니 접견 시간 3분이 끝날 때까지 우셨다. 그 후 접견하러 올 때마다 "일본에 있는 친구들이 구원 운동을 열심히 하고 있다. 네가 힘내지 않으면 어떻게 하겠니" 하고 격려해 주셨다.

나는 사형이 확정되어 사형 집행 시기가 가까워졌다는 예감이 들어서 어머니에게 접견하러 와 달라고 편지를 쓴 적이 있다. 그러나 그때는 사형이 임박했다고는 쓸 수 없어서 "어머니 얼굴을 보고 싶다"라고 썼다. 나는 이승에서 마지막으로 한 번만 어머니 얼굴을 보고 떠나고 싶었다. 얼마 후에 형님이 접견하러 와서 "왜 자꾸 어머니 보고 싶다고 어린애 같은 소리를 하냐, 어머니는 건강이 좋지 않아서 쉽게 못 오신다"라고 했다. 나는 "이제 시간이…." 하다가 더 이상 말을 잇지 못했다. "없다"라는 말은 입안에서 삼켰다.

형이 내 말뜻을 짐작했는지는 모르나 접견이 끝나고 일어설 때 형의 눈에는 눈물이 고여 있었다.

1980년 5·18

|

우리는 1980년 5월 광주에서 무슨 일이 일어났는지 전혀 몰랐다.

교도소 분위기는 크게 바뀌어 교도관들은 매일 군복 차림으로 출근했다.

어느 날 비어 있던 맞은편 8사에 사람들 한 무리가 수용되었다. 그중에는 반가운 얼굴도 있었다. 김대중 선생의 비서였던 한화갑 씨, 김옥두 씨, 해병대 소장 출신 박성철 경호실장과 김대중 선생의 장남 김홍일 씨와 동생 등이 8사에, 나머지 분들은 5사에 수용되었다. 김대중 선생은 광주민주화운동을 배후에서 선동했다는 혐의로 사형선고를 받아 참으로 힘든 시기였다. 세상의 모든 것이 뒤집히고 온 세상이 군대 일색으로 도배되었다.

8사 사람들은 그나마 처우가 나았다. 운동 시간이나 식사 때가 되면 모두 한자리에 모일 수 있어서, 우리가 보기에는 즐겁게 지내는 듯했다. 같은 특사인데도 우리 6사와는 이렇게도 처우가 다른가 하고 생각하니 우리 처지가 한심하기만 했다.

며칠 지난 어느 날 저녁, 붉은 벽돌벽을 사이에 두고 6사에서 꽤 거리가 있는 4사 쪽에서 사람들이 목 터지게 외치는 고함 소리가 들려왔다. 6사까지 거리를 생각하면 꽤나 큰 소리였다. 조용히 귀를 기울여 들으니 "전두환을 죽여라!"라고 들렸다. 나는 한밤중에 연일 목이 쉬게 외치는 이 무리는 도대체 어떤 사람들인가 궁금하여 8사 사람에게 물어보았다. 그랬더니 그들 중 한 사람이 "모르는 사람들"이라고 짧게 말했다. 그러나 뒷날 진상이 밝혀졌다. 그들은 5·18 광주

항쟁으로 구속된 사람들이었다.

그들이 5·18로 들어온 시민들이라는 사실을 그는 몰랐을까? 아니면 알면서도 나에게 그렇게 말했을까? 그 당시는 10·26과 12·12 쿠데타, 비상계엄령 확대와 민주 인사들의 구속 그리고 광주 시민 학살 등, 엄청 무서운 시대였다. 5·16 쿠데타로 정권을 탈취한 박정희도 무고한 시민들을 이렇게 무자비하게 학살하지 않았다. 내란음모 혐의로 끌려간 김대중 씨의 목숨도 풍전등화처럼 아슬아슬했다. 비록 오랜 세월을 김대중 선생과 함께 민주화운동을 해 왔다는 그들이라 하더라도 얼마나 두려울지를 생각하니 나는 그들이 광주 시민들을 모르는 사람들이라고 한 것도 이해할 수 있었다.

선생님들의 고마움

인혁당 사건에 관련된 임구호 씨는 앞에서 언급했는데, 언젠가 내가 방에 있을 때 운동을 마치고 돌아오는 임구호 씨 모습이 보였다. 내가 그에게 말을 걸려고 했더니 그가 운동 담당하고 말다툼하기 시작했다. 운동 담당이 그에게 욕설을 퍼붓는 모습을 보다가 참지 못한 내가 "어이 담당, 교도관이면 재소자에게 그런 더러운 욕을 해도 되는 거야!" 하고 크게 항의했다.

그러자 이번에는 그 담당이 나를 보고 욕설을 퍼붓기 시작했다. 나도 욕설로 맞받아치자 화가 난 그가 6사로 달려왔다. 그리고 6사 담당으로부터 열쇠를 받아 내 방을 열더니 "이 새끼, 나와! 보안과에 가자!"하고 소리쳤다. 나는 물이 가득한 세면기를 두 손에 들고 "이 개자식아, 자, 이거나 먹어라!" 하고 물을 퍼부었다. 물에 흠뻑 젖은 담당은 더욱 화가 나서 나를 보안과로 끌고 갔다.

교도소에서는 재소자가 담당과 싸우면 즉시 보안과로 데리고 가며 재소자들은 보안과로 끌려가는 것을 두려워한다. 보안과에서는 몇몇 교도관이 시간을 보내고 있었는데 물에 젖은 담당의 말을 듣자 보안계장이 위압적으로 말했다.

"바닥에 무릎 꿇어!"

"왜 내가 무릎을 꿇어야 합니까?"

나는 굴하지 않았다.

"이놈이, 보안과에 와서 큰소리를 쳐? 여기가 어딘 줄 알고."

그러나 계장도 6사의 나에 관해서 알고 있었고, 내가 담당과 임구호 씨가 싸우게 된 경위를 설명하자 보안계장은 이 문제를 빨리 해결하려고 했는지 나를 보고 담당한테 사과하라고 요구했다. 나는 욕설을 퍼부은 담당이 먼저 사과하면 나도 사과하겠다고 우겼다. 결국 일을 원만히 해결하려는 계장의 지시로 담당이 욕설을 퍼부어 미안하다고 먼저 사과했고 나도 교도관에게 물을 퍼부어 미안하다고 했다. 일이 원만하게 수습되어 계장과 내가 잡담을 나누는데 몇 분쯤 지났을까. 6사에서 긴급 연락이 들어왔다. 6사 장기수들이 큰 소란을 피우기 시작했다는 것이었다.

6사 선생님들은 화가 난 담당이 나를 보안과에 끌고 가서 돌아오지 않자 보안과에서 내가 고통을 당하고 있는 줄 알고 밥식기로 쇠창살을 두드리며 "이철을 돌려보내라!" 하며 크게 항의하기 시작했다.

계장은 이 사태에 놀라며 빨리 나를 데리고 가라고 지시했다.

6사 근처까지 오니까 선생님들의 고함 소리와 식기로 쇠창살을 두드리는 소리가 크게 들려왔다. 내가 급히 복도로 들어가서 각 방을 돌며 무사히 돌아왔다고 알리자 선생님들이 항의를 멈췄다.

이 작은 사건은 나에게도, 보안과에도 전혀 뜻밖이었다. 나는 6사 선생님들이 탄압이 심했던 길고 고된 징역살이 속에서 그 어떤 행동도 늘 신중히 해 오셨다는 것을 잘 알고 있었다. 그래서 나를 위해 선생님들이 과감하게 항의해 주신 일에 매우 감격했다. 6사 선생님들이 나를 되찾기 위해 과감히 일어나 주셨다고 생각하니 눈물이 나올 것 같았다.

6사에서 옥중 투쟁

|

지금 돌이켜 생각해 보니 나에게 대전 6사에서 보낸 나날은 교도소와 투쟁의 연속이었다. 6사에서 보낸 불과 2년 수개월이라는 그리 길지도 않은 시간 동안 참으로 많은 일이 있었다.

대전의 특별사동 6사는 다른 사동에 비해 여건이 열악하고 엄격하게 관리되었다. 게다가 많은 선생님이 나이가 들어서 병약한 데다가 1970년대 전향 공작 테러의 쓰라린 기억이 생생해서 처우 개선을 요구하는 일에도 큰 용기가 필요했다. 많은 분이 전향 테러를 위해 동원된 깡패들에게 거꾸로 매달리거나 바늘로 온몸을 찔리는 등 고초를 겪고 강제로 전향당하거나 병을 얻어 돌아가시기도 했기 때문이다.

누군가가 대표로 보안과장을 면담하고 구두로 요구 사항을 전달해도 그들은 거의 들어주지 않았다. 이러한 현실 속에서 선생님들이 진짜로 화내고 항의하기 시작하면 옆에서 보기에도 무서울 정도로 처절했다. 나는 6사에 있는 동안 그런 생사를 건 항의 단식을 몇 차례 목격했고 또 참여하기도 했다.

인사이동에 따라 소장과 과장 등이 교체되고 신임 간부들이 부임한 지 며칠 뒤 일이었다. 6사에서는 서옥열 선생님을 대표로 내세워 전임 보안과장이 약속한 사항을 실시해 주기를 재촉했다. 그것은 지금까지 지급되어 온 4등식 '가다밥'(가다는 틀을 뜻하는 일본어, 틀에 넣어서 굳힌 밥)을 3등식으로 바꾸어 지급한다는 내용이었다.

지금은 가다밥이 없어지고 주걱으로 밥을 퍼서 식기에 담아 주지만 당시 밥에는 1등식부터 5등식까지 있어 차등 지급되었다. 병사에 있는 환자들에게는 제일 작은 쌀밥인 5등식, 미결수나 출역하지 않는 사람들에게는 잡곡밥인 4등식이 지급되었다. 4등식은 둥근 '다이아친'이라는 약 모양과 닮았다고 '다이아친'이라고 불렸는데, 젓가락으로 가로세로 사등분하여 하나씩 네 번 입에 집어넣으면 없어질 정도로 작았다.

보통 특사 선생님들은 가족 면회도 오지 않아 차입되는 음식도 없었다. 영치금도 없으니 뭔가 사서 먹을 수도 없었다. 당연히 입에 넣는 것은 하루 세 끼 식사뿐이었다. 모두 언제나 공복감을 느꼈다. 그래서 전임 보안과장에게 3등식을 지급해 주기를 요구하여 과장도 이를 약속했으나 실행하기 전에 인사이동으로 전출해 버렸다.

신임 과장은 전임 과장으로부터 아무것도 인계받은 일이 없다며 3

등식을 지급할 생각은 없다고 단호하게 거부했다. 그러나 특사 사람들에게 먹는 문제는 사활이 걸린 일이었다.

서옥렬 선생님은 "사람이 겨울에 얼어 죽는 것은 단순히 추워서만이 아니다. 아무리 추워도 충분히 식사하면 얼어 죽지 않는 법이다. 동사하는 원인 중 하나는 굶주림이다"라고 보안과장에게 재고해 주기를 촉구했다. 그러나 그는 끝내 들어주지 않았다.

그러던 중 무슨 일이 계기가 되어 특사 선생님들의 분노에 불이 붙었다. 선생님들은 "앞으로도 이런 징역살이를 할 바에는 차라리 죽는 게 낫다!"라고 분노하여 항의 단식에 들어가기로 결정했다. 병약자와 노약자는 단식에 참여하지 않도록 주변에서 권유했으나 최연장자인 차만석 할아버지도 다른 분들과 함께하고 싶다고 완강히 주장하셔서 결국 전원이 단식에 돌입하게 되었다.

우리의 주된 요구 사항은 첫째, 약속한 대로 밥을 3등식으로 바꾸어 줄 것, 둘째, 목욕탕에 뜨거운 물이 나오도록 개선할 것, 셋째, 비좁은 욕실에 두 명씩 들어가는 목욕 방식을 개선할 것 그리고 마지막 네 번째는 운동장 칸막이벽을 허물어 넓힐 것 등이었다.

교도소에서는 재소자가 3일 이상 단식하면 법무부에 보고해야 한다. 그리고 강제 급식 지시가 떨어지면 입에 고무호스를 집어넣고 강제로 죽을 먹인다. 교도소에서 학생 등 시국 사범들이 단식에 들어가면 보안과는 바빠져 정신이 없다. 그리고 어떻게든 달래서 단식을 중단하도록 설득한다. 그러나 6사에서 단식이 시작된 지 이틀, 사흘이 지나도 보안과에서는 아무런 움직임이 없었다. "너희가 단식하다 죽고 싶으면 마음대로 하라" 정도로 대수롭지 않게 생각한 듯하다.

나흘쯤 지났을 때 우리 측 대표자가 보안과에 불려 갔으나 보안과장은 어떤 요구도 자기 혼자는 해결할 수 없다며 법무부 허락이 필요하다고 들어주지 않았다. 그러나 단식이 닷새, 엿새쯤 되어 노인들과 병약자들의 체력이 한계에 다다르자 만일의 경우에 과장 자신에게 책임 문제가 발생할 수 있어 부분적으로나마 요구를 받아들이는 데 동의했다.

우리는 단식에 들어가면서 물만 마시고 바닥에 누워 있었는데 누구든 자신의 몸 상태가 나빠지면 옆방 벽을 두드려서 알리도록 했다. 다행히 희생자가 나오기 전에 어느 정도 합의를 볼 수 있었다.

서옥렬 선생님이 보안과장과 협상해서 가져온 내용은 3등식을 정식으로 허가해 줄 수는 없으나 보안과장의 재량으로 4등식에 '불알을 붙여 준다'고 했다. '불알을 붙인다'는 말은 4등식의 밑바닥을 두껍게 해 준다는 뜻으로 규정에는 없었으나 실질적으로 3등식과 비슷한 양이 된다. 다만 어디까지나 과장의 배려라는 불안정한 조치로 정식 결정이 아니라는 점에서 문제가 될 여지가 있었다. 어떤 분들은 단식을 좀 더 계속하여 정식으로 '3등식 지급'을 명문화하는 것이 장래를 위한 일이라고 주장했으나, 6사 선생님들의 단식도 한계에 다다르고 있어서 더 이상 계속하면 희생자가 나올지도 모르는 상황이었다.

목욕 방법과 목욕실 개선도 성과를 거둘 수 있었다.

기존에 네 개였던 목욕실은 비좁고 시멘트로 만든 욕조가 절반을 차지하는 데다가 2인 1조로 몸을 씻어야 해서 너무 불편했다. 목욕 시간도 15분밖에 허락되지 않아 목욕 담당이 문밖에서 "빨리 끝내라!"라고 소리치기도 했다. 그나마도 2주일에 한 번밖에 못 했다. 또 뜨거운 물은 취사장 출역수들이 리어카로 운반하여 욕조에 부었는데, 운반 도중에 물이 미지근해져서 따뜻한 물도 만족스럽게 쓸 수 없었다.

교도소 측과 합의한 다음 날 아침부터 목욕실 개조 공사가 시작되었다. 목욕실 칸막이벽을 헐어 네 개였던 욕실을 두 개로 만들어서 두 배로 넓히고, 욕조에 찬물을 가득 채우면 취사장 보일러에서 파이프로 뜨거운 증기를 보내 온수를 데우도록 했다. 그리고 목욕은 1주일에 한 번, 한 사람당 30분씩 천천히 할 수 있게 되었다.

이 목욕 개선은 우리에게 무엇보다도 기쁜 성과였다. 그 이후로 우리에게는 목욕이 즐거운 일과, 아니 '주과'가 되어 선생님들도 목욕 날을 즐거운 마음으로 기다렸다.

다만 6사 선생님들은 모두가 매일 냉수마찰을 하고 계셨다. 아무리 추운 날이라도 아침마다 30분이나 한 시간 일찍 일어나 실내에서 구보나 맨손체조를 한 다음 광목이라고 부르는 목면 수건으로 냉수마찰이나 건포마찰을 하셨다. 자신의 건강은 스스로 챙겨야 하는 힘든 징역살이기에 모두가 열심히 노력하셨다. 그래서 목욕은 매일 하는 거나 마찬가지였지만 그래도 따뜻한 물로 온몸을 씻는 목욕은 기분 좋은 일이었다.

운동장 칸막이벽을 걷어 내 달라는 요구는 법무부 교정국의 특별 허가가 없으면 할 수 없다며 결국 실현되지 않았다. 그러나 서옥열 선생님이 가져온 조건, 즉 4등식 밑바닥을 두껍게 하여 실질적으로 3등식으로 바꾼 것과 목욕실 개선이 받아들여진 것은 큰 승리였다.

그리고 여기에 또 하나 마지막 요구 사항이 있었다. 그것은 단식을 중단하고 복식할 때 죽을 지급해 달라는 내용이었다. 이 요구도 받아들여져서 우리는 약해진 위장에 금싸라기 같은 귀중한 죽을 천천히 흘려 넣을 수 있었다.

단식투쟁에서 승리한 우리는 기분이 좋아서 다음 날 아침부터는 모두가 싱글벙글 들뜬 마음이었다. 노인과 병약한 선생님들도 끝까지 함께 싸웠다는 뿌듯한 마음에 얼굴에는 상쾌함이 가득했다.

투쟁에 승리하자 모두 밝아지고 복도를 지나가면서 서로 말을 걸거나 이야기를 나눌 때 웃음소리도 터져 나왔다. 1970년대 크게 탄압받던 시기가 아주 옛날 일처럼 느껴졌다.

타전

|

사상 전향 공작 테러가 자행되던 때나 탄압이 심했던 시기에는 옆방하고 통방하거나 약이나 음식물을 주고받는 일이 엄히 금지되었다. 모든 것이 금지되던 그 시절 특별 사동의 의사전달 수단은 바둑돌 같은 것으로 벽을 두드려 정보를 전달하는 '타전'이었다. 내가 대전에 이감됐을 때는 타전이 거의 쓰이지 않았지만 장기수 선생님들은 당시에도 빠르고 정확하게 두드릴 수 있었다.

말로 주고받을 수 없을 때 정보나 의사를 전달하는 타전은 유일하고도 중요한 연락 수단이었다. 돌로 벽을 톡톡 두드리는 소리, 조금 길게 긁는 소리, 그리고 벽을 삐걱 깎는 소리. 이런 세 가지 소리로 자음과 모음을 짜맞추는데, 능숙한 사람은 보통 말하는 속도 못지않게 빠르게 전달할 수 있었다.

타전은 교도관 몰래 해야 하므로 주로 한밤중에 하는 경우가 많았다. 어떤 방 사람이 옆방으로 전달할 때는 두 방 사이를 가르는 벽을 툭툭 치면 되는데, 6사 전체에 한꺼번에 알릴 필요가 있을 때는 방과 방 사이 벽이 아니라 변소 바깥 수십 미터 길이의 외벽을 두드린다. 여기를 두드리면 단번에 대여섯 개 방까지 전달할 수 있으니 굳이 각 방에 전하지 않아도 된다. 말하자면 방마다 두드리는 것은 완행열차고 외벽을 두드리는 것은 급행열차다. 나도 몇 번 타전을 배운 적이 있었으나 쓸 기회도 없어 거의 잊어버리고 말았다. 특사에는 타전 말고도 '수화'라는 전달 방법이 있는데 수화는 앞서 언급한 바와 같다 (37쪽 참조).

만세 반공법과
무전기 사건
|

특별사동에는 가끔 별난 사람이 들어올 때가 있다. 일반 범죄로 붙잡혔는데도 경찰의 고문을 견디지 못하고 "김일성 만세"를 외친 탓에 일반 범죄뿐만 아니라 반공법 위반까지 추가되어 들어오는 경우가 종종 있었다. 이들이 경찰 조사 때 "김일성 만세"를 외치는 것은 물론 진심에서가 아니라 만세를 부름으로써 국가보안법 사범 취급을 받아 조금이라도 가혹한 고문을 면하고 정중한 처우를 받기 위해서였

다. 그렇다고 만세를 외친 사람이 모두 급조된 국가보안법수(국가보안법 수형자)가 될 수 있는 것도 아니어서, 경찰관이나 교도관들에게 "이 새끼, 빨갱이도 아니면서 만세를 외쳐!"라는 말을 듣고 오히려 그전보다 더 심하게 폭행당하는 일도 흔했다.

어쩌다가 만세가 효과를 거두어 '반공법 위반'죄가 죄명에 추가된 사람은 일단은 성공한 셈이지만, 그 대신 그만큼 추가 형을 받게 되어 징역살이를 더 오래 살아야 한다. 그럼에도 눈앞의 고문을 면하려고 형기의 길고 짧음을 고려하지 않고 만세를 부르는 사람이 제법 있었다. 그런 사람이 특사에 들어오면 장기수 선생님들은 그래도 그 사람을 동료로 받아들여 '○○ 선생님'이라고 존댓말을 쓰며 따뜻하게 대했다.

내가 대전 6사에 들어가기 훨씬 전의 일이지만 그런 사람이 6사 끝 방에 있었다고 한다. 어느 날 그가 밤중에 눈을 떠 보니 옆방에서 '투투', '통통' 하는 소리가 들려왔다. 귀를 기울여 보니 틀림없이 무전기를 두드리는 소리였다. 놀란 그는 큰 소리로 "6사에서 무전기로 통신하고 있다!" 하고 담당에게 알렸다. 정작 놀란 이는 선생님들이었다. 일반수 출신 국가보안법수가 '콧기름'을 발랐으니(밀고했다는 뜻) 말이다.

본무 담당이 황급히 보안과에 연락하여 보안과장 이하 교도관들이 6사로 달려왔다. 그리고 "무전기를 내놓아라" 하고 요구했다. 그러나 아무리 방을 뒤져도 무전기가 나올 리 없었다. 어쩔 수 없이 선생님들은 타전으로 신호를 보냈음을 시인했는데 교도소 측은 믿으려하지 않았다. 그래서 시범을 보인다며 보안과장이 작성한 문장을 한 사람이 두드리고 그것을 다른 방 사람이 받게 했더니 한 마디도 틀리지 않고 그대로 전달되지 않는가! 이에 교도관들도 놀랐다. 결국 앞으로는 타전을 하지 말라는 엄명이 내려짐으로써 그 사건은 일단락되었지만 그 정도로 물러날 선생님들이 아니라서 그 후에도 비밀리에 타전은 계속되었다.

그러나 이 타전도 사람에 따라 이해가 빠른 사람이 있는가 하면 그렇지 않은 사람도 있었다. 나중에 내가 대구교도소로 이감되어 알게 된 남일만 선생님은 이런 이야기를 나에게 해 주셨다.

남 선생님이 전에 대전 6사에 계셨을 때 옆방에 타전하는데 옆방에 있던 김선명 선생님이 좀처럼 알아듣지 못해, 몇 번 쳐도 '한 번 더', '한 번 더' 하고 요구했다고 한다. 그렇게 여러 번 치다가 그들은 담당에게 들켜서 보안과로 끌려갔다. 험악했던 시절 자칫하면 추가형을 받을 수도 있었다. 그러나 당국이 전향서를 쓰면 눈감아 주겠다고 하여 남일만 선생님 한 분만 전향서를 썼다고 한다. 남 선생님은 "김선명 선생이 잘 알아듣지 못해서 내가 걸린 것"이라고 웃으며 말하셨다.

나는 모리무라 세이이치라는 일본 작가가 쓴 《악마의 포식》(1988)이라는 책을 옥중에서 읽은 적이 있다. '731부대'에 관한 책으로 수많은 중국 사람이 731부대에 붙잡혀서 '마루타(통나무)'라고 불리며 생체실험 재료로 쓰였다는 내용이었다. 그 작가는 "희생자들은 한 사람씩 격리되어 수용되었는데도 어떤 방법을 썼는지, 정보가 전달되어 모두가 정확하게 정보를 공유하고 있었다. 이것은 이해할 수 없는 일이었다"라고 썼는데, 나는 이것을 읽자마자 바로 타전임을 알 수 있었다. 독방에 갇힌 사람들은 타전으로 정보를 교환하고 있었다.

김대수 박사님

|

전향 공작 테러가 기승을 부리던 당시는 병에 걸려도 의무과에 가기가 쉽지 않았다. 하루에 갈 수 있는 인원에 제한도 있었고 데리러 오지 않을 때도 있었다. 건강이 나빠져서 치료받고 싶어도 자기보다 병약한 사람들 때문에 양보해야 하는 경우도 있었다.

당시 대전 의무과에는 김대수 박사님이 출역하고 계셨다. 김 박사님은 전직 경북대 의대 교수였다. 나는 일본에 있을 때 김 박사님 사건에 관한 신문 기사를 읽은 기억이 있었는데 대전에서 만나게 될 줄은 몰랐다.

김 박사님 사건이란 생이별한 동생이 북한에서 사선을 넘어 대구에 있는 박사님 집을 찾아왔다는 내용으로 기억한다. 김 박사님은 진보적이고 인정이 많았다. 내 기억이 맞는다면 세브란스의전을 나와 연세대 총장 딸과 결혼해 앞길이 유망한 엘리트였다. 그런 김 박사님도 그 사건으로 15년 형을 받고 감옥살이를 하는 중이었다.

김 박사님은 일반수들에게도 평판이 좋았다. 누구에게나 자상하고 어떤 치료든 정성으로 해 주는 따뜻한 마음씨에 일반수들도 친밀감을 느꼈다. 물론 박사님의 애정은 6사 사람들에게도 마찬가지였다. 아니, 6사 선생님들에게는 더 각별히 따뜻했다.

당시 교도소에서는 사회에서 의원을 개업한 동네 의사가 의무과장으로 초빙되어 왔는데 아주 의무적으로 일주일에 한두 번 정도 출근하여 형식적으로 의사 노릇을 할 뿐, 실질적 치료는 김대수 박사님과 의무과 부장이 담당했다.

여간 특별한 일이 없는 한, 6사 사람들은 김대수 박사님이 맡아서 정성스레 치료해 주시고 좋은 약을 내주셨다. 특사 선생님들의 건강에 관해서는 박사님의 공헌이 절대적으로 컸다 해도 과언이 아니다. 실제로 "김대수 박사님이 계시지 않았다면 벌써 죽었을 것"이라는 말을 여러 번 들었다.

김 박사님은 치료와 함께 6사 선생님들에게 다양한 사회 정보를 제공해 주시기도 했다. 선생님들이 의무과에 가서 받아 오는 것은 단순히 약만이 아니라 귀중한 사회 소식이었다. 김 박사님은 어떤 때는 작은 목소리로 소곤소곤하고, 어떤 때는 혼잣말하듯 하면서 6사 사람들이 알기 어려운 소식을 전해 주셨다.

내가 6사에 와서 처음으로 의무과에 갔을 때 "박사님 사건을 일본 신문에서 읽은 적이 있습니다. 여기서 뵙게 되어 반갑습니다" 하고 인사하자 박사님은 미소 띤 얼굴로 "사형수였다고요? 고생 많았지요?" 하고 위로해 주셨다.

김동기 선생님의 말
|
언젠가 김동기 선생님이 이런 말을 하셨다.

전향 공작 때문에 가끔 교무과로 불려 가는데, 어느 날인가 우연히 남북 축구 경기를 본 적이 있었다. 응원하는 관객들은 남북 양 팀을 사이좋게 응원하고 경기가 끝나면 남북 선수들이 서로 악수하고 껴 안으며 서로의 건투를 치하했다. 그 자체는 확실히 아름다운 광경이고 같은 민족끼리 승패는 그다지 문제가 되지 않을지도 모른다.

그러나 자기가 석방되어 북으로 돌아가 축구팀 감독이나 선수들을 만날 기회가 있다면 "당신들은 '무슨 일이 있더라도 남한에만은 제발 이겨 달라'는 간절한 마음으로 경기를 지켜보는 사람이 있다는 것을 생각해 본 적이 있는가?"라고 한번 물어보고 싶다.

징역살이 수십 년 동안 남한의 혹독한 탄압을 견디며 오로지 공화국의 발전과 조국 통일을 염원해 온 그들에게 남북 간 축구는 단순한 경기가 아니다. 남측에 승리함으로써 용기를 얻어 끝없이 계속되는 길고 험한 징역살이를 살아가는 양식이 되며, 무자비한 전향 공작 테러도 견뎌 낼 수 있다. 그러나 북 팀이 남한에 지기라도 하면 너무 분해서 밤잠도 이루지 못하고, 만약 형편없이 지기라도 하면 마치 자신의 목숨이 깎여 나가는 것만 같다는 뜻이다.

어떤 사람은 말할지도 모른다. 운동경기니까 이기고 지는 것은 있을 수 있는 일이고, 졌다고 해서 화낼 일도 아니라고. 그러나 남북 대립의 틈바구니에서 목숨을 걸고 사는 사람들에게는 이런 운동경기가 사활을 걸 만큼 중요하다.

검방

|

6사만의 이야기는 아니지만 보안과 직원들이 '검방'이라며 가끔 한 번씩 방을 검사하러 온다. 그때 운 나쁘게 숨겨 둔 바늘이나 유리 조각, 볼펜 등을 들키면 두말없이 몰수당한다. 특히 볼펜 같은 것이 나오면 보안과에 불려 가 출처를 추궁받기도 한다.

누군가가 숨겨 둔 생활필수품을 빼앗겨서 항의하는 소리가 들리거나 말다툼이 벌어지면 나는 가끔 식구통에서 "담당님, 그런 것까지 뺏어 갈 필요는 없잖아, 별것도 아닌데. 여기서는 그런 것도 필요하단 말이야" 하고 소리치기도 했다.

하루는 내가 운동하고 있는데 보안과 교도관 여러 명이 검방을 하러 왔다. 내가 운동장에서 팔짱을 끼고 검방 나온 담당들을 보며 서 있는데, 그들은 소지들의 방을 뒤져서 소품함으로 쓰던 골판지 상자를 몰수해 가려고 했다.

그러자 소지들이 "담당님, 이 상자는 작은 물품을 넣어 두는 데 필요합니다. 제발 좀 봐주세요" 하고 간곡히 애원했다. 그러나 담당은 "이 새끼가 말이 많아. 안 된다고 하면 안 되는 거다" 하고 들어주지 않았다.

나는 운동장에서 그 광경을 보다가 화가 나서 "어이, 담당. 소지가 그렇게 부탁하는데 가져갈 것까지는 없잖아. 까짓것 골판지 상자 하나쯤 봐주지. 보안상 문제가 있는 것도 아닌데"라고 노려보며 말했다. 그러자 젊은 담당이 나에게 오더니 "너는 도대체 뭔데 그따위 소리를 지껄이는 거야?"라고 말했다.

이번에는 내가 "뭐라고? 나이도 어린 담당이 건방진 소리 하는 거 아니야! 너희는 매일 소지들한테 우유나 비타민제 같은 걸 상납받고 뜯어먹고 있잖아. 골판지 하나쯤 봐주면 어떠냐 말이다" 하고 소리 질렀다.

그 젊은 교도관과 내 사이가 험악해지자 근처에 있던 다른 교도관이 다가와 젊은 담당을 제지하면서 뭔가 귓속말하더니 그들은 다른 방으로 갔다. 그들은 내 방은 검방 하지 않고 다른 방을 뒤지는 척하다가 아무 일도 없었던 듯 가 버렸다. 나는 여전히 화가 풀리지 않았지만 소지들은 되찾은 골판지 상자에 소품을 넣으면서 미소 띤 얼굴로 고맙다고 인사했다.

톱밥 김치 사건

|

어느 날 식사하는데 김치 안에서 뭔가 이상한 것이 씹혔다. 물로 씻어 보니 작은 톱밥 같은 나뭇조각 여러 개가 나왔다. 나는 톱밥이 섞인 김치를 교도소가 납품받았다고 판단하여 6사 선생님들한테 "이것은 중대한 사건이니까 문제 삼아야 합니다"라고 제의했다. 그러나 선생님들은 왠지 별로 내키지 않아 했다.

그래서 나는 소리를 질러서 5사 사람들에게도 연락했다. 6사에서는 남민전의 임동규 선생님, 박석률 선생님이 동조해 주었다.

그 뒤 나온 김치에서도 작은 나뭇조각이 많이 나와서 우리는 그것을 물에 씻어 증거품으로 확보했다.

나는 "톱밥이 섞인 김치를 먹이다니 그냥 넘어갈 수 없다. 당장 용도과장과 소장 면담을 요구한다"라고 주장했다. 나는 이 문제를 운동장 벽을 걷어 내는 것과 연결해 실리를 얻으려고 생각했다. 임동규 선생님은 법무부 장관에게 청원서를 쓰자고 주장했으나 우리는 청원서보다 6사의 실리를 챙기는 쪽이 낫다고 판단하여 내 주장대로 운동장 벽 문제를 거론하기로 정했다.

며칠 지나지 않아 보안과 계장과 용도과 부장이 와서 "톱밥이 섞일 리가 없으니 생트집을 잡지 마라" 했으나, 우리는 증거도 있어서 "거짓말하지 마라" 하고 주장을 바꾸지 않았다.

5사에서도 이강철 씨 등이 김치를 물에 씻었더니 톱밥이 나와서 보관하고 있다고 했다.

얼마 후 보안과로 불려 갔더니 용도과 부장이 있었다. 용도과 부장은 "톱밥이 섞이다니, 그런 일은 있을 수 없다. 납품 시에 엄격하게 검사하고 세심한 주의를 기울이고 있다. 톱밥으로 보인 나뭇조각은 칼로 김치를 썰 때 도마 표면이 잘게 잘려서 혼입된 것이다"라고 설명했다.

내가 그런 말은 믿을 수 없다고 하자, 그들은 지금 같이 가서 확인해 보자고 했다. 나는 어쩔 수 없이 따라갔다. 취사장에 들어가니 김치가 꽉 찬 드럼통 여러 개가 있었고, 용도과장이 그중 하나를 취사장 바닥에 밀어 엎었다. 김치가 콘크리트 바닥에 쏟아졌다. 그리고 "자, 잘 봐. 톱밥 같은 것은 전혀 섞여 있지 않아. 네 눈으로 직접 확인해 봐"라고 했다. 내가 아무리 살펴보아도 정말로 톱밥은 찾아볼 수 없었다. 과장은 이번에는 도마가 있는 곳으로 나를 데리고 갔다. 도마는 처음 봤는데 길고 넓은 나무판자로, 한쪽에 두 명씩, 총 네 명이 서로 마주 보며 각자 양손에 든 식칼로 배추김치를 마구 잘랐다. 자른 김치는 식칼로 쓸어 도마 밑에 있는 커다란 양동이에 떨어뜨렸다. 도마 중심부는 마모되어 움푹 파여 있었다. 용도과장이 스스로 식칼을 잡고 도마 위를 쓸자 도마에서 나온 나뭇조각이 무수히 떨어졌다.

용도과장이 "취사장은 식사 준비로 바빠서 채소나 김치를 자르고는 이렇게 옆으로 쓸어 버리니까 그때 작은 나뭇조각들이 혼입될 수 있다"라고 설명했다. 나는 속으로 정말 톱밥은 아니었구나 하고 괜히 헛된 소란을 피운 것 같은 기분이 들었다.

그러나 내 체면도 있으니 순순히 물러설 수도 없었다. "우리한테는 교도소 식사가 유일한 영양원인데 이런 비위생적 음식을 지급하는 것은 문제"라고 억지로 항의하자, 과장은 "도마를 새것으로 바꾸고 가끔 대패질도 해서 나무토막이 섞이지 않도록 주의하겠다"라고 약속했다. 나의 힘 빠진 표정을 알아차렸는지 용도과장은 조금 전에 드럼통에서 꺼낸 김치를 양동이에 가득 담더니 "6사에 가져가서 나눠 먹으라며 담당에게 나르도록 지시했다. 나는 어쩔 수 없이 힘없이 돌아가서 "선생님들! 톱밥 사건은 판명되었습니다. 그것은 톱밥이 아니라 도마의 나뭇조각이었습니다"라고 보고했다. 사동은 기침 소리 하나 없이 조용하기만 했다.

이튿날 어느 선생님이 "이철 선생님, 어제는 취사장에 따라가지 말았어야 합니다. 따라가니까 졌지 않습니까?" 하고 미소 지으며 말씀하셨다. 우리가 요구한 운동장 확장 문제도 법무부 장관 청원서도 양동이 김치 한 통과 맞바꾸는 것으로 허무하게 끝나고 말았다. 나로

서는 뒷맛이 떫은 김치 사건이었으나 지금 돌이켜 생각하면 우습기
도 하고 어이도 없어 나도 모르게 웃음이 나온다. 뭐 길고 긴 징역살
이다. 이런 일 하나쯤은 있는 법이지.

전향서와 감형
|
1981년 8·15에 큰 특사가 있을 거라는 소문이 자자했다. 나는 그동
안 전향서 쓰기를 거부해 왔으나 우리 가족들은 쓰고 나갈 수만 있다
면 쓰고 나가자는 생각이었다. 전향서에는 한마디로 '나는 북한을 지
지하는 사람이 아니며 공산주의 사상에도 반대한다. 대한민국 국민
으로서 국가에 충성한다' 등의 내용을 써서 심사받는다.

조만조 어머니와 민향숙이 접견하러 와서 "이번에는 틀림없다. 이
번에는 재일동포 양심수 전원이 특사 대상이 된다"라며, 쓰고 나가자
고 했다. 교회사들도 설득에 나서, 나는 고병택, 정승연 선생님과 함
께 전향서를 쓰기로 했다.

그러나 8·15 특사는 결국 내 곁을 스쳐 지나가고 말았다. 그 특사
로 유기형이었던 사람들은 출소하였으나 무기형이었던 나는 징역 20
년 형으로 감형되었다. 나는 "출소한다고 하니까 전향서를 썼다. 감
형은 거부하며 전향서는 무효다"라고 항의하였으나, 민향숙과 조만
조 어머니가 접견하러 와서 "이번에는 아쉽게 되었으나 다음 기회를
기다리자"라고 환한 표정으로 말했다.

내가 전향서를 쓴 뒤 교무과에서는 특별 면회도 허가하고 사회 참

관을 보내 주기도 했으나, 그들은 어떻게든 나를 6사에서 떼어 내려고 했다. 나는 그들의 의향 따위는 무시하고 계속해서 6사에 눌러앉아 있었는데, 몇 달이 지난 어느 날 부소장실로 불려 갔다. 부소장은 "이번에 서화반을 교무과 안에서 떼어 내어 서화반을 위한 넓은 작업장을 새로 마련하려고 한다. 거기에는 서화용 책상도 새로 만들고 연탄난로도 넣을 것이며 또 서예를 가르쳐 주는 선생님도 밖에서 모셔올 계획이니, 이 기회에 서화반에 나가서 서예 공부나 하는 것이 어떤가" 했다.

나도 전향서를 쓴 이상 비전향을 고수하는 6사 선생님들과 함께 있는 것이 약간 부담이 되기도 했고, 서화반의 신영복 선생님도 서화반에 온다면 환영한다고 해 주셔서 6사를 떠나기로 결심했다.

대전교도소 서화반 시절

1981 11
1985 07

삼청교육대

|

1979년 12월 12일 전두환이 쿠데타로 정권을 탈취한 뒤 한국 사회에는 파쇼의 폭풍이 몰아치고 있었다.

전두환 일당은 사회보호법(1981)을 만들어 불량배들을 사회에 적응하게 재교육한다는 명목으로 사람들을 마구 붙잡아 '삼청교육대'에 보냈다. 잡아 온 사람들을 전국 26개 군부대에 수용했다가 나중에는 경북 청송감호소로 보냈다. 주로 폭력배나 범죄자가 많았지만, 그중에는 평범한 시민이나 민주 인사도 많았다고 한다. 술집에서 한잔하다가 조금이라도 사회에 관해 불평하면 즉시 경찰이나 군인이 와서 연행하여 군부대나 감호소에 집어넣었다. 공포정치 그 자체였다.

삼청교육대에 수감되면 군인들이 삼엄하게 감시하는 속에서 철저하게 군대식 육체 훈련을 받아야 했다. 조금이라도 반항하면 폭행당하거나 특별한 징벌방에 가둔다는 소문도 있었다. 어떤 폭력배는 반항하다가 밧줄로 묶인 채 지프차에 끌려다니다 죽었다는 소문도 있었다.

또 당시 일반수들이 두려워한 '사회보호법에 의한 보호감호조치'가 있었는데, 어떤 죄를 지어 재판받을 때 단순히 '징역 3년'이라고만 선고되면 3년간 징역살이만 마치면 바로 출소할 수 있으나, 선고 때 '징역 3년에 보호감호 5년'이라고 선고되면 그 사람은 3년 형기를 마친 뒤에 청송감호소에 가서 5년 구금 생활을 더 살아야 했다. 그래서 일반수들은 판결문에 '보호감호'가 선고되지 않을까 두려워했다.

또 이른바 '사회안전법*'에 따라 비전향 정치범을 가두기 위해 1978년에 '청주보안감호소'를 만들었는데, 비전향을 고수하며 만기가 된 사람들이 그곳으로 보내졌다. 그들 가운데는 7년 형을 선고받고 만기가 된 서준식 씨와 강종건 씨 등 재일동포 정치범도 있었다. 보안감호소는 감옥과 다를 바 없어서 그곳에서 출소하려면 2년마다 실시되는 심사를 통과해야 하는데, 전향서를 쓰지 않고 심사를 통과해 출소한 사람은 단 한 명도 없었다.

순화 교육
|
내가 1981년 말에 서화반으로 옮겨 가자 신영복 선생님을 비롯한 여

---

* 국가보안법 등으로 감옥에 갇혀 있던 사람들이 1970년대 초부터 만기출소 하기 시작하자 이들을 구속하기 위한 법적·제도적 장치로 마련된 법. 1975년 7월에 제정되었다. 이 법을 근거로 보안처분심의위원회가 2년마다 감호처분을 결정했다.

러 선생님이 따뜻하게 맞아 주셨다. 부소장이 말한 대로 구공탄 연탄 난로도 들어왔고 4인용 기다란 책상도 목공장에서 이내 반입되었다. 그날부터 낮에는 서화반 작업장에서 작업하고 밤에는 그 방에서 잠 자는 나날이 시작되었다.

그러자 마치 내가 서화반에 출역하기를 노린 듯, 나는 '순화 교육*'에 징집되었다. 순화 교육 같은 것은 받고 싶지 않았으나, 특사에서 나온 이상 각오했던 일이었고 또 다른 출역수들도 1년에 두 번씩 의무적으로 받으니 나도 거부할 수 없었다. 신영복 선생님이 나를 걱정하여 무조건 참으라고 충고해 주셨다.

순화 교육을 받게 된 재소자는 총 100명 정도로 전원 소대 단위로 나뉘어 중대장 한 명과 소대장 몇 명이 지휘했다. 나는 첫날 열이 있어서 중대장인 부장에게 그 말을 하러 갔더니 정강이를 걷어차여 그 자리에 주저앉고 말았다. 속으로 '이런 개새끼!' 하면서도 '어쨌든 참 아야지' 하며 죽을힘으로 이를 악물었다.

아침 점호가 끝나고 준비운동을 하면 소대마다 군가를 부르며 순화 교육장을 뛴다. 열 바퀴쯤 돌면 추운 겨울날에도 모두 땀에 흠뻑 젖는다. 각 소대장과 조교가 선두에서 뛰면서 소리친다. "군가를 부른다. 곡명은 ○○, 하나, 둘, 셋!" 하면 전원이 일제히 군가를 부른다. 노래 소리가 점차 작아지면 "소리가 작다!" 하고, 몇 번이고 반복하여 부르게 한다. 구보가 끝난 뒤에는 기합을 준다며 전원 '원산폭격'

---

* 삼청교육대식 육체 훈련을 교도소 재소자에게 1년에 두 번씩, 한 달 동안 의무적 으로 받게 한 훈련.

이나 '통닭구이'를 시킨다. 심할 때는 땅에 엎드리고 양손으로 양 발목을 잡은 자세로 포복 전진을 시키거나 밧줄을 감은 전봇대 같은 통나무를 땅에 엎드린 채 머리로 밀게 한다. 비가 와서 땅이 젖은 날에는 머리와 얼굴, 온몸이 진흙투성이가 된다.

체조할 때 실수하거나 구보하다 늦고, 낙오자가 나오거나 군가 소리가 크지 않으면 집중적으로 특별 기합을 받고, 또 반항하는 사람이 있으면 본보기로 보복을 받는다. 또 교관이 느닷없이 "저 폴이 있는 데까지 왕복, 선착순!" 하면 모두 뒤지지 않으려고 필사적으로 달려간다. 그렇게 하여 상위 열 명 안에 들지 못한 사람들은 또 한 번 똑같이 달려야 한다. 그리고 또 상위 열 명. 상위 열 명만 빠지고 나머지는 몇 번이나 왕복해야 한다.

그러나 뭐니 뭐니 해도 가장 힘들었던 것은 전봇대 같은 통나무를 열 명 정도가 어깨에 메고 왼쪽 어깨에서 오른쪽 어깨로, 또 오른쪽에서 왼쪽으로 수십 번씩 들었다 내렸다를 반복하는 '봉체조'였다. 교관의 호령에 맞춰 통나무를 들어 올리는 사람들이 동시에 한 몸이 된 듯 재빠르게 움직이지 못하면 봉의 움직임이 앞뒤에서 파도치듯 흐트러져 나중에 심한 벌을 받는다.

교관들은 군부대에서 순화 교육 방법을 배워 왔는데 보안과 중에서도 유독 악질 교도관들만 골라서 이 일을 담당하게 했다. 재소자를 괴롭혀도 아무렇지도 않은 사람들이었다. 우리는 오전과 오후에 10분간 휴식과 점심시간 한 시간을 제외하면 아침 여덟 시부터 오후 네 시까지 한 달 내내 순화 교육을 받았다.

순화 교육을 받고 서화반에 돌아오면 녹초가 되어 붓글씨 연습을 할 기력도 남아 있지 않았다. 나는 군대 경험도 없고 군가도 몰랐기 때문에 따라가느라 애를 먹었다. 그러나 나이 많은 사람들에 비하면 젊어서 그나마 다행이었다. 징역살이는 젊었을 때가 아니면 힘들다는 점을 뼈저리게 느꼈다. 노인들이 자기 아들보다 어린 교관들에게 괴롭힘을 당하거나 얼차려를 받는 것을 볼 때마다 참기 어려운 분노를 느꼈다.

순화 교육을 받으면 매주 한 번씩 감상문을 써야 하는데 반항적 내용은 모두 검열받기 때문에 아무도 속마음을 쓰려고 하지 않았다. 보복을 두려워했기 때문이다. 나도 정면으로 반항하려 하지는 않았다. 그래서 쓰는 내용은 언제나 같았다. "힘들었지만 남들에게 지지 않으려고 이를 악물고 했다"였다. 개중에는 교관들에게 아부하려고 "자신의 의식을 향상하는 데 큰 도움이 되었다. 앞으로도 적극적으로 참가하고 싶다"라고 쓰는 사람들이 있어 그때마다 앞에 불려 나가 낭독했는데, 그런 사람 중에는 꼭 국가보안법수들이 한두 명 끼어 있어 빈축을 사기도 했다.

경비교도대
|
경비교도대는 교도소 경비를 담당하는 군인으로, 경교대라고 불렀다. 무장하고 감시대나 망대에서 보초를 서는 등 본래 임무를 수행하면서 한편으론 교도관의 보조 역할을 했다.

군에 입대하여 훈련소에서 훈련받은 뒤 각 부대에 배치될 때 본래

군 임무 외에 같은 군역이라고는 하나 내무부 관할이나 법무부에 배치되는 경우가 있다. 내무부로 배치된 사람들은 경찰대 부대인 기동타격대에 편성되어 시위 등을 진압한다. 학생들이 시위할 때 방패를 들고 진압하는 전경이 바로 그들이다.

그렇다면 법무부로 가면 어디에 배치될까? 바로 교도소 경비교도대다. 이들은 원래 교도소를 지키기 위해 파견된 군인들이지만 교도소의 만성적 인력 부족과 교도관들의 과로를 조금이라도 덜기 위한 보조 요원으로도 활용되었다. 그래서 그들은 위로는 교도관들에게 혹사당하고 아래로는 재소자들에게 경시되니 늘 불만이 가득했다.

경찰에 배치된 기동대나 교도소에 배치된 경교대나 모두가 스무 살 전후 청년들이다. 개중에는 징집되어 입영한 대학생도 꽤 많았고 운동권 활동가였던 이들도 있었다. 그 학생들은 어제까지만 해도 시위에 참여했다가 오늘은 전경이 되어 시위 진압에 차출되거나 교도소에서 국사범이나 학생 사범들, 일반수들을 상대해야 하니 아이러니하기 그지없다. 특히 시위를 진압하는 사람들은 속으로는 견디기 어려워했다. 또한 경교대는 명목상 각 교도소 소장이 최고위 상관이지만 실제로는 교도관인 부장이 중대장으로 통솔하기 때문에 부장의 명령이 절대적이었다. 그것도 이들에게는 불만이었다.

어느 날 한 경교대 대원이 무슨 일 때문에 서화반을 찾아왔다. 그 청년은 작업실을 돌아보다가 "저는 문 모라고 합니다" 하고 자기소개를 했다. 경교대 대원이 자신의 이름을 밝히는 일은 드물었기 때문에 우리는 그를 친하게 대했다.

자신은 전남대 학생인데 학생운동 때문에 학교에서 쫓겨나 강제 입대되었으며, 광주의 문병란 시인이 삼촌이라고 했다. 문병란 선생님은 시인, 문학자, 교수로 널리 알려진 분이었다. 우리는 대학에서 제적될 정도로 활동했다는 그에게 흥미를 느꼈다. 그 뒤 그는 가끔 서화반에 들러 학생운동에 관해 이야기를 들려주곤 했다.

문 대원은 얼마 뒤 제대하고 떠났는데 나중에 결혼식을 올릴 때 신영복 선생님에게 주례를 부탁했다고 들었다. 2005년도 6·15 공동선언 5주년 기념 민족통일대회가 평양에서 개최되었을 때 문 씨도 남측 농민 대표 중 한 사람으로 참가했고 나 역시 해외 대표 중 한 사람으로 참가하여 그와 반갑게 재회했다.

종교 집회

|

교도소에서는 가톨릭, 기독교, 불교 등 종교마다 일주일에 한 번씩 미사나 예배 등이 열렸다. 나는 가톨릭 미사에 참석했다.

종교 집회에는 각 출역 공장에서 신자들이 몰려오는데 그중에는 '떡 신자'라고 불리는 사람도 많았다. '떡 신자'란 각 종교 후원회에서 가끔 가져와서 나누어 주는 떡(먹거리) 때문에 종교 모임에 나오는 사람들을 가리킨다. 이들은 또 기독교, 천주교, 불교 예배에 모두 나가는 경우가 많아서 우스갯소리로 '기천불교' 신자라고도 했다. 당연히 미사나 법회 자체에는 관심이 없어 교회당(教誨堂)에서도 시끌벅적하게 잡담을 나누는 이들이 많았다. 일주일 만에 다른 공장 친구들을 만나서 그동안 쌓인 이야기를 나눌 수 있으니 이들에게 교회당 집회는 스트레스를 해소하고 정보를 교환하는 소중한 장이 되었다.

내가 서화반에 출역한 지 얼마 되지 않은 어느 날, 미사 시작 전 시끄러움이 도를 넘었는지 화가 난 부장이 갑자기 제대에 오르더니 재소자를 향해 성가 책을 집어 던지며 크게 욕설을 퍼부었다. 교회당은 순식간에 조용해졌다. 악질로 소문난 그 부장에게 찍히면 보안과에 끌려가 낭패를 당하기 때문이다. 교회당은 살얼음판이 된 듯 조용해졌다. 그때 분개한 내가 일어나서 큰 소리로 항의했다.

"부장님, 조금 소란스럽다고 어떻게 그렇게 화를 내십니까. 오랜만에 친구들을 만나면 이야기 하나쯤 나누고 싶은 건 당연한 일 아닙니까. 게다가 당신은 천주교 집회 인솔자면서 다른 것도 아니고 성가 책을 집어 던진단 말입니까! 하느님을 공경하는 집회를 뭘로 생각하는 겁니까!" 이번에는 재소자들의 시선이 내게 집중되었다. 악질로 유명한 부장에게 대드는 사람이 있다니, 예상하지도 못한 일이었으리라. 내가 큰 소리로 항의한 데 가장 놀란 사람은 바로 부장이었다.

그는 얼굴을 붉히며 "넌 어느 공장에 있는 놈이냐, 앞으로 나와!" 하며 나를 연행하려 했다. "나는 서화반의 이철이란 사람"이라고 크게 대답했다.

그때 교무과 교도관이 황급히 부장에게 달려가 귓가에 대고 뭐라고 속삭이자, 부장은 쓴맛이라도 삼킨 듯한 표정을 지으며 말없이 어디론가 가 버렸다.

미사가 끝나고 각기 공장으로 퇴장할 때 이름도 모르는 몇 사람이 내 어깨를 두드리기도 하고 미소를 보내기도 했다. 모두가 '잘했다'고 하는 듯했다.

서화반으로 돌아가자 서화반 일원으로 미사에 참석했던 변 씨가 교회당에서 있었던 이야기를 자세히 했기 때문에 내가 했던 행동을 모두가 알게 되었다. 그는 "이 형이 일어서서 그 부장에게 항의했을 때는 옆에 있으면서 조마조마했다. 그러나 이름을 물었을 때 '서화반의 이철'이라고 당당히 이름을 밝힌 것은 참 대단했다. 나도 징역살이를 그렇게 살고 싶다"라고 칭찬했다.

이 작은 사건은 각 공장에서도 약간 화제가 되어 운동 시간에 몇몇 재소자로부터 인사받기도 했으나, 신영복 선생님은 그런 나에게 "이철이 정의감이 넘쳐서 항의한 것은 이해할 수 있지만, 앞으로는 여기가 특사와 다르다는 점을 알고 행동해야 한다. 아무쪼록 자중하여 경솔한 행동을 삼가라"라고 충고해 주셨다.

나도 결코 작은 영웅심 때문에 그런 행동을 하지는 않았으나 신 선생님의 따뜻한 말씀을 진심으로 받아들였다. 출역한 이상 교도관들은 절대로 특별 취급을 하지 않는다. 나는 출역한 수많은 '징역' 중한 사람에 불과하며 많은 재소자 앞에서 부장 체면을 구기면 언젠가 보복을 당하기 때문이다.

임 교도관과 송 교도관

어느 날 보안과 담당이 서화반으로 왔다. 그는 유능한 관리로 당시 보안과장의 비서 격 사무 담당자였다.

임 교도관은 예전부터 신영복 선생님이나 서화반 사람들과 친하게 지내 왔다. 그는 서화반에 와서 신 선생님과 한가하게 잡담을 나누기 시작했다. 그때 신 선생님이 임 담당에게 "이번에 서화반에 들어온 이철을 소개합니다. 앞으로 잘 부탁합니다" 하고 소개하셨기에 나도 "이철이라고 합니다. 아무것도 모르니 잘 부탁드립니다" 하고 꾸벅 고개를 숙였다. 신 선생님이 임 담당을 '여러모로 서화반 편의를 봐주시는 분'이라고 소개하였기 때문이다.

그러자 임 담당은 씩 웃으면서 농담하듯이 "이철 씨는 서화반에서는 얌전히 지낼 건가요?"라고 물었다. 내가 "무슨 말씀이지요? 저는 어디서나 얌전합니다"라고 했더니, "이철 씨는 나를 모르겠지만 나는 이철 씨를 잘 알고 있어요" 하고 다시 한번 웃었다.

"나는 보안과에 있으면서 직무상 여러 서류를 접하기 때문에 6사도 잘 알고 있고 이철 씨에 관해서도 보안과 누구보다도 잘 알고 있어요. 그전에 6사에서 검방 했을 때 소지들의 골판지 상자를 몰수하는 소동이 있었지요. 그때 운동장에 있던 이철 씨가 젊은 담당한테 시비 건 일이 있지 않았나요?"라고 말하는 게 아닌가. 나는 놀라며 그를 바라봤다. 그러자 그는 "검방 담당과 말다툼이 일어났을 때 내가 옆에 있다가 그 젊은 담당에게 '이 사람은 여러 가지로 골치 아픈 사람이니 건드리지 말고 놔 두라'고 귀띔했거든요" 하고 쾌활하게 웃었다. 나는 그 이야기를 듣는 순간 골판지 사건이 생각났다. 그때 젊은 담당에게 뭔가 귓속말한 사람이 이 사람이었다. 나와 임 담당은 그 뒤 친하게 지냈다.

어느 날 교무과에서 한 담당이 서화반에 왔는데 나는 그의 얼굴을 보고 깜짝 놀랐다. 그는 내 얼굴을 보자 의미 심장한 표정을 지었다.

그가 떠난 뒤 나는 신영복 선생님한테 물었다. "신 선생님, 어떻게 저런 악질 담당이 교무과에 배치되었습니까?" 그러자 선생님은 "왜 그러지? 저 담당님은 우리를 많이 이해해 주는 사람이야"라고 하셨다. 나는 그럴 리가 없다며 특사에서 그 담당이 임구호 씨와 말다툼을 벌이다가 내가 끼어들어서 싸움이 벌어졌고, 내가 세숫대야로 물을 퍼부은 경위를 설명했다. 그때 교도관이 지금은 교무과에 배속되어 서화반 담당이 되었다.

신영복 선생님은 나의 이런 골치 아픈 이야기를 듣고, 이철이 서화반에 와서 또 무슨 짓을 저지르지나 않을까 생각하며 마음이 놓이지 않았을지도 모른다. 그러나 나는 출역한 이상 나도 수많은 재소자 중 하나에 불과하며, 모난 돌이 정 맞는다고 생각했다. 또한 무엇보다도 수많은 일반수와 똑같이 생활하여 그들 속에 몸담아야겠다는 생각이 컸다.

이제부터는 일반수들 속에서 생활한다. 그들과 함께 살며 그들로부터 신뢰받는 사람이 되어야 한다. 그것이야말로 진정 민중 속에서 사는 길이라고 자신을 타일렀다.

일반 재소자들

|

일반수들 중에는 실로 여러 종류의 사람이 있다. 살인, 강도, 절도, 폭행, 사기, 소매치기, 월담 등도 있었고 사람을 죽이지도 않았는데 고문에 못 이겨 죽였다고 조작되어 들어온 무고한 사람도 있었다. 또

군대에서 상관을 쏘아 죽인 사람이나 명령에 불복종하여 남한산성에서 건너온 사람도 있었다.

모두가 사회에서 쫓겨나 사회 제일 밑바닥인 교도소에 모여 있었다. 법적으로는 범법자들의 집합체였다. 그러나 동시에 사회질서 밖으로 소외되고 버려진, 시대와 사회에 농락당한 피해자들이기도 했다. 그러기에 사회의 비정한 처사를 누구보다 뼈저리게 맛보고 산전수전을 다 겪어, 그들 나름대로 상대방의 마음을 냉철히 읽어 내는 독심술을 체득한 사람들이었다.

그들은 상대방이 진정으로 자기 친구인지 아닌지, 겉으로만 이해하는 척하는 사람인지, 한두 번 만남으로 순식간에 간파한다. 그러나 또 한편으로는 자기 친구가 될 만하다고 판단하면 자기 속을 드러내 보이며 친형제 이상이 될 정도로 마음 따뜻한 사람들이기도 했다.

호줏기 영감

|

내가 징역살이하던 당시 옥중에서 전설이 된 유명한 사람이 여럿 있었는데, 그중에 호줏기 영감이라고 불렸던 사람이 있었다. 그는 무려 전과 30범 정도로 알려졌다. 열몇 살이었던 일제강점기부터 감방을 들락날락했다고 하니 전과 30범이라는 말도 결코 과장은 아닌 듯하다. 아마 본인도 전과 몇 범인지 몰랐던 것은 아닐까 한다.

그의 본명은 나도 모르지만 아는 사람이 거의 없었다. 그러나 호줏기 영감이라고 하면 옥중에서 모르는 사람이 없었다. 호줏기는 호주

(濠洲) 비행기를 뜻한다.

한국전쟁 당시 호주 비행기는 왠지 사람들 사이에서 유명했던 듯하다. 사람들은 호주 비행기에 관심이 많아 누군가 하늘을 가리키며 "호줏기다!" 하고 외치면 모두가 일제히 하늘을 보았다고 한다. 이 영감(물론 당시에는 청년이었다)은 길거리에서 사냥감에 다가가서는 "호줏기다!" 하고 하늘을 보면서 가리켰다. 피해를 당하는 사람은 주로 여성들로 '호줏기' 소리에 하늘을 올려다보는 순간 그가 가방을 낚아채 쏜살같이 도망쳤다. 또 일설에는 가방을 낚아채고 호줏기처럼 잽싸게 도망가서 호줏기라는 이름이 붙었다고도 한다. 어쨌든 날치기 상습범이었지만 자신의 삶 대부분을 감방에서 보낸 이 사람도 또한 민중이었다. 그가 대전교도소에서 환갑을 맞이했을 때 당시 소장이 그를 위로하는 환갑잔치를 차려 주었다는 소문도 있었다.

그는 목욕장에서 목욕하다가 생을 마감했다. 이렇게 말하면 그가 평온하게 죽음을 맞이한 듯 들릴지 모르나, 실은 아주 비참한 사고였다. 당시 목욕탕 물은 매우 뜨거워서 몸에 끼얹지도 못할 정도였다. 그래서 우리는 세숫대야에 뜨거운 물을 떠서 수도꼭지가 있는 데 가져가서 찬물을 탄 다음에야 수건을 담가서 닦거나 몸에 끼얹었다. 그런데 목욕장에는 그 수도꼭지가 몇 개밖에 없는 것이 큰 문제였다. 모두가 앞다투어 찬물을 받으려 하니 마치 전투와도 같았다. 문자 그대로 생존 경쟁 같은 목욕 경쟁이었다. 한꺼번에 수십 명이나 되는 남자들이 발가벗고 남성 상징을 다 드러내 보인 채 양손에 세숫대야를 들고 서성거리는 모습은 너무 서글퍼서 가족이나 자식들에게는 절대 보여 주고 싶지 않은 광경이다.

다리가 약한 호줏기 영감이 뜨거운 물을 뜨려고 몸을 욕조 쪽으로 기울인 순간, 조금이라도 빨리 물을 뜨려고 한 뒷사람에게 밀려 그대로 탕 속에 빠지고 말았다. 너무 뜨거운 탕이라 아무도 뛰어들 엄두도 내지 못했고, 사람들이 도울 새도 없이 그는 전신 화상을 입고 결국 사망하고 말았다. 영감의 등을 민 사람은 일본인 수형자였다고 한다. 당시 옥중에는 가끔 일본인들이 있었는데 대부분 살인이나 마약 관계자였다.

이리하여 옥중사에 이름을 남긴 호줏기 영감은 그의 평생 거처였던 감방에서 생을 마감했다. 나는 그의 출생이나 성장 과정에 관해서는 아무것도 모르지만 그를 낳은 모친은 아들이 이렇게 박복한 생애를 보내게 될 줄 꿈에도 몰랐을 터다. 호줏기 영감 자신도 청년기에는 꿈도 많고 이상도 있었을 텐데, 그는 이 세상 불행이라는 불행은 다 맛본 뒤 거기에 더하여 비참한 죽음을 맞이했다. 아니, 죽음을 맞이했다기보다 죽임을 당했다고 해야 옳다. 아마도 그는 자신의 운명을 저주하며 자기가 무엇 때문에 태어났는지 스스로 수없이 되물었으리라.

그도 우리 민중이었으며, 호줏기 영감이야말로 몇 안 되는 전형적 유형의 민중이었다.

정향 조병호 선생님

나는 서화반에 들어간 이상 붓글씨를 열심히 배우려고 노력했다. 정향 조병호 선생님이 서예를 가르쳐 주신 것은 우리에게 행운이었다.

서화반에 들어간 지 한 달쯤 지난 어느 날 우리는 교무과장실로 불려 갔다. 가 보니 바지저고리를 입은 기품 있는 노인이 교무과장하고 이야기를 나누고 계셨는데, 그분이 바로 당시 대전 '신도안'에 사시던 정향 조병호 선생님이었다.

정향 선생님은 "여러분이 서를 배우고 싶어 한다고 해서 찾아왔다"라고 하시며 "어떤 글이라도 좋으니 각자 한 글자씩 써 보라"라고 말씀하셨다. 그래서 이명직 선생님부터 차례로 한 글자씩 쓰는데, 서예 대가가 지켜보시는 앞에서 붓을 들고 쓰려니 여간 긴장되는 게 아니었다. 모두 추운 날씨인데도 얼굴에서 땀이 났다.

전원이 다 쓰자 선생님은 "다들 잘 썼네" 하시며 "그런데 이렇게 쓰면 더 좋지 않을까" 하고 직접 붓을 잡으셨다. 우리는 대가의 붓놀림을 눈여겨 쳐다보았다. 선생님은 화선지 위에서 마치 학이 춤을 추듯, 정말 학이 하늘을 나는 듯이 자유자재로 써 내려 가셨다. 그리고 붓을 놓고 애용하시던 서양식 파이프로 살담배를 피우며 이렇게 말씀하셨다.

"교무과 직원분이 두세 번 찾아와서 교도소 사람들에게 붓글씨를 가르쳐 줄 수 없겠는가 하셨는데 나는 교도소에 가고 싶지 않다고 여태까지 거절했다. 그러나 여러분이 일반수가 아니라 국사범으로 수감된 사람들이라고 들어서 한번 만나 보려고 나왔다"라고 하셨다.

정향 선생님은 처음에는 한두 번 맛보기 정도로 가르치실 생각이었는데 우리가 진지하게 배우려 하는 자세를 보시고 마음이 바뀌신 듯했다. 그 후 선생님은 매주 한 번씩 대전교도소에 오셔서 우리에게서도를 가르쳐 주셨다.

　정향 선생님 말씀을 들으면서 우리는 선생님에 관해 많이 알게 되었다. 선생님은 여섯 살때부터 우하 민형식 선생님과 위창 오세창 선생님께 사사하며 배우셨다고 한다. 우하, 위창 두 선생님 또한 당시 명필로 세상에 이름난 분들이었다.

　정향 선생님에 관한 이야기를 다 쓰려면 아마도 책 한두 권은 쓰고도 남을 만큼 많으나, 여기서는 지면 관계상 아쉽지만 이만 줄이기로 한다.

보안사와 중앙정보부
|
내가 서화반에 들어간 지 얼마 안 있어 한 청년이 서화반으로 들어왔다.

　'남민전' 관계자인 J라는 사람이었다. 그는 원래 직업군인으로 포항 지역을 관할하는 육군 보안사령부 사령관이었다. 육군 3사관학교를 졸업했고 구속 당시 계급은 소령이었다. 그와 같은 직업군인이 어떻게 남민전 사건에 연루되었는지 자세한 내용은 모르나 남민전 간부였던 안재구 박사의 친척이었던 듯하다. 그에게 남민전 사건은 역겨운 일이었다. 이 사건으로 군인으로서 자기 장래는 완전히 무너지고 말았다.

　또 목포 출신으로 건설자재 판매회사를 운영하던 C라는 사람도 역시 서화반으로 들어왔다. 이 사람에 관해서는 특기해야 한다. C 씨는 고학력자는 아니었으나 중앙정보부에서 오랫동안 근무했다고 한다(서화반에는 참으로 다양한 사람이 들어온다!).

J 씨는 보안사, C 씨는 중앙정보부 출신이라 우리 국가보안법수들은 이들 앞에서는 일상적 대화만 나눌 뿐 불필요한 이야기는 일절 하지 않았다.

J 씨와 C 씨, 두 사람은 각자 소속한 조직 때문에 경쟁의식도 있고 대립하여 자주 말다툼했다. 곁에 있던 우리는 속으로 '또 시작했네!' 하며 그때마다 한숨을 쉬곤 했다. 우리에게는 중앙정보부든 보안사든, 위아래를 따지는 일이 재미있지 않았다.

어느 날 C 씨와 J 씨가 말다툼하다가 주먹다짐까지 벌였는데, 맞은 C 씨가 너무 억울해서 노트를 꺼내 들며 말했다. "J, 너는 ○월 ○일 이런 말을 했고 ○월 ○일에는 저런 말을 했다. 나는 이런 것들을 낱낱이 노트에 적어서 남겨 놓았다. 나는 이걸로 널 고소할 테니 각오하라!" C 씨의 말에 J 씨나 주변에 있던 우리도 놀랐다. 그 후 J 씨와 C 씨가 말다툼하는 일은 없어졌다.

음모
|

이 C 씨 경력에는 다음과 같은 특필할 이야기가 있다. 이 내용은 C 씨로부터 직접 듣기는 했으나, 확인할 방법은 없다는 점을 밝혀 둔다.

일본 '재일본조선인총연합회(총련)' 부의장으로 김병식이라는 사람이 있었다. 그는 총련 부의장 시절 남북회담 북측 대표 중 한 사람으로 회담에 참석하기 위해 북한으로 간 뒤 일본으로 돌아가지 않았다. 그리고 나중에 북한에서 국가 부주석까지 되었다고 한다. 한편으로는 총련 의장이었던 한덕수 씨와 불화 때문에 한 의장의 요청으로 북한에 억류되었다는 소문도 있다.

총련 제1부의장으로 상당한 실권을 쥐고 있던 김병식 씨의 여동생이 결혼하여 목포(?)에서 살고 있었다. 중앙정보부는 여기에 주목하여 C 씨를 김 씨 여동생의 남편으로 가장하여 일본으로 보내기로 했다. 중앙정보부에서 김 씨 여동생 결혼식 사진에서 남편 얼굴에 C 씨 얼굴 사진을 붙이고 오래된 사진처럼 세피아 색으로 화학 처리한 뒤, C 씨에게 가져가도록 했기 때문에 김병식 씨는 감쪽같이 속아 넘어갔다고 한다.

과연 김병식 씨는 완벽히 속아서 여동생의 남편과 눈물로 대면했다. C 씨를 자기 집에 머물게 하고 심지어 그를 북한으로 보내 대남 공작용 교육을 받게 했다고 한다. C 씨는 시치미 떼며 김 씨의 지시대로 움직여서 그의 신뢰를 얻는 데 성공했다. 이후에도 C 씨 말로는 여섯 번이나 북한에 갔다고 했다. 여섯 번은 과장일 수 있겠으나 적어도 몇 번은 왕래한 듯했다.

여러 차례 사선을 넘어서 오가는 사이에 C 씨는 점차 두려워져 어느 시점에 중앙정보부를 퇴직하고 고향 목포에서 회사를 경영하기 시작했다. 그는 학력이 높은 편은 아니었으나 공작원으로서 유능하고 또 장사 수완도 있었다.

C 씨가 회사를 운영했을 무렵에는 1979년 10·26 박정희 암살, 12·12 전두환 쿠데타, 다음 해 1980년 5·18 민주화운동이 일어난

격동기였는데, 당시 중앙정보부는 보안사령부 지배하에 있었다. 중앙정보부 책임자였던 김재규 부장이 박정희 대통령을 사살하여 바로 보안사령관 전두환에게 체포되었기 때문에 중앙정보부는 보안사령부에 완전히 짓눌려 있었다(당초 전두환은 중앙정보부 부장까지 겸임했다).

이후 전두환의 동료 유학성이 중앙정보부 부장이 되었는데, 그도 5·18 광주학살의 당사자다. 유학성이 있던 중앙정보부는 C 씨에게 다시 '회사(중앙정보부)'에 복귀하여 같이 일하자고 제의했다. 그러나 보안사에 지배받는 예전 회사에는 이미 옛 동료들이 거의 남아 있지 않기 때문에 C 씨는 복귀를 거부했다. 그리고 자신은 이제 나이도 많고 위험한 일을 하고 싶지 않으며, 지금은 회사 경영에만 전념하고 싶다고 했다. 그러자 그들은 "너는 자기 회사 경영에만 관심이 있고 국가 경영은 어떻게 되든 상관없단 말이냐!" 하고 호통쳤다고 한다.

그 후에도 그들이 여러 차례 권유했으나 C 씨가 그때마다 거절하자, 그들은 보복으로 C 씨 회사 장부를 뒤져서 탈세 혐의로 C 씨를 구속했다. 그들은 대전교도소에도 여러 번 찾아와 "같이 일하겠다고 하면 당장이라도 빼 준다. 잘 생각하라!"라면서 거듭해서 권유했다.

그러나 C 씨는 계속 거절해 왔다. 그런 연유로 C 씨는 유학성을 원망하여 잠자다가 한밤중에 "유학성, 개자식아!", "유학성 죽어라!" 하고 잠꼬대까지 했다. 그 뒤 C 씨가 출소하여 어떻게 되었는지는 알 길이 없다.

장동이라는 호

대전 서화반에서는 여러 명이 생활하는데 화장실이 하나밖에 없어 일 보기도 바빴다. 어느 날 내가 화장실에 가려고 하자 신영복 선생님이 웃으면서 "이철은 장똥이니까 나를 먼저 보내 줘. 난 단똥이라 시간도 안 걸린다"라고 하셨다. 그때부터 우리는 서로 "단똥 선생이 먼저!", "장똥 선생은 나중에" 하며 장난치기도 했다.

그러다가 서예 작품을 제작하는데 호가 필요하게 되었다. 나는 생각하기가 귀찮기도 하고 또 '장똥'이라는 어감도 그리 나쁘지 않아서 긴 동쪽 나라(일본은 동쪽의 긴 나라)에서 온 사람이라는 뜻에서 '길 장 자, 동녘 동 자', '장동'을 나의 호로 쓰기로 했다. 서화반 사람들은 나의 그런 호를 놀려 웃기도 하였으나 나는 개의치 않았다.

그 옛날 요순시대 순임금이 '동방에서 왔다(즉 조선에서 왔다)'고 기록되어 있듯 나도 기다란 동쪽에서 온 사람이라는 의미를 나타냈다. 그래서 내 서예 작품에는 장동이라는 낙관이 찍혀 있고 또 이 책도 '장동일지'라고 제목을 붙였다.

신영복 선생님

여기서 여러 번 등장한 신영복 선생님에 관해 간단히 언급해 보기로 한다.

내가 옥중에서 누구보다 친하게 지낸 신영복 선생님은 평소 징역살이의 의미를 깊이 생각하셨다. 그는 1968년 통일혁명당 사건으로 무기형을 받았으며, 구속 당시 육사에서 경제학을 가르치던 교관이었다. 신 선생님은 길고 긴 징역살이 동안에 무엇을 해야 하나 고민하시다가 자기는 무엇을 배워서 흡수할 것이 아니라 내 안에 있는 불필요한 것을 버려야겠다고 결심하게 되었다. 내 안에서 버려야 하는 것, 특히 인텔리로서 사고나 생활 방식, 작풍 등을 모두 버리고 스스로를 기층 계급으로 되돌려야겠다고 생각하셨다. 그리고 그는 인텔리로부터 탈피를 시도했다. 신 선생님 같은 엘리트 지식인에게 그것은 뼈를 깎는 아픔이었다. 그러나 불필요한 것을 모두 버리고 살아가면서 그의 정신은 온갖 굴레에서 해방되고 동시에 교도소 대중으로부터 두터운 신뢰를 얻게 되었다.

신 선생님은 내게 두 가지를 지적하셨다. 하나는 말소리가 크다는 것, 또 하나는 징역 보따리가 크다는 것이었다. 대수롭지 않은 지적 같으나 내게는 가슴에 박히는 충고였다.

나는 사형수 시절에는 그다지 목소리를 높여 말하지는 않았다고 생각한다. 하루하루가 한숨 섞인 나날이어서 오히려 조용히 지냈다. 그런데 무기형으로 감형되어 '죽음'에서 '생'으로 가는 길을 걷기 시작했을 때부터는 내면의 기쁨이 나도 모르게 큰 목소리로 표출되었는지도 모른다. 게다가 6사에 있던 몇 년 동안은 반항심에서, 아니면 극한 생활에서 필사적으로 요구를 관철하기 위해서라도 목소리를 높였는지 모른다. 그런 것이 서화반에 와서도 계속되었던 모양이다.

말소리가 큰 데에는 그 뒷면에 자신의 주장을 들어 달라는 바람이나 자기과시적 심리가 무의식적으로 내면 심층부에 있다는 뜻이 아닐까. 말이 언제나 사람의 내면을 드러낸다면 목소리를 높여 말하는 것이 사소하고 별문제도 아니라고 생각하는 것은 잘못이다. 그리고 말이란 항상 스스로를 합리화하기 위한 것이기 때문에 많이 할수록 그만큼 거짓도 늘어나고 스스로를 과시하게 되는 법이다. 내면이 깊은 사람이 되려면 말수를 줄이고 조용히 말해야 한다. 그리고 평소에도 그렇게 의식하지 않으면 변할 수 없다.

나는 징역 보따리가 크다는 말의 의미도 생각해 왔다. 나의 징역 보따리는 다른 사람보다 특별히 큰 편이 아니었고 불필요한 물건이 많이 들어 있지도 않았다. 서대문구치소 시절부터 남들에게 나누어 주는 일도 많아서 그만큼 물건은 많지 않았으나 그래도 신 선생님 보따리에 비하면 컸던 것이 사실이다.

신 선생님 보따리는 극단적으로 작아서 물건도 최소한만 들어 있었다. 나는 신 선생님한테 내 주머니는 큰 편이 아니라고 항변할 수도 있었지만 신 선생님 지적을 받아들여 내용물을 줄이려고 노력했다.

신 선생님은 "사막을 달리는 차는 연료를 여유 있게 준비해야겠지만 도시를 달리는 차는 그럴 필요가 없다. 주유소가 곳곳에 있지 않은가"라고 하셨다. 하기야 그렇다. 필요할 때 편지를 쓰거나 접견 때 부탁하면 얼마든지 받을 수 있다. 6사 선생님들처럼 1년에 한 번, 아니 30년에 한 번도 접견하러 오는 사람이 없다면 확실히 속옷이나 담요를 많이 확보해 놓아야 한다. 그러나 우리는 그럴 필요가 없다. 신 선생님에게 "보따리가 큰 것은 욕심이 많다는 것"이라는 말을 들은 나는 할 말이 없었다.

버린다는 것의 중요성, 그 어려움도 잘 이해하게 되었다. 사람은 굳이 모으려고 하지 않아도 방심하면 그만 어느새 물건이 쌓인다. 그리고 물건을 소유하는 버릇이 생기면 더 이상 버릴 수 없게 되고 더욱 물건이 쌓이기 마련이다.

게다가 내 보따리는 일반수들과 비교하면 역시 컸다. 금전적으로 어려운 일반수나 장기수들의 보따리는 검소했다. 나는 그들에 비하면 여전히 부자였다. 다른 가난한 사람들과 똑같이 혹은 그 이하가 되어야 한다. 그때부터 나는 음식도 남들보다 가능한 적게 먹으려고 노력했다.

내가 버려야 할 것
|
나는 가장 버려야 할 것이 무엇인지 생각했다.

신 선생님은 인텔리라는 속성을 버리려고 하셨다. 나도 일단은 인텔리에 속하는 이상 알게 모르게 몸에 밴 불필요한 인텔리적 특성들을 버려야겠다고 다짐했다. 그러나 나에게는 그보다 더 근본적으로 나의 '인생'을 지배해 온 것, 태어나면서부터 몸에 배어 모국에 와서도 버리지 못하고 간직해 온 것이 있다는 사실을 깨달았다. 그것은 무엇일까.

내가 조국에 유학 온 까닭은 민족으로서 정체성을 되찾기 위해서였다. 일본에서 태어나고 자란 나는 한국의 사정이나 문화, 사고방식 등의 차이를 아직 확실히 인식하지 못해서 처음에는 당혹스럽기도 했고 대학 친구들과 불필요한 마찰을 빚기도 했다. 나는 한국적인 것에 익숙해지려고 조금씩 노력하고는 있었으나, 그래도 일본에서 사는 동안 몸에 밴 사고방식 등이 좀처럼 불식되지 않고 뿌리 깊게 남아 있었다.

나는 옥중에 있는 동안 해야 할 과제가 있음을 깨달았다. 바로 '진정한 한국인이 되는 것', '한국의 참 민중이 되는 것'이었다.

나는 첫 번째 과제를 해결하기 위해 내 나름대로 노력해 왔다고 생각한다. 먼저 한국어를 습득하고 문화, 역사를 알아야 했다. 나는 한국어를 남들에게 뒤지지 않도록, 적어도 재일동포 중에서는 누구보다 잘해야겠다고 마음먹었다. 나는 우리나라 중고등학교 국어 교과서를 보내 달라고 했고, 박경리 선생님의《토지》나 황석영 작가의《장길산》또《태백산맥》도 읽었다. 이문구 작가의 두껍고 난해한《관촌수필》도 국어사전을 한 손에 쥐고 독파했다. 또 역사책도 여러 번 읽어서 역사도 어느 정도는 알게 되었다.

그러나 그런 것을 습득했다고 해서 진정한 한국인이 될 수 있지는 않았다. 나는 어떤 것을 보거나 들을 때 나도 모르게 일본적 척도나 사고방식과 비교했다. 무의식적으로 무언가를 판단할 때 '일본 것은 어떤가?', 어떠한 행동을 할 때 '일본에서는 어떻게 할까?' 하고 생각했다. 나는 모든 것을 일본이라는 잣대로 재고 그것과 다른 점이 있으면 부족하거나 못 미친다고 판단하는 버릇이 있었다.

그래서 나는 내 의식이 거기에 머무는 한, 일본으로부터 진정으로 해방될 수 없다고 판단하여, 모든 일본적 사물이나 판단 기준, 사고방식을 부정하고 한 번 송두리째 뽑아 버려야겠다고 생각했다.

나는 재일동포 2세로 일본에서 태어나서 자랐고 대학도 졸업했다.

태어난 지 20여 년 동안 학교와 일본 사회에서 일본적 사고방식과 행동 규범 등 모든 것을 주입받아 왔다. 이에 이의를 제기하거나 반항이라도 하면 일본 사회에서 소외되거나 따돌림받을 수도 있었다. 일본의 단일민족적 사고로 인해(실은 일본은 단일민족이 아니다!) 일본인 대부분은 가부장적 사고방식에 순종적이며 다수의 의견이나 행동에 이의를 제기하는 이들을 배척하려 든다.

그런 사회에서 우리 재일동포는 의식적으로든 무의식적으로든, 일본인들처럼 생각하고 행동하게 되었다. 그리고 이는 곧 우리의 피가 살아 숨 쉬는 우리 조상에 관한 기억, 우리의 근본인 뿌리를 잊게 했다.

"새 포도주는 새 부대에"라는 말이 있다. 새로운 사고방식을 익히려면 먼저 마음속 깊이 자리 잡은 낡은 것을 버려야 한다. 그렇지 않으면 낡은 것이 새로운 것을 거부하기 때문에 새로운 것이 들어갈 수 없다. 그래서 나는 모든 낡은 것을 버려야 비로소 새로운 것이 내 안에 들어올 수 있을 거라고 생각했다. 일본식 교육을 포함하여 일본인다운 것, 일본적 요소를 모두 버리지 않고서는 나에게 재생 가능성이란 없다고 생각했다. 그러나 누군가 내가 지향하는 '진정한 한국인'이 무엇인지 물어본다면, 나는 지금도 확실하게 대답할 수 없다. 다만 내가 이상으로 여긴 진정한 한국인은 옥중에서 알게 된 롤 모델이 다수 있고, 그분들의 삶의 태도나 사고방식, 작풍이 종합된 모습이다. 그중 한 분은 신영복 선생님이고, 다른 선생님들이다.

파란의 시대 I

1985 07
1985 12

대전에서 대구로

|

1985년 7월 14일 대전교도소에 있던 양심수 중 25명이 이감된 데 이어, 그다음 날에도 25명이 예고도 없이 대구로 이감되었다. 갑작스러운 이감이었다.

이틀 동안에 이감된 50명에는 나도 포함되었고, 나 말고도 재일동포 정치범이 6명 있었다. 또 일행 중에는 부산대 출신 김영 씨, 인하대 학생이었던 정진관 씨 등도 있었다. 정진관 씨는 인하대 캠퍼스에 세워진 이승만 동상에 밧줄을 걸어 넘어뜨린 일로 구속되었다. 또 최건석 씨도 포함되었는데, 그는 부산 출신으로 앞서 언급했듯 북으로 가려다 38선에서 국군과 총격전 끝에 체포되었다. 이감된 50명에는 참으로 다양한 사람이 있었다.

우리가 호송차로 대구교도소에 도착하자 대구의 보안과 계장이 우리를 콘크리트 바닥에 앉혀 놓고 말했다. "여기 대구교도소는 60년 전통의 중구금 교도소로 완전히 질서가 잡혀 있다. 절대로 질서를 어지럽히지 말 것! 질서를 어지럽히는 사람은 큰 불이익을 받게 될 것이다." 나는 속으로 '60년 전통이라고? 일제강점기 역사도 전통에 들어간단 말이야?'라고 생각했으나 입 밖에 내지는 않았다.

우리는 2층 방으로 배방 되었다. 50명을 한 방에 열 명씩 다섯 개 방에 수용하게끔 준비되어 있었다. 하루 전에 이감된 사람들과 인사도 하고 안부를 확인하는 데까지는 좋았으나, 비좁은 방에 열 명씩은 너무한 처우였다. 그래도 내가 들어간 방에는 김영 씨와 최건석 씨, 도쿄 출신의 강우규 선생님도 계셔서 비좁기는 해도 그런대로 쌓인 이야기들을 하며 며칠을 지냈다. 그러나 한여름이었다. 혼자 있어도 더운데 세 평 남짓한 방에 열 명씩이나 있으니 다들 짜증 나는 것은 당연했다.

우리는 각 방에서 들리는 불만의 소리를 정리하기로 했다.

우선 방의 조명이 너무 어두웠다. 또 책을 읽고 싶어도 대전에서는 열람이 허가되었던 책이 대구에서는 불허되는 경우가 있었다. 운동 시간도 너무 짧았고 접견도 원칙대로 한 달에 한 번뿐이었다. 부식(반찬)도 형편없었고 출역하고 싶어도 자기가 원하는 공장에 출역할 수 없었다. 특히 대전에서 인쇄공장에 출역했던 사람들이 같은 인쇄공장을 희망했으나 국가보안법수는 인쇄공장에 출역할 수 없다며 거부당했다.

무엇을 신청하든 모두 무시당하여 어느 하나 개선되지 않았다. 관할하는 과에 말해도 관할이 다르다며 둘러댔다. 심한 무더위 속에서 사람들의 불만은 날로 커졌다.

나는 김영 씨나 최건석 씨와 "어떤 대책을 세우지 않으면 이대로 완전히 짓눌리고 만다. 그들이 우리의 요구를 거부할 때 쓰는 '60년 전통'이니, '대구는 대구 방식으로'라는 주장을 정면에서 타파해야 한다"라고 상의했다.

교도소 측은 우리가 '미지정 방'(출역하지 않는 사람들이 있는 방)에 남아 있지 않고 빨리 출역하게 하려고 일부러 처우를 개선해 주지 않으려고 했다. 처음부터 처우를 잘해 주면 아무도 출역하려 하지 않을 테니, 쾌적하지 않은 상태 그대로 둔다면 다들 출역을 희망하리라 계산한 듯하다. 게다가 대전에서 온 우리에게 "대구는 까다롭고 어려운 곳이니 까불지 말고 얌전히 있어라"라는 협박의 뜻도 있었다.

그러나 그들은 결과적으로 잘못 판단했다. 우리의 당연한 요구를 과도하게 거부했고 또 50명이나 되는 국가보안법수들을 한 사동에 수용한 것이 애당초 잘못이었다. 한곳에 50명이나 있으면 사기는 저절로 높아지기 마련이고, 나와 최건석 씨는 동료들로부터 '잘 해결해 주겠지' 하고 기대하는 시선을 받고 있었다.

보름이 지나 7월 말이 되자 보안과 직원이 와서 출역 희망자를 파악해 갔다. 처우가 좋지 않은 미지정 방에 있기보다 출역하는 것이 출소하는 데 유리하다고 생각한 사람들은 저마다 희망하는 공장을 신청했다. 출역 희망자는 방마다 대충 네 명 정도씩 있었다.

대구 7·31 사건

|

대구에 온 지 2주일이 지난 1985년 7월 31일, 출역하는 사람들이 각

자 짐을 들고 방을 떠났다. 우리는 서로 인사를 나누며 그들과 헤어졌다. 3분의 1 정도가 출역했으니 방이 꽤 넓게 느껴졌다. 이 정도면 비좁지 않다며 모두 만족했다.

그때였다. 배방계 담당이 우리 사동에 오더니 "출역자들이 나갔으니까 다섯 개 방을 세 개로 줄이겠다. 정리될 두 개 방 사람들은 각자 다른 세 개 방으로 옮길 준비를 하라"라고 하는 게 아닌가.

우리는 분개했다. 그리고 정리되는 두 개 방 사람들에게 "일단 전방 조치에 응하지 말고 자기 방에서 절대로 나오지 마라. 우리도 들어오는 것을 거부하겠다"라고 했다. 그러고 나서 급히 김영 씨와 정진관 씨에게 우선 보안과장 면담을 신청하게 하고 그래도 철회되지 않으면 나와 최건석 씨가 소장 면담을 요구하기로 했다. 우선 1진 두 사람이 보안과장 면담 건으로 호출되어 나갔는데 호출한 사람은 과장도 아닌 계장이었다. 계장은 두 사람을 보안과 사무실로 부르기도 귀찮았는지 우리 사동의 집무실에서 면담했다. 우리는 아무 결정권도 없는 계장이 나오는 것을 보고 그들이 얼마나 성의가 없는지 알 수 있었다. 아니나 다를까 계장은 검토하겠다는 말 한마디 없이 그저 우리의 요구를 거부할 뿐이었다.

우리 일원 중에 주 씨라는 사람이 있었다. 그는 원래 일반수로 체포되었는데 경찰서에서 "김일성 만세"를 외치고 국가보안법수가 된 사람으로, 사회 밑바닥에서 자란 뒷골목 사람이었다. 징역의 '별(전과)' 수도 한두 개가 아니었다.

그런 주 씨가 "이철 형님, 계장과 협상이 잘 안되면 나와 구 씨가 밖에 있다가 입방을 거부하는 건 어떨까요?" 하고 말하여 나는 바로 동의했다. 주 씨와 구 씨 두 사람은 김영 씨와 정진관 씨가 계장과 언성을 높이며 말다툼하는 동안 복도에 나와 빈둥거렸다. 몇십 분 후 김영 씨와 정진관 씨의 요구가 계장에게 통하지 않고 결렬되자 두 사람은 울분을 참지 못하고 방으로 돌아왔다. 다섯 개 방에 있던 우리의 분노는 폭발하기 직전이었다.

계장과 주임이 재차 일방적 결정을 전하며 즉시 전방 조치에 응하라고 요구했고 동시에 복도에 있던 주 씨와 구 씨에게도 빨리 방에 들어가라고 명령했다. 그러나 두 사람은 교도소의 일방적 통보에 항의한다며 "보안과장을 불러라. 과장이 올 때까지 입방하지 않겠다"라고 주장했다.

때는 마침 저녁 배식 시간이었다. 소지들이 취사장에서 운반해 온 저녁밥을 나눠 주기 위해 큰 소리로 "배식 준비!"라고 외치고 차례로 가다밥과 부식을 식구통(배식구)으로 들여놓았다.

그때 주 씨 등을 향한 계장의 노기 띤 고함 소리가 복도에 울렸다.

"너희 끝까지 입방 거부하는 거냐!"

"입방 안 한다!"

그러자 계장이 무슨 생각을 했는지 비상벨을 눌러 버렸다. 벨 소리가 요란하게 온 사동에 울리자 사태는 순식간에 급변하기 시작했다. 곧이어 경비교도대 1개 소대가 복도에 도착하더니 주 씨와 구 씨를 연행하려고 두 사람을 덮쳤다.

두 사람은 복도에 있던 밥통과 국통을 집어 던지며 경교대를 상대로 철저항전을 벌였다. 순식간에 경교대원들의 고함 소리와 주 씨 등의 큰 외침 소리, 신음 소리가 온 사동에 가득했다.

그때였다. 누구였는지 모르지만 "사람을 죽이지 마라! 너희는 왜 재소자에게 폭력을 쓰냐!" 하는 큰 소리가 들렸다. 동시에 다섯 개 방에 있던 사람들이 일제히 일어섰다.

"폭력 교도관은 물러가라! 왜 재소자를 때리냐!"

"보안과장 나와라!"

투쟁 시작

|

이리하여 드디어 '대구 7·31 사건'이 일어나고 말았다. 기나긴 투쟁의 시작이었다. 각 방에 있던 우리는 일어서서 큰 소리로 외치며 가다밥을 손에 잡고는 던지고, 국물을 식기에 떠서는 퍼부었다. 방구석에 있던 물이 가득한 양동이를 가져와서 "이거나 먹어라!" 하고 복도에 있던 경교대원들에게 퍼붓기도 했다. 비상벨 소리는 계속 울렸고 경교대원 수는 더 많아졌다. 고함 소리와 식기로 철창을 때리는 소리는 요란하고, 방 안이나 복도는 밥과 국물, 김치와 물로 엉망이 되어 미끄러웠다. 뭔가를 던지려고 하다가 제힘에 자빠진 누군가가 신음하고 있었다. 나는 손유형 선생님이나 강우규 선생님에게는 아무것도 하지 말고 구석에 가만히 앉아 계시라고 했다. 몇 사람이 조그맣게 모여 웅크리고 있었다.

복도에 있던 주 씨와 구 씨는 기력이 다하여 쓰러진 채 군홧발로 짓밟혀 반쯤 죽은 듯했고, 곧 경교대원들한테 질질 끌려가서 우리의 시야에서 사라졌다. 우리는 아무것이나 손에 잡히는 대로 던지고 목이 쉬도록 소리치며 항의했다.

잠시 후 복도가 갑자기 조용해지더니 금대 모자에 큰 무궁화 견장을 단 보안과장이 갑자기 복도에 나타났다. 그리고 "너희, 이게 뭐 하는 짓이냐! 나는 보안과장이다. 교도소에서 이런 소란을 피워도 되는 거냐!" 하고 위압적으로 소리 질렀다. 그 순간 사동이 조용해지고 우리가 손에 쥐고 있던 식기나 밥 덩어리가 걸맞지 않게 느껴졌다.

그때, 정진관 씨가 말했다.

"네가 보안과장이냐? 자 이거나 먹어라!" 하고 손에 들고 있던 된장국을 보안과장의 면상에 끼얹었다. 된장국이 얼굴에 명중하자 과장은 격노하여 외쳤다.

"이것들을 전원 연행하라!"

각 방 자물쇠가 풀리고 경교대원들이 방으로 몰려들었다. 저항하는 사람은 그 자리에서 짓밟히고 다리나 허리, 머리 할 것 없이 군홧발로 걷어차였다. 방 안은 아수라장 그 자체였다. 끌려가다 미끄러져서 쓰러지기라도 하면 성난 대원들에게 두들겨 맞았다. 과장이 복도에 나타날 때까지는 같이 음식물을 던지고 소리 지르다가 과장이 나타나자마자 방구석에 슬그머니 앉아 "저는 아무것도 안 했어요" 하고 얌전 빼는 사람도 있었다. 경교대는 "나와! 너도 나와!" 하며 서 있던 모든 사람에게 수갑을 채우고 연행했다.

우리는 음식으로 뒤덮인 방과 복도에서 한번 미끄러지기라도 하면 성난 경교대에게 반죽음을 당할 테니 조심하면서 한 사람씩 계단을 내려갔다. 그때 내 앞에서 손 장군이 발을 헛디디고 말았다. 그러자 "이 새끼!" 하며 경교대원의 무자비한 군홧발이 손 장군 안면에 박혔고 등과 배도 여러 번 걷어차였다. 그는 비틀거리며 필사적으로 일어나려 했으나 그때마다 차이고 넘어지다가 끝내 기력도 체력도 다 떨어지고 말았다.

연행 도중에 가장 심하게 당한 사람은 정진관 씨였다. 그가 보안과장 얼굴에 된장국을 퍼부은 것을 주위에서 지켜봤기 때문에 가장 지목받았다. 그는 나보다 먼저 연행되어서 그 뒤에 어떻게 되었는지 알 수 없었으나, 연행될 때 계단을 내려가다 넘어져 그 자리에서 꽤 당한 듯했다. 그는 그때 사타구니를 걷어차여 고환이 터졌다는 소문이 돌기도 했으나 실제로는 고환에 별문제가 없었고 이가 몇 개 부러지거나 금이 갔다.

나는 연행되면서 속으로 '생각지도 않았던 일이 일어났다'는 걱정이 앞섰다. 예상하지 못한 사태의 급전개에 직면하여 무엇을 어떻게 해야 좋을지 도무지 알 수 없었다. 앞으로 어떻게 될지 불안한 마음뿐이었다.

지하실에서 폭행
|

우리는 보안과 지하실로 끌려가 거기서 수갑이 채워진 뒤 더 꼼짝 못하게 포승줄로 꽁꽁 묶였다. 연행된 사람은 모두 18명이었다. 그들은 우리에게 지하실 콘크리트 벽을 향해 무릎을 꿇게 하고 이마가 콘크리트 바닥에 닿도록 몸을 앞으로 구부리게 했다. 곧 주임인가 누군가가 "이 새끼들의 정신을 바꿔 주어라!" 하고 명령하자 뒤에 있던 경

교대원들이 우리를 군화로 걷어차고 혁대를 빼 들어 내려치기 시작했다. 여기저기서 "욱, 악!" 하는 신음 소리와 비명이 들리기 시작했다. 그들의 무기는 군화와 가죽 허리띠 그리고 경봉이었다. 머리에서 등, 허리, 엉덩이, 다리, 발 등 가리지 않고 마구 때리고 걷어찼다. 나는 이를 악물고 참았다. 그들 앞에서 신음 소리도 내지 않으려고 마음먹었다.

한여름 해 질 무렵이라 어두운 지하실에는 열기가 가득했다. 땀이 온몸에서 뿜어져 나와 목에서 이마로 얼굴을 타고 거꾸로 흘러내렸다. 얻어맞은 몸을 움직일 때마다 이마가 콘크리트 바닥에 긁혀 따끔거렸다. 손가락 하나 움직일 수 없었다. 혁대가 공기를 가르며 몸에 감기고 곤봉은 둔하고 무겁게 살에 파고들었다. 발로 차일 때마다 엉덩이가 펄쩍 튀어 올랐다가 다시 가라앉았다.

어둑어둑한 구석 쪽에서 경교대원의 큰 소리가 들려왔다.

"주, 이 새끼가 여기 있다!"

그러자 아마도 복도에서 주 씨와 구 씨에게 당한 대원 몇몇이 "뭐, 어디야?" 하며 구석 쪽으로 달려갔다.

"주, 이놈 새끼야, 아까는 우리한테 잘도 덤볐지? 오늘이 네놈의 제삿날인 줄 알아라!"

혁대를 내리치는 소리가 수십 번 울리고 숨도 못 쉴 지경이었다. 그동안 그나마 버텨 온 주 씨도 끝내 "제가 잘못했습니다, 제발 용서해 주세요" 하고 애원했다. 그러나 경교대원들은 "네놈을 죽이지 않고 놔두라고!" 하며 더 심하게 때리고 걷어찼다. 어느새 주 씨의 울음소리가 들려왔다. 나뿐만 아니라 모두가 이를 악물고 참을 수밖에 없었다. 이제 우리는 인간이 아니었다. 한낱 물체였다. 의식도 없는 그저 단순한 살덩이였다. 그들 또한 인간이 아니었다. 기계적으로 팔을 들어 올려 혁대와 곤봉을 내리치는 기계였다.

그들은 폭행하면서 우리에게 '빨갱이 새끼'니 '간첩 새끼'니 하며, "김일성한테 살려 달라고 해 봐라!"라는 등 매도하며 욕설을 퍼부었다. 18명 중 제일 연장자였던 진태윤 선생님은 아들 나이도 안 되는 애송이들한테 얻어맞고 걷어차여 몸이 엉망이 되었다. 강종헌 씨는 매맞는 사이에 눈에서 콘택트렌즈가 빠져 버려서 거의 앞을 보지 못했다. 내 바로 옆에서 매맞던 서성수 씨가 몸을 약간 비틀자 그들은 가차 없이 발길질하고 혁대를 내리쳤다. 나는 약간 그쪽으로 상체를 기울이며 작은 소리로 "힘내라" 하고 살며시 속삭였는데, 내 뒤에 있던 경교대에게 들키고 말았다. 곧 경교대원이 "이 새끼 봐라!" 하며 내 옆구리를 깊게 발로 찼다. 그때 나는 아마도 일그러진 귀신같은 표정을 지었던 듯하다. 일그러진 얼굴로 이를 악물고 참고, 참고, 또 참았다.

나는 지하실 입구 가까이에 있어서 교대로 나가는 놈들에게 한 방씩 더 많이 차였다. 그들은 교대해 가면서도 폭행을 멈추지 않았다. 나는 의식이 몽롱해져 몸을 천천히 뒤로 젖히면서 의식을 잃고 말았다.

얼마 뒤 나는 부들부들 떨면서 깨어났다. 그들이 양동이 물을 머리에 퍼부었다. 몸을 떨면서 눈을 뜨니 "무릎 꿇어!" 하고 또 발길질이 날아왔다. 나는 모두 세 번 양동이 물을 뒤집어썼다. 세 번째 기절했다가 눈뜬 나는 바닥에 뻗어 버린 몸을 더 이상 움직일 수 없었다. 어떻게 할 힘도 없었다. 나중에는 발로 차고 혁대로 내리쳐도 통증조차 느끼지 않았다. 그들에게 당하는 대로 가만히 눈을 감은 채 콘크리트 바닥에 뻗어 버렸다. 여기저기서 양동이 물을 퍼부어서 콘크리트 바닥은 흠뻑 젖어 있었다. 내 뒤통수와 등, 엉덩이, 발까지 물속에 잠긴 느낌으로, 몸의 절반이 물속에 있는 듯했다.

도대체 몇 시간 맞았는지 알 수 없었다. 시간이 흐르고 있는지 멈춰 있는지도 몰랐다. 그때 한 교도관이 황급히 달려오더니 다른 동료에게 뭔가 귓속말을 한 듯했다. 그리고 나를 발로 차며 "야, 일어나!" 하고 말했다. 내가 서서히 몸을 일으키자 너덜너덜해진 옷에서 물이 주르륵 흘렀다. 나는 다시 무릎을 꿇고 이마를 콘크리트 바닥에 비벼 댔다.

그 직후였다.

"차렷! 이상 없음!" 하는 소리가 지하실 안에 울려 퍼졌다. 나는 누군가 간부가 왔다고 짐작했다. 지하실 안이 한순간에 조용해졌다. 때리거나 발로 차던 소리가 딱 그쳤다. 나는 혹시 소장이 왔는가 생각하여 등 뒤, 입구 쪽에서 말없이 걸어오는 사람을 눈으로 좇았다. 부소장이었다. 부소장은 한마디도 하지 않고 한 바퀴 돌고는 다시 나가 버렸다. 그가 나가자 다시 폭행이 시작되었다. 그러나 이제 아무런 통증도 느끼지 않았다. 둔탁한 소리만이 몸 표면에서 들렸다. 나는 '이 자식들, 언제까지 하는 거야' 하고 생각하면서도 마음은 많이 가라앉기 시작했다. 우리가 폭행당하기 전에는 일방적으로 불리한 입장을 어떻게 해야 할지 몰랐지만 이제 그들은 우리의 소란 이상으로 폭행을 저지르고 있었다. 이성을 잃은 보안과장과 교도관들, 경교대원들 때문에 오히려 우리에게 유리한 상황이 벌어지고 있었다.

얼마나 시간이 지났을까? 또 소리가 들렸다. "차렷! 이상 없음!" 이번에는 보안과장이었다. 보안과장은 평정심을 되찾았는지 의자를 가져오게 하여 앉고는 우리를 무릎 꿇린 채 자기 쪽을 보게 했다. 그리고 "너희는 잘못을 반성했는가?" 하고 물었다.

그때 지하실 한가운데 있던 김영 씨의 목소리가 울렸다.

"보안과장님, 우리가 소란을 피운 일은 분명 지나친 것 같습니다. 그러나 이렇게까지 폭행하는 것은 너무하지 않습니까?"

그러자 과장은 또다시 이성을 잃었는지 큰 소리로 "너희는 아직 반성이 덜 됐나 보군" 하고 일어서더니 그냥 나가 버렸다. 우리는 다시 콘크리트 벽을 향해 무릎을 꿇고 이마를 바닥에 댄 채 얻어맞기 시작했다.

그러던 와중에 지하실 계단을 내려온 교무과 김 교회사가 입구 밖에 와서 교도관에게 뭔가 속삭이고는 돌아갔다. 나에게는 "죽지 않을 정도로 적당히 해 달라"라고 들렸다.

연행과 조사
|

긴 시간이 지나고 제일 먼저 주 씨가 불려 나갔다. 그리고 다음으로 구 씨가 끌려 나갔다. 보안과 담당들이 10분, 20분 간격으로 한 사람씩 데리고 나갔고, 한 번 불려 나간 사람은 다시 돌아오지 않았다. 처음에는 전혀 눈치채지 못했으나 남은 사람들이 점차 줄어들면서 나는 한 사람씩 조사받고 있다는 사실을 알게 되었다.

그 사이에 폭행은 잦아들었고 꼼짝하지 않고 가만히 있으면 걷어차이는 일도 없었다. 그들도 그만큼 때렸으니 지칠 만도 했다. 나는 언제 불려 가나 하며 기다렸지만 내 차례는 오지 않았다. 땀과 바닥에 고인 물 때문에 몸과 옷에서 냄새가 났다.

어느새 몇 사람만 남고 마지막에 김영 씨와 나만 남게 되었다. 김영 씨가 먼저 불려 갔을 때도 나는 그 의미를 알아차리지 못했다. 어쩌다 순번이 그렇게 된 거라고만 생각했다.

마지막으로 내 차례가 왔다. 나는 몇 시간 만에 천천히 겨우 일어나 납덩어리 같은 몸을 반쯤 끌면서 지하실 계단을 올라갔다. 끌려간 곳은 부소장실이었다. 시계를 보니 새벽 두 시가 넘었다. 도대체 몇 시간 지하실에 있었던 걸까? 나는 무려 여덟 시간 반이나 지났다는 사실을 금방 알아차리지는 못했다.

부소장이 직접 나를 심문하고 반성문을 쓰게 하려고 했다. 부소장은 이번 일은 나와 김영이 소란을 일으키려고 꾸민 사건으로, 이미 주 씨와 구 씨 그리고 다른 사람들도 모두 그렇게 자백하고 진술서와 반성문을 써서 관대한 처분을 바라고 있다고 했다. 그들은 나와 김영에게 초점을 맞추고 있었다.

부소장은 나에게 먼저 1단계로 보안과장 면담을 신청하고, 2단계로 주와 구에게 복도에서 난동을 부리게 하고, 3단계에서 소장을 면담하여 협상을 벌인다는 시나리오 아니었냐고 말했다. 보안과에서는 주 씨와 구 씨에게 "이번 사건은 빨갱이들이 일으킨 음모로 너희는 이용당했을 뿐이다. 솔직하게 자백하면 추가 형을 받지 않도록 해 주겠다"라고 협박했고, 추가 형을 두려워한 그들에게 있는 말, 없는 말을 다 자백받아 낸 듯했다.

나는 사전에 계획했다는 데는 모두 부인했다. 우리가 소란을 피운 까닭은 눈앞 복도에서 주 씨와 구 씨가 심하게 폭행당하는 바람에 분노가 폭발했기 때문이라고 주장했다. 보는 앞에서 같은 재소자가 그렇게 폭행당하는 모습을 보면 누구나 가만히 보고만 있을 수 없다. 물론 떠들거나 물건을 집어 던진 것은 좋지 않았을지 모른다. 그러나 우리를 지하실로 끌고 가서 지옥과 같은 폭행을 가한 교도소 측은 더심한 짓을 하지 않았냐고 반박했다. 부소장은 나에게 반성문을 쓰라고 요구했으나 나는 "잘못한 쪽은 폭행을 저지른 교도소 측인데 왜내가 반성문을 써야 하는가. 당신들이야말로 써야 하는 게 아니냐"라며 거부했다. 그러고는 나는 수갑과 포승줄에 묶인 채로 어디론가 끌려갔다. 포승줄로 묶인 부위가 조금 느슨하게 되어 있던 게 그나마다행이었다.

재결집

|

나는 어느 사동의 1층 독방에 내던져졌는데 놀랍게도 18명 전원이그 사동에 있었다. 내가 마지막으로 그곳에 들어가자 여기저기서 안부를 묻는 소리가 들려왔다. 가까운 방에 최건석 씨가 있었다. 조금떨어진 방에는 김영 씨도 있었다. 동료들의 목소리를 들으니 눈물이날 듯했다.

우리가 원래 있던 방이 변소 창문 너머로 보였는데 방 안까지는 보이지 않았다. 남아 있는 사람들에게는 아무 일도 없었을까? 고령의 강우규 선생님이나 병약한 손유형 선생님이 걱정되었다. 다들 얼마나 걱정하고 있을까.

김영 씨가 "철이 형, 이제부터 어떻게 할 생각이에요?" 하고 물었다. 나는 그저 "나도 어떻게 해야 할지 모르니 각자 알아서 하는 게 좋겠어"라고 말한 뒤, 복도를 향해 큰 소리로 "나는 얻어맞은 몸이 너무 아파서 내일부터 밥을 못 먹겠다!" 하고 외쳤다. 실은 벌써 날이 바뀌어 오늘이 되어 있었다.

우리는 교도소 측의 추가 형과 징벌 협박을 뿌리치기 위해서라도 단호한 태도를 보이고, 위협받을 것이 아니라 주도권을 잡고 전개해 나가야 했다. 또 선동으로 간주되지 않으려면 섣불리 모두에게 단식 투쟁을 호소할 수도 없었다. 그래서 "난 몸이 너무 아파서 밥도 못 먹는다"라고 했다. 그랬더니 이 방 저 방에서 "나도 그렇다!", "나도 밥 못 먹겠어" 하는 소리가 들려왔다. 결국 모두가 각자의 사정으로 밥을 먹지 않기로 했다.

시간이 지나며 피로에 지친 사람들이 하나씩 잠들었는지 주위가 조용해졌다. 나도 땀과 물에 흠뻑 젖은 옷 그대로 요를 깔고 수갑과 포승줄로 묶인 채 옆으로 누웠다. 수갑을 차고 자는 게 몇 년 만일까? 사형수 시절이 생각났다. 수갑을 차고 잠자는 것쯤은 익숙했다. 다만 등에 묶인 포승줄 매듭이 등뼈에 닿아 피곤한데도 좀처럼 잠을 이루지 못하다가 어느새 깊은 잠에 빠져들었다.

단식투쟁

|

아침이 밝아 오자 기상나팔이 울려 퍼지고 점호 시간이 되었다. 그러나 우리는 방에 누운 채 점호를 무시했다. 점호하러 온 관구부장은 시찰구에서 힐끔 쳐다보고는 점호를 마치고 가 버렸다. 아침 식사가 왔으나 누구 하나 받으려 하지 않자 본무 담당은 각 방문을 열고 소지들을 시켜 아침 식사를 방에 들여다 넣으려 했다. 고소한 콩밥과 된장국 냄새가 코를 자극했다. 배가 고팠다. 그러고 보니 어제 점심을 먹은 뒤에 아무것도 먹지 않은 사실이 생각났다.

"다들 힘내자!" 우리는 서로에게 말을 걸어 일단 누구든 가족이 면회를 오면 교도소 측의 폭행을 폭로하기로 했다. 교도소 측에는 우선 우리가 원래 있던 방에 복귀할 것과 상처 입은 사람들을 치료할 것을 요구하고, 우리가 당초 요구했던 처우 개선을 요구하기로 했다.

나중에 알게 된 일이지만 우리가 일으킨 소란과 심야까지 계속된 폭행 소식은 벌써 교도소 안에 널리 퍼져 있었다. 마음을 같이하는 국가보안법수 동지들은 누구나 우리를 걱정했다.

교도소에서 벌어지는 폭행은 외부 사회에 알려지지 않는 한 묻혀 버리기 일쑤다. 그리고 사건 자체가 아무에게도 알려지지 않은 채 무마되어 패배하고 만다. 대부분 그래 왔다. 그래서 학생들이 교도소에서 어떤 행동을 할 때는 사전에 외부와 연락하여 만반의 준비를 한 다음에 시작한다. 외부로부터 도움이 없으면 좀처럼 이기기 어렵기 때문이다.

그러나 우리의 이번 사건은 그런 준비도 전혀 없이 시작되었다. 게

다가 교도소 측은 빨갱이인 좌익수들에게는 학생들과 달리 외부의 지원도 없다고 여겨 대수롭지 않게 생각했다. 그들은 학생들에게는 결코 이 정도로 끔찍한 일은 하지 않는다. 반면 빨갱이나 간첩들은 어떻게 다루든 아무 문제도 없다고 얕잡아 보았다. 그들은 대구교도소의 60년 전통을 호언장담할 만큼 자신이 있었다.

게다가 10여 년 전에 일어난 붉은 별 사건으로 대구 좌익수들은 탄압을 받아, 그 후 국가보안법수들은 불안한 나날을 보냈다. 붉은 별 사건을 계기로 좌익수들은 오랜 인내로 쌓아 온 기반을 다 빼앗겨 대구는 좌익수 불모지가 되고 말았다. 그들은 빨갱이들에게는 어떤 짓을 해도 괜찮다는 자신감이 있었다. 그동안에 얼마나 많은 좌익수가 당해 왔는지 모를 일이었다. 그 연장선상에서 이번 사건이 일어났다. 우리는 좌익수들의 자존심을 되찾아야 했다.

사태는 급하게 전개되어 갔다. 단식을 결행한 우리 몸은 상처투성이에 너덜너덜한 걸레처럼 지쳐 있었지만 사기는 높았다. 보안과 주임이나 부장이 한 번씩 방을 들여다보고는 "왜 불식하는가? 지금은 체력을 부지해야지" 하며 엉뚱한 말을 하고 돌아갔다.

교도소 측은 결코 단식이라는 말은 쓰지 않는다. 먹지 않는 데서 발생할 수 있는 예기치 못한 사태를 미리 생각하여, 먹지 않는 것은 재소자 본인의 책임이라는 점을 강조하려고 '불식'이라는 말을 썼다.

호출

|

단식을 시작한 지 이틀째인 8월 2일, 생각보다 일찍 기다리던 것이 왔다. 방문이 열리더니 "이철, 나와!" 했다. 누워 있던 나는 밖으로 나갔다. 복도로 나오자 여러 방의 시찰구에서 눈알들이 쳐다보고 있었다.

"뭔지 모르지만 갔다 올게."

나는 연출(동행) 담당의 뒤를 따라 천천히 걸어갔다. 여덟 시간 넘게 폭행당한 뒤 이틀째 단식하는 바람에 다리가 마음대로 움직이지 않았다. 천천히 한 걸음씩 걸어갔다. 불려 간 곳은 보안과장실로 과장과 부소장이 기다리고 있었다. 부소장은 자상한 척하면서 내 몸 상태를 묻고 "왜 식사를 하지 않는가" 하다가, 갑자기 "너의 약혼녀와 일본의 형님이 접견하러 왔는데 가족들에게 걱정 끼치지 않기 위해서라도 이번 일은 말하지 않겠다고 약속해 줘. 약속하지 않으면 접견을 시킬 수 없다"라고 했다.

나는 "부소장님, 여덟 시간 넘게 맞아서 몸이 이렇게 엉망이 되었는데 가족들한테 아무 말도 하지 말라니, 그건 안 되는 말씀이지요. 나는 당연히 말할 겁니다"라고 잘라 말했다.

그러자 그는 고양이 같은 목소리로 "이철, 가족한테 괜한 걱정을 끼칠 필요는 없잖아. 우리도 부하들이 좀 심했다고 생각하고 있다. 너희 요구도 들어주겠다. 약속할게. 이번 건은 우리끼리 조용히 마무리하자"라고 했다. 그러나 나는 단호하게 거절했다. 그러자 씁쓸한 표정을 짓고 있던 보안과장이 일어나더니 말했다.

"이철, 원래 너희에게 잘못이 있었잖아! 그것을 반성하기는커녕 가족한테 말하겠다니, 그럼 접견은 불허하겠다. 담당, 데리고 가서 방에 집어넣어!" 하고 소리쳤다. 보안과장은 분명히 "집어넣어!"라고 했다. 나는 "마음대로 하시오" 하고 연출 담당에게 "자, 갑시다"라며 돌아섰다. 나는 방으로 돌아가면서 내 태도가 옳았는지 되새겼다. '내가 잘못했을까? 가족에게 알리는 아주 좋은 기회였는데, 말하지 않겠다고 해 놓고 접견할 때 말해도 되는 것 아니었을까?' 하며 약간 후회하기도 했다.

방으로 돌아가자 동료들이 소식을 기다리고 있었다. 나는 "약혼자와 일본의 형이 접견하러 왔는데 이번 폭행에 관해 말하겠다고 했더니 접견이 불허되었다"라고 사실대로 전했다. 어디선가 한숨짓는 소리가 들리는 듯했다. 나는 분한 마음을 씹어 삼키며 자리에 누웠다.

재호출과 접견
|

그 뒤 30분쯤 지나서 보안과에서 다시 호출이 왔다.

이번에는 과장실에 부소장만 앉아 있었다. 부소장은 내 얼굴을 보고 "오, 이철! 걷는 것도 힘들겠구나" 하고 아양 떨 듯 말하더니 옆에 서 있는 담당에게 "뭐 하고 있어! 빨리 수갑과 포승줄을 풀어 주지 않고"라고 말했다.

그는 "네 가족에게 오늘은 접견이 안 되니까 다른 날에 다시 나와 달라고 했는데, 네 약혼자가 '왜 접견시켜 주지 않냐'고 아우성치는 거야. '이철한테 무슨 일이 있었던 게 틀림없다, 도대체 무슨 짓을 한 거냐, 폭행한 거 아니냐! 소장을 만나게 해 달라'면서 엄청 화내는 거야. 제발 약혼녀를 달래 줘. 이번 일은 서로 조용히 마무리 짓자. 내 말 알겠지?"라고 했다. 그리고 연출 담당에게 "이철을 접견실로 데리고 가" 하고 지시했다.

나는 '하늘이 도와주셨구나!' 하고 마음속 깊이 감사했다. 접견이 안 된다고 들은 순간, 민향숙은 나에게 무슨 일이 있음을 직감하여 물러서지 않고 끝까지 접견을 요구했다.

내가 비틀거리며 과장실을 나서자 두 교도관이 내 양 겨드랑이를 받치며 접견실로 데려갔다. 나는 접견실에 들어가자마자 힘없이 쓰러질 뻔했다. 교도관들이 황급히 나를 의자에 앉혔다. 유리 너머로 민향숙과 조만조 어머니 그리고 일본에서 온 형님이 보였다. 고개를 떨구고 기력도 없는 나를 보자 금방 사태를 파악한 민향숙은 첫마디에 "폭행당한 거 맞지? 언제, 무슨 일이 있었어요?" 하고 큰 소리로 잇달아 물었다.

나는 고개를 끄덕이며 7월 31일 밤에 18명의 국가보안법수가 폭행당했다고 했다. 민향숙은 "옷을 벗고 몸을 보여 주세요!" 했다. 나는 윗도리를 벗고 바지도 내려 팬티만 입은 모습을 보여 주었다. 그녀가 "등도 봐요" 했다. 나는 아무 말도 하지 않고 돌아섰다. 나도 내 몸을 보는 건 처음이었다. 온몸이 시커멓게 멍들어 있었다.

그녀는 모든 것을 알아차렸다. 내가 천천히 옷을 입는 동안 그녀는 어느새 옆에 와 있던 부소장과 주임을 향해 큰 소리로 항의했다.

"교도소에서 재소자에게 이런 끔찍한 짓을 해도 되는 거예요? 이런 일이 용납되느냐고요! 나는 서울에 돌아가면 대구교도소에서 집단 폭행이 있었다고 폭로할 거예요. 중앙정보부에도 따질 거라고!"
하며 날뛰었다.

그녀는 부소장이 무슨 변명을 하려고 해도 듣지 않고 나에게 돌아
가서 알려야 하니 자세히 들려 달라고 했다. 옆에 있던 형님은 어쩔
줄 몰라서 그저 "철이, 괜찮아?"라고 할 뿐이었다. 형님이 그녀를 달
랬으나 그녀의 분노는 가라앉지 않았다.

나는 "소 내의 처우 개선을 요구했더니 18명이 지하실에 끌려가
서 밤새도록 집단 폭행을 당했다. 지금 식사를 거부하고 이틀째 단식
하고 있다. 재일동포도 여럿 있는데 모두 체력이 한계에 달했다"라고
설명했다.

부소장이 옆에서 "그러니까 일단 복식하고 밥부터 먹자, 요구도
다 들어줄 테니 대화하자"라고 했다.

나는 "부소장이 우리 요구를 들어주겠다고 하니 약속을 지킬지 일
주일만 기다려 보자. 일주일 뒤에 다시 와 줘. 그러나 일주일 안에 약
속이 지켜지지 않으면 그때 외부에 공표하자"라고 말했다. 그녀는 알
았다고 했고, 나는 다시 교도관들의 부축을 받으며 방으로 돌아갔다.

나중에 들은 바에 따르면 접견이 끝나자 부소장은 가족들을 소장
실로 데리고 가 소장을 만나게 했다고 한다. 소장은 우리가 일방적으
로 소란을 피워서 어쩔 수 없이 진압하고 약간의 제재를 가했는데 성
난 부하들이 도가 지나쳤음을 해명했다고 한다.

승리 확신

|

방으로 돌아와 보니 사동은 조용했다. 모두 귀를 곤두세우고 있었다. 약혼녀가 접견하러 왔고 내가 연달아 두 번이나 불려 나갔기 때문에 모두 좋은 소식을 기대하며 빨리 결과를 듣고 싶어 했다. 내가 민향숙과 주고받은 이야기와 부소장이 요구를 들어주겠다고 약속한 말을 전하자 모두 마치 승리한 것처럼 기뻐했다. "잘되었다", "수고했어요" 하며 나를 위로하는 목소리에 힘이 실렸다.

우리 중에는 교도소 측의 책임을 끝까지 추궁해야 한다고 주장하는 이들이 있었을지도 모른다. 그러나 지금 우리에게는 그럴 만한 역량이 남아 있지 않았다. 일단 하나씩 실현해 나갈 수밖에 없었다.

우리의 체력은 한계에 다다랐다. 우리는 앞으로도 교도소 측 책임을 추궁해 나갈 것이고, 싸움은 아직 시작 단계였다. 교도소 측은 그때까지도 이번 사태의 심각성을 직시하지 못했다. 여태껏 수십 년 동안 그런 식으로 해 왔으니 그럴 만도 했다.

나와 김영 씨, 최건석 씨는 은밀히 대책을 논했다.

우리의 첫 번째 요구는 원래 있던 방으로 복귀였다. 거기서는 우리를 걱정하는 동료들이 불안한 마음으로 하루하루 보내고 있다. 그리고 다섯 개 방으로 복귀함으로써 우리는 단결할 수 있고 힘이 솟아오른다. 독방에서 소곤소곤 통방할 필요 없이 실내에서 당당히 의견을 교환할 수도 있다.

두 번째 요구는 상처 입은 사람들의 치료였다. 그들이 의무과에 가서 치료받게 해야 한다. 외부 병원 치료가 필요하다면 그것도 하게 해야 한다.

우리의 가장 큰 걱정거리는 정진관 씨의 안부였다. 당시만 해도 그는 고환이 파열되어 죽었다거나 중증이라는 소문이 돌았는데 곧 정확한 이야기가 전해졌다. 그는 소란 뒤 끌려갈 때 바닥이 미끄러워 넘어졌는데, 그때 온몸을 두들겨 맞아 이빨이 몇 개 빠지거나 부러지는 등 중상을 입었다. 또 머리를 직통으로 차여서 머리뼈가 조금 함몰되어 몇 바늘 꿰매야 했다고 한다. 피투성이가 된 그는 외부 병원으로 옮겨져 며칠 입원했다가 그 뒤에 우리와는 다른 사동에 수용되었다.

며칠 뒤에 다시 호출되어 가 보니, 부소장이 "이번 일을 복잡하게 하지 말고 어떻게든 대화로 해결하자"라고 했다. 내가 최건석 씨를 불러 달라고 했더니 그를 불러왔다.

우리가 "일단 부소장님 말부터 들어보자"라고 하자 부소장은 "너희의 요구 사항은 뭐냐? 요구를 들어줄 테니 단식을 중단하라"라고 했다. 우리가 요구 사항을 말하자 부소장은 "약속한다"라고 했고, 우리는 이번 사건으로 우리 가운데 아무도 처벌하지 않을 것과 복식할 때는 죽을 지급할 것도 요구 사항에 넣었다. 부소장은 모두 약속했다. 우리 요구는 일단은 받아들여졌다.

나는 마지막으로 약속 기한은 일주일이며, 일주일 뒤에 가족이 올 때까지 아무 조치도 취하지 않으면 그때는 교도소 측에 책임이 있다고 못을 박았다. 잠시 후 보안과 직원들이 찾아와 우리를 원래 있던 사동 2층 방으로 인솔해 갔다.

대구의 동지들

|

우리가 원방으로 복귀하자 방에 있던 동료들이 박수로 맞아 주었다.

걱정하던 동료들이 우리 손을 꼭 잡고 "괜찮아? 고생했어", "잘됐다, 잘됐어" 하며 기뻐하고 위로해 주었다. 우는 사람도 있었다. 나도 눈시울이 뜨거워졌다. 강우규 선생님과 손유형 선생님은 금방이라도 울음을 터뜨릴 듯한 표정이었다. 우리는 모두가 가슴이 미어졌다. 지하실에 끌려가지 않은 사람들은 "우리만 무사해서 미안하다"라며 고개를 숙였다. 우리는 "모두 무사히 돌아왔으니 신경 쓸 것 없다"라고 그들을 위로해 주었다.

방 안은 온통 축제 분위기였다. 각자 자신의 무용담을 피력하며 서로 상처를 보여 주었다. 몸이 성한 사람은 아무도 없었다. 등이나 엉덩이에는 모두 시커먼 멍이 들었고 혁대로 맞은 부위는 뱀이 감은 것처럼 검푸르게 부어 있었다.

손성수 씨가 가장 우스웠다. 눈가를 직통으로 걷어차여 왼쪽 눈 주위에 10센티미터 정도 검게 울혈이 졌다. 안구가 터져 나오지 않은 것이 정말 다행이었다. 모두 며칠 단식하는 동안에는 숨도 제대로 쉬지 못해 죽은 사람 같았는데, 원방에 돌아와서 죽을 먹자 원기가 회복된 듯했다. 우리는 오랜만에 웃음소리와 신나는 목소리로 며칠 지낼 수 있었다.

그러나 그 후 교도소 측에서는 아무런 소식이 없었다. 언제 그런 일이 있었냐는 듯 아무런 조치도 취하지 않았다. 우리는 그들의 불성실함을 새삼 실감했다. 당시 대구교도소에는 장기수인 남일만 선생님과 유정식 선생님 그리고 이름이 잘 기억나지 않는 함 선생님이 한 방에 계셨다. 남일만 선생님은 타전 에피소드를 들려주신 분으로 매우 기골이 있었다. 유정식 선생님은 1967년 축산 기술 연수를 받으러 일본에 갔을 때 총련계 인사와 접촉했다는 이유로 1975년 4월 감옥에 갇혔는데, 몇 년 전에 같은 방에 있던 사람에게 밀고당해 추가 형까지 받았다.

또 당시 대구에는 남조선민족해방전선(남민전)에 관련된 분도 여럿 계셨다. 김부섭 씨, 차성환 씨, 임규영 씨 등은 언제나 활기찬 청년들이었다. 그리고 김병권 선생님과 황금수 선생님도 계셨다.

김병권 선생님은 1995년 11월 범민련 남측 본부 간부 29명이 일제히 체포되었을 때 또다시 구속되셨다. 나는 출소한 뒤 김 선생님 부인과 서울에서 몇 번 만난 적이 있는데, 부인 말씀에 따르면 결혼해서 오늘날까지 같이 지낸 시간은 불과 몇 년뿐이며 대부분의 세월은 도피나 옥살이였다고 한숨을 쉬셨다. 선생님은 1960년 4·19 당시에는 한국사회당에서 활동하시다가 그 후 남북학생회담 추진 건으로 감옥에 들어가시고, 1968년 남조선해방전략당 사건으로 5년, 1979년도 남민전 사건으로는 10년 징역살이를 하셨다.

남민전 선생님들은 우리 같은 빨갱이가 아니라고 간주되었는지 우리보다 그나마 나은 처우를 받았다. 우리가 한 방에 여러 명 수용되었던 데 비해 같은 크기의 방에 한 명씩 계셨다. 물론 담요나 옷은 새것이 지급되었고 운동 시간도 우리보다 길었다.

그러나 처우 개선을 요구할 때는 자신보다 나은 처우를 받는 사람들을 구실로 삼지 않는다는 옥중 생활의 철칙이 있다. 우리도 당연히 우리 처우 개선은 스스로 쟁취한다고 생각했기 때문에 대전 6사에 있을 때도 결코 5사의 긴급조치나 남민전 분들의 처우를 가지고 물고 늘어지지 않았다. 그들의 처우도 그들이 옥중 투쟁을 통해서 쟁취한 것이기 때문이다.

또 그 당시 대구 병사에는 문부식 씨와 재일동포 최철교 선생님이 계셨다. 문부식 씨는 1982년 3월 부산 미국문화원 방화 사건의 주범 격이었던 분이다.

1980년 5·18 광주민중항쟁 당시 광주에는 미군 항공모함이 광주 시민들을 돕기 위해 부산 앞바다에 정박했다는 소식이 전해졌으나, 미군은 광주 시민들의 민주화운동을 무시하고 전두환 일당의 시민 학살을 묵인했다. 이 일이 1980년 12월 9일 광주 미문화원 방화 사건을 일으키고, 이어서 1982년 3월 18일 부산 미문화원 방화 사건, 4월 강원대 학생들에 의한 성조기 소각 사건 등으로 이어졌다. 이 사건들을 계기로 한국 민중운동은 미국이야말로 우리 최대의 적이라고 인식하기에 이르러, 반미·반파쇼 운동이 폭발적으로 일시에 불타올랐다. 실로 한국 변혁운동에서 특필할 만한 사건들이었다.

우리는 운동 시간에 남민전 분들과 의견을 나눌 수 있었다. 그들은 언제나 힘 있고 전투적이어서 우리가 교도소 측에 책임 문제를 추궁하지 않고 모처럼 시작한 단식을 중단한 데 불만이 있는 듯했다. 그들은 단식에 들어가면 그때야말로 일시에 문제를 해결해야지 오래 끌면 불리해진다고 했다. 그러나 우리는 생각이 달랐다. 우리의 역량으로는 이번 일을 단번에 끝맺을 수 없었다. 단번에 끝내려면 모두가 죽을 각오로 임해야 하고, 외부와 연계하는 등 우리 나름대로 사전

준비가 필요했다. 그러나 이번 사태는 예상하지 못한 일이었고, 뜻하지 않은 방향으로 한꺼번에 진행되었다. 게다가 무엇보다 우리 가운데는 이번 사건으로 혹시 소란 죄로 처벌받지 않을까 불안해하는 사람도 다수 있었다.

무엇보다도 우리는 더 이상 견딜 수 있는 상태가 아니었다. 우리는 남민전처럼 소수 정예부대도 아니고 한마음으로 단결된 집단도 아니었다. 사고방식도 다양하고 각양각색인 오합지졸이었다. 이런 무리를 더 이상 움직이기는 어려웠다. 물론 우리는 원방으로 복귀했다고 해서 문제가 해결되었다고는 전혀 생각하지 않는다. 또 기회를 봐서 책임 소재를 추궁해 갈 테니 그때는 도와 달라고 했다. 김부섭 씨와 차성환 씨, 임규영 씨도 납득하여 자신들과 상의하며 함께 싸워 나가자고 약속해 주었다.

약속한 1주일이 지나도 교도소 측은 합의 사항을 아무것도 이행하지 않았다. 실현된 것은 정진관 씨가 원방으로 복귀한 것과, 주 씨 등이 의무과에 가는 횟수가 많아진 것뿐이었다.

주 씨는 복도와 지하실에서 가장 심하게 맞았기 때문에 누가 봐도 허리뼈가 뒤틀려 있음을 알 수 있었다. 그러나 교도소 측은 외부 병원의 진료 요구조차 받아들이지 않았다. 그가 의무과로 걸어가는 모습은 가엾기 그지없었다. 100세 노인보다 더 허리를 굽혀서 애처롭게 걸었다.

민향숙의 활약

1주일이 지나서 민향숙이 조만조 어머니와 함께 접견하러 왔다. 이번에는 특별 접견이 허가되어 우리는 부소장실에서 만났다. 나는 민향숙에게 사건의 경위와 지하실에서 자행된 집단 폭행에 관해 상세히 설명하고, 그동안 불성실했던 교도소 측을 힐난했다. 그리고 오늘 서울로 돌아가는 대로 가톨릭과 개신교에서 인권운동을 하는 분들에게 자세한 내용을 알려 드리라고 했고, 신문사나 외신에도 잊지 말고 연락하도록 당부했다. 그녀는 내가 하는 말을 메모했다.

그녀는 서울로 올라가자마자 사방으로 움직였고 그 시점에 대구교도소 폭행 사건은 많은 사람에게 알려졌다. 우리는 그녀에게 얼마나 감사했는지 모른다. 민향숙 없이 우리의 승리는 없었다고 해도 과언이 아닐 정도로 그녀의 역할이 컸다. 나뿐만 아니라 '대구 7·31 사건' 관련자 모두가 입을 모아 "향숙이 누나 때문에 살았다"라고 말했다. 일본에서 형님이 접견하러 와서 그날 우연히 대구로 왔던 것인데, 그녀는 정말 큰 역할을 해 주었다.

실은 폭행당한 18명 중, 두 가족이 단식 중에 접견하러 왔었다. 그러나 이 가족들은 접견 때 놀라긴 했으나 그 자리에서 교도소 측에 항의하거나 돌아간 뒤에 폭행에 관해 폭로하는 등 구원을 위해 움직이지 않았다. 교도소 측의 "사회에 알리지 않는 것이 안에 있는 사람을 위한 일"이라든가, "소 내에서 소란을 피웠으나 본인도 반성하고 있으니 너그럽게 봐주고 있다"라는 등, 감언과 압력에 굴복하고 말았다.

1985년 민가협이 설립될 무렵의 구속자 가족들. 앞에서 두 번째 줄, 왼쪽에서 세 번째가
조만조 어머니, 가장 뒤쪽에 서 있는 여성이 민향숙 씨, 그 오른쪽에 문익환 목사가
있다.(사진 제공: 민주화운동기념사업회, 촬영: 박용수)

그러나 민향숙은 달랐다. 외부의 강력한 지원이 없으면 교도소 내
운동이 뭉개지고 만다는 사실을 잘 알고 있었다.

그녀는 평소부터 애정을 쏟아 주신 문익환 목사님을 찾아가 호소
했다. 당시 '민주통일민중운동연합'(민통련)* 의장을 맡고 계셨던 문
목사님의 대응은 빨랐다. 곧바로 관광버스를 대절하고 도시락도 수
십 명분을 예약하시며 서울에서 대구까지 항의 원정을 가도록 주선

---

* 1988년 3월 민주통일국민회의와 민중민주운동협의회가 통합하여 결성된 시민운
  동단체. 재야 민주 세력의 결집체로 등장했다. 문익환 목사가 의장을 지냈다.

해 주셨다. 그러나 그 버스 일행은 서울 시내를 벗어나기 전에 동향
을 감지한 경찰이 진로를 가로막아 저지당했다고 한다.

또 그녀는 늘 따뜻하게 대해 주신 김승훈 신부님과 김수환 추기
경님을 찾아가 "이철이 추기경님이 와 주시기를 기다리고 있습니다.
제발 도와주세요" 하고 호소했다. 그때 김 추기경님이 "내가 간다 해
도 무슨 도움이 되겠나" 하고 말씀하셔서 그녀는 크게 낙담했다고
하는데 실은 그 며칠 뒤 김 추기경님이 비서 수녀님을 대동하여 대
구교도소를 찾아 주셨다. 아쉽게도 소장이 추기경님의 접견 요구를
거부하여 실현되지는 않았지만, 우리에게 영치금을 넣어 주고 가셨
기 때문에 추기경님이 와 주셨다는 것을 알게 되어 우리는 크게 용
기를 얻었다.

민통련에 대한 항의
|

재야 활동가들이 재일동포 양심수에게 관심을 두게 된 데는 그만한
일화가 있다. 대구 7·31 사건이 일어나기 얼마 전, 정부 당국에서 비
공식적으로 민주통일민중운동연합에 석방을 원하는 구속자들의 명
단을 요구했다고 한다. 민통련에서는 남민전 관련자나 재야 활동가,
청년 학생들 명단을 제출했다는 소식이 민향숙의 귀에 들어갔다. 그
때 재일동포 양심수가 제외된 이유는 재일동포 사건이 간첩 사건이었
기 때문이라고 했다. 그 말을 들은 민향숙은 크게 화내며 혼자 민통련
사무실에 들어가 회의 중이던 그들에게 분통을 터뜨렸다고 한다.

"여러분은 민주주의를 위해 싸운다고 하는데, 당신들이 말하는 민주주의는 도대체 어떤 것입니까. 재일동포 사건이 간첩 사건이라 석방 요청 명단에서 제외했다고요? 당신들도 남산(중앙정보부)이나 서빙고(보안사)에서 고문받으면 누구든지 간첩으로 몰릴 수 있습니다. 재일동포들이 일본에서 태어나서 자란 역사적 배경이나 그들의 조국을 향한 간절한 마음도 알지 못하면서 정부 발표를 액면 그대로 믿고 재일동포들을 간첩으로 간주하다니, 당신들이 말하는 민주주의란 그런 것이오? 그런 인식밖에 못 하는 사람들이 무슨 민주화운동을 하고 민주주의를 말할 자격이 있단 말이오?" 하고 큰 소리로 항의했다고 한다.

민통련의 이름난 활동가들에게 이만한 굴욕은 없었을 것이다. 한 여성에게 정면으로 매도당했으니, 머리에 찬물을 끼얹은 듯한 느낌이 들지 않았을까. 훗날 그녀가 민통련 간부였던 C 씨 부인에게서 직접 들은 말에 따르면 C 씨는 그날 밤 집에 돌아와서도 잠을 이루지 못하고 "지금까지 해 온 운동은 도대체 무엇이었던가?" 하고 한숨을 쉬며 자문했다고 한다.

그런 일이 있고 난 뒤 민통련과 재야 운동가들의 재일동포 사건에 관한 인식이 조금씩 달라진 듯했다. 마침 그 자리에 문익환 목사님이 계시지 않아서 민향숙은 나중에 "문 목사님이 그 자리에 안 계셔서 다행이었다. 그렇지 않으면 문 목사님까지 욕할 뻔했다"라며 쾌활하게 웃었다. 어쨌든 그런 일이 있고 난 얼마 뒤에 대구 7·31 사건이 일어났다.

민주화실천가족운동협의회*와
조만조 어머니

|

당시 구속자 가족들은 각기 독자적으로 모임을 만들어서 활동해 오
다가 통합하기로 뜻을 모아 1985년 12월에 '민주화실천가족운동협
의회'(민가협)를 결성했다.

　민가협에는 청년민주인사협의회, 학생학부모협의회, 유가족협의
회 등과 함께 재일동포를 포함한 장기수협의회도 참여했다.

　민향숙과 조만조 어머니도 민가협 결성에 참여하여, 결성 후 적극
적으로 활동했다. 조만조 어머니는 사람들의 추천으로 초기에 장기
수협의회 회장을 지내다가, 나중에는 박용길 장로님, 이소선 어머니
(전태일 열사의 어머니)와 함께 민가협 공동의장을 맡기도 했다.

　민가협의 구속자 가족들은 언제나 시위와 항의 활동에 앞장서 치
열하게 싸우면서도 때로는 아들 또래 같은 기동경찰 대원들에게 다
정하게 대하며 타이르기도 했다. 구속자 가족들은 대부분 구속된 아
들딸을 생각하며 불안한 마음으로 민가협에 들어왔는데 자기와 같은
처지인 사람들을 알게 되면서 용기를 얻었다. 그들은 모든 구속자를

---

*　　1985년 12월 그동안 개별적으로 활동하던 구속자 단체들이 결집하여 창설되었
　　다. 창설 당시부터 탄압받아 결성식도 경찰에 의해 방해받았다. 회원들은 교도소
　　나 경찰서 앞에서 시위하거나 몸싸움을 벌이다 구속되거나 전경 버스에 실려 멀
　　리 떨어진 산중에 버려지기도 했다. 1992년에는 사무실이 안기부의 압수수색을
　　받기도 했다.

자기 자녀처럼 아끼고 사랑했다. 접견물을 넣어 주고 격려의 편지도 쓰며, 다른 집 자녀가 출소할 때는 교도소로 마중 나가 함께 기뻐하며 축하했다. 이러한 실천을 통해 그들은 민주화의 어머니로 성장해 갔다.

민주화운동에 관해 알지도 못하고 시골 과수원의 아주머니에 불과했던 조만조 어머니. 나와 민향숙이 구속된 뒤 비탄의 눈물로 하루하루를 보내 온 그런 어머니도 같은 처지의 가족들과 함께 대화하며 행동을 같이하면서 어느새 석방 운동 활동가로 많은 사람한테 인정받고 사랑받게 되었다.

일본에서 구원 운동을 하는 사람들이 한국에 방문할 때는 먼저 조만조 어머니를 만나서 함께 교도소에 접견하러 가거나, 민가협이나 민주 인사들을 찾아가 민주화운동에 관해 많은 이야기를 듣기도 했다. 그들은 조만조 어머니를 친근감을 담아 '재일동포의 어머니'라고 불렀다. 조만조 어머니가 일본의 구원 운동과 한국 민주화운동을 연결하는 데 이바지한 역할은 상당히 컸으며, 1988년 일본에 방문했을 때는 아사히신문의 연재 칼럼 〈사람〉에 소개되기도 했다.

실로 인간이란 역경을 스스로 극복하려고 노력함으로써 한없이 성장할 무한한 가능성을 지니고 있는 존재다.

간첩 사건을 정면 돌파
|
민향숙도 마찬가지다. 그녀도 3년 6개월의 징역살이라는 용광로에서
단련되어 새로운 사람으로 거듭났다.

민향숙은 직장에서 일하면서 여러 집회에 참여했고 민가협 항의
시위 때는 다른 회원들과 함께 최전선에 섰다. 최루탄 속을 뚫고 전
경들과 몸싸움을 벌이다 호송차에 실려 알지도 못하는 곳에 버려지
기도 했다. '백골단'이나 전경으로부터 얻어맞고 발길질당하는 일도
여러 번 있었다.

그녀는 또 대학생들이 집회에 부르면 서울 시내는 물론 지방 대학
에도 가서 호소했다.

당시만 해도 아직 '간첩 사건'이라는 표현에 사회적으로 적지 않
은 거부감이 있어 구속자 가족들은 그런 표현을 피하고 싶어 했다.
그러나 그녀 생각은 달랐다. 아무리 조작되었더라도 간첩 사건이라
고 알려진 이상, 간첩이라는 표현을 피해 갈 것이 아니라 언젠가 돌
파해야 할 벽이라면 정면으로 부딪쳐서 타파해야 한다고 생각했다.
그래서 그녀는 간첩 사건이라는 말을 망설임 없이 썼다.

그렇다. 재일동포들의 사건은 간첩 사건이다. 나도 간첩방조죄다.
그게 어쨌단 말이냐. 조국을 사랑하고 조국 통일을 바라는 사람이 간
첩으로 조작되었다면 간첩으로 조작된 사람들이야말로 진정한 애국
자가 아닌가. 까짓것 사랑하는 사람이 안에 갇혀 죽어 가는데 내가
말 못 할 게 무엇이 있겠는가. 그녀는 언제나 용감하게 말했다.

민향숙은 이철과 재일동포들의 간첩 사건이 어떻게 조작되었는지,

또 재일동포들이 얼마나 조
국과 민족을 사랑하고 조국
의 평화통일을 바라는 사람
들인지를 계속 호소하고 다
녔다. 그녀는 또한 신문, 잡
지 등의 취재도 여러 번 받
았다. 그녀에게는 사형수였
던 약혼자를 10년 넘게 기
다린다는 말이 따라다녔다.

서울대 아크로폴리스 광
장에서 민주화를 촉구하는
대학생들의 집회가 열려 이
부영 선생님과 민향숙이 불
려 가서 연단에 서게 되었

"내 약혼자, 재일동포 이철을 내놓아라!",
1986(사진 제공: 민주화운동기념사업회, 촬영:
박용수)

다. 이부영 선생님이 이야기하는 동안 그녀는 무엇을 말해야 할지 망
설였다고 한다. 그러나 이부영 선생님의 말씀이 끝날 무렵 그녀는 가
슴에 있는 생각을 그대로 솔직하게 말하기로 마음먹고 차례가 되자
일어섰다. 사실 이부영 선생님도 그녀가 많은 학생 앞에서 괜찮을까
걱정되었던 모양이다.

민향숙은 운집한 학생들에게 때로는 뜨겁게, 때로는 절절히 호소
하듯 이야기했다. 학생들은 조용히 듣고 있었다고 한다.

"제가 재일동포 사건은 간첩 사건이라고 하면 구속자 가족 중에는
'간첩'이라는 표현이 사회적으로 이미지가 좋지 않아 그런 표현을 쓰

지 말자는 사람들이 있습니다. 그러나 저는 그렇게 생각하지 않습니다. 간첩죄를 뒤집어쓰고 날조된 사람들이 얼마나 나라를 사랑하는 사람들인지, 이국땅에서 태어나서 자란 재일동포 유학생들이 분단된 조국 때문에 얼마나 가슴 아파했는지 저는 잘 알고 있습니다.

여러분은 지금까지 어떤 운동을 해 오셨나요? 분단을 극복하는 문제는 민주주의 발전과 마찬가지로 우리가 무엇보다 진지하게 생각해야 할 운동이 아닌가요?"

학생들은 모두 조용히 진지하게 듣고 있었다고 민향숙은 말했다.

"여러분이 국민학교에 들어가기 전부터 이철 씨 등 재일동포는 분단 극복과 남북통일을 바라며 자신들의 생각을 말해 왔습니다. 일본이라는 이국땅에서 태어나고 자란 이철 씨 등이 사랑하는 조국에 찾아온 죄로 구속되어 고문받고 생사를 헤매고 있을 때, 여러분의 오빠, 언니들은 어떻게 지내고 있었나요? 여러분도 그런 재일동포 선배들이 10년 넘게 감옥에 갇혀 있다는 사실을 모릅니다.

어느 날 민가협의 어떤 분이 '부부 싸움을 할 때는 집에서 뛰쳐나가고 싶다'고 말한 적이 있었습니다. 하지만 저는 싸울 수 있는 사람이 곁에 있는 것만으로도 행복하지 않냐고 마음속에서 부러워했습니다. 저에게는 그런 행복조차 허락되지 않기 때문입니다.

제가 감옥에 있는 이철 씨를 접견하러 갔을 때 '이렇게 가혹한 짓을 하는 조국이라면 찾아오지 말걸'이라고 말했더니 그는 '이 감옥도 내 조국이고 여기서도 한국 민중과 같은 공기를 마시며 지낼 수 있으니 기쁘다'고 하여 저는 울고 말았습니다.

저는 이철 씨와 약혼했기 때문에 그를 기다리는 것이 아니라, 그의 성실함과 조국을 향한 진지한 마음을 알기에 기다립니다. 저는 간첩 죄로 몰린 사람들이야말로 진정한 애국자라고 생각합니다."

그녀의 말은 학생들의 가슴에 깊이 박혔다. 그녀가 말하는 동안 고개를 숙이고 땅만 보던 학생들이 그녀의 말이 끝나자 일제히 일어나 큰 박수를 보냈다. 학생들 눈에 눈물이 글썽이는 것도 알 수 있었다고 했다. 이야기를 마친 그녀 자신도 온몸이 떨렸다. 옆에 앉아서 듣던 이부영 선생님이 다가와 그녀를 포옹해 주었다.

민향숙은 민가협 활동이나 전경들과의 몸싸움, 또 전국 대학에 불려 가 이야기했던 것 등을 돌이키며 "지금 생각하면 어디서 저런 용기가 났는지 모르겠다"라고 하면서, 동시에 "아무것도 모르는 나 같은 사람이니까 저렇게 과감하게 할 수 있었다. 만약 지식이 있고 앞뒤를 계산하는 사람이었으면 결코 못 했을 것"이라고 회상했다. 그녀가 "나처럼 저돌맹진하는 사람이 세상을 바꿀 수 있다"라고 자신 있게 말할 때 나는 아무 반론도 할 수 없다. 옳은 말이기 때문이다. 이렇다 저렇다 재기만 해 봤자 아무것도 되지 않는다. 오히려 '우직한 일침'이 정체된 상황을 움직인다.

그런 의미에서는 대구 7·31 사건도 마찬가지다. 아무리 과장이나 소장과 면담을 요구한다 해도 그들은 콧방귀를 뀔 뿐 모르쇠로 일관했다. 그러나 가방끈이 짧고 부딪히기를 마다하지 않는 주 씨나 구 씨의 일침으로 일이 다시 움직이기 시작했다.

5인 소위
|
이야기가 빗나갔다. 대구 이야기로 돌아가기로 한다. 2라운드, 3라운드가 기다리고 승리의 기쁨이 기다리고 있다.

교도소 측이 며칠을 기다려도 약속을 지키지 않자, 우리는 점점 초조해지기 시작했다. 그들은 이번 일을 대수롭지 않게 여기고 시간이 지나면 어떻게든 얼버무릴 수 있다고 생각한 듯했다. 보안과장은 우리를 무시하고 있음을 보여 주기라도 하듯 비상벨을 누른 계장을 우리 사동으로 보내기까지 했다. 우리는 소장이나 보안과장에게 면담을 요구했으나 며칠 지난 뒤에 주임과 계장이 "무엇 때문에 과장 면담을 요구하는가" 하고 묻기만 할 뿐, 아무 소용도 없었다. 어쩌다 보안과장 면담이 실현되어도 "부하들의 과도한 충성심 때문에 벌어진 일이지 내가 폭행을 지시한 것은 아니다"라며 책임을 회피할 뿐이었다. 우리는 우선 제일 먼저 보안과장을 표적으로 삼아 추궁하기로 했으나 그들의 꾐에 빠져 별다른 대책 없이 하루하루 시간만 흘러갔다. 이대로는 안 된다고 생각하면서도 아무 대책도 세우지 못했다.

그러던 중 운동 시간에 김부섭 씨가 "이철 형, 아무것도 안 하고 이대로 끝낼 겁니까?" 하고 말을 걸어왔다. 그의 열의가 느껴졌다. 나는 곧바로 김영 씨와 의논하여 우리만 아는 '5인 소위원회'를 구성하여 앞일을 의논하기로 했다. 5인 소위원회 구성원은 나와 최건석, 강종헌, 김영, 정진관 씨였다. 김부섭 씨는 이번 일을 단순히 처우 개선 요구만이 아니라, 사회문제로 확장해야 한다고 말했다.

민주화운동의 기폭제로

|

나는 5인 소위 동료들에게 이번 사건의 의미를 설명했다.

"지금 사회에서는 민주화운동이 압박받아 돌파구를 찾지 못하고 질식 상태에 있다. 지금, 이 시국에서 새로운 국면을 이끌어 낼 무언가가 필요한데, 이번 우리 옥중 투쟁이 그 역할을 맡을 수 있을지 모른다.

우리는 여태까지 옥중에서 민주화운동에 별다른 기여도 하지 못했을 뿐만 아니라, 그런 기회가 주어지지도 않았다. 그러나 이제 이 투쟁을 전개함으로써 운동에 직접 참여할 수 있게 된다. 이는 우리가 진심으로 바라는 바고, 두 번 다시 없을 좋은 기회다. 게다가 우리는 오늘까지 늘 주도권을 잡고 전개해 왔고 유리한 위치에 있다.

이 투쟁을 정체된 민주화운동의 돌파구로 삼자! 운동의 기폭제가 되자!"

나는 이렇게 이야기했고 모두가 찬성했다. 그리고 이 이야기는 5인 이외에게는 발설하지 않도록 했다.

새로운 준비

|

우리는 당장 그날부터 각 방에서 다시 전투를 위한 분위기 조성에 서둘렀다. 그리고 교도소 측의 약속 불이행에 관해 동료들 속에서 자꾸 불만이 터져 나오도록 유도했다. 우리 모두의 마음이 날로 고양되어

점차 비등점에 다가가고 있었다. 우리는 손을 잡거나 어깨를 두드리면서 "이대로는 안 끝날 거야", "힘내자!" 하고 서로를 격려했다.

우리는 5인 소위 멤버들 외에 각 방에서 지도적 역할을 맡을 사람들을 한 명씩 골랐다.

"손 장군님! 당신 방은 당신에게 맡겼습니다. 단결해서 잘할 수 있겠죠?"라고 하기도 하고, 진태윤 씨 방에서는 "진 선생님! 선생님 방은 선생님이 기둥이에요. 맡아 주실 거죠?"라며 동지들에게 책임감을 심어 주었다. 모두가 "내 방을 내가 책임지겠다", "안심하고 맡겨 줘"라고 답해 주었다. 다섯 개 방 분위기는 점차 고조되었다.

우리는 차성환 씨, 김부섭 씨, 임규영 씨 등과 만나서 단식에 들어가는 방법을 의논했다. 먼저 우리가 여러 요구를 내걸고 단식에 들어가면, 그다음에 하루 늦게 남민전 동지들이 우리를 지지·원호하는 방식으로 합류한다. 그리고 마지막 셋째 날에 남일만 선생님 등 비출역 장기수분들이 합류한다는 시나리오를 정했다.

남민전의 기운 넘치는 투사들은 처음부터 우리와 동시에 단식에 참여하고 싶어 했다. 그러나 이번 일은 우리의 문제며, 남민전은 어디까지나 "다른 재소자들이 단식하는데 모르는 척하고 밥 먹을 수 없다. 동조 단식을 한다"라는 명분으로 단식에 들어가기 때문에, 우리보다 하루 늦추는 것이 좋을 듯했다. 그리고 남일만 선생님 등 옥중에서 오랫동안 고생해 오신 노인들은 하루라도 늦게 동참하는 쪽이 좋을 듯하여 셋째 날에 하시기로 했다.

처음에는 연세 많은 분들에게는 단식하지 말 것을 당부했으나, 남 선생님이나 함 선생님은 '대구에서 조직적으로 일으키는 이번 단식

은 획기적인 일이다. 우리는 절대로 무리하지 않을 테니 같이 참여하
게 해 달라'고 고집하셨다. 선생님들은 오랜 한을 풀고 싶어 하셨고
우리는 그 열의에 못 이겨서 "혹시 무슨 일이 생기면 즉시 중단해 주
세요" 하고 당부하며 동의했다.

우리는 각자 방에서 참여할 사람과 안 할 사람을 선별했다. 기본
적으로는 각자 알아서 참여하도록 설득했는데 많은 사람이 하겠다고
했다. 강우규 선생님과 손유형 선생님 같은 노인이나 병약자들도 "우
리도 함께하겠다"라고 하셨으나, 이번 단식이 어떤 방향으로 나아갈
지 알 수 없어서 우리는 신중을 기하여 동참하지 않도록 부탁했다.
만약 무슨 일이 생기기라도 하면 우리 마음이 너무 아플 거라고도 했
다. 그리고 단식에 참여하는 것만이 투쟁이 아니라, 우리가 단식하는
동안 측면에서 지원사격을 해 주는 사람도 필요하고, 그것 또한 중요
한 일이니 단식이 아닌 다른 방식으로 참여해서 도와 달라고 말씀드
렸다. 결국 노인과 병약자들은 단식에 들어가지 않기로 했다. 우리의
의도가 병사에 계셨던 문부식 씨와 최철교 선생님에게도 전해지자
역시 함께하기로 했다.

외부와 연락은 김부섭 씨가 하기로 했다. 김부섭 씨에게는 약혼자
가 정기적으로 접견하러 왔기 때문이다. 나 또한 민향숙에게 접견하
러 와 달라고 편지를 썼다.

일단 외부 사회에도 우리의 움직임을 은근히 암시하고 또 우리 내
부 준비도 갖추었다. 무작정 시작했던 지난번과는 다르게 동지들의
사기도 높았다. 도쿄 출신인 H 씨는 지난번 지하실 폭행 때는 연행을
면했기 때문에 폭행당한 사람들에게 미안해했다. 내가 그에게 "맞은

사람들에게 미안한 마음으로 지내기보다 이번에 함께해서 마음을 푸는 게 어떤가?"하자, 그는 "이번에는 함께하고 싶지만 자신이 없어요. 내가 할 수 있을까요?"하고 불안해했다. 나는 "같이하면 꼭 할 수 있다. 만약에 도저히 안 되겠다 싶으면 중단해도 괜찮으니 하는 데까지 해 보자"라고 격려했다.

납북 어부로 교도소에 들어온 철기와 상준은 믿음직했다. 우리는 철기에게 '사나이'라는 별명을 붙였다. 사나이는 "전에는 아무것도 몰랐지만 이것저것 배워 보니까 머리에 쏙 들어오더라"라고 했다. 나는 '가방끈이 짧은' 무산계급의 순수함에 새삼 놀람과 동시에 '먹물'들과의 차이를 느낄 수 있었다.

자, 이제 두 번째이자 마지막 단식에 들어갈 때가 되었다.

다시 단식으로

|

우리는 폭행 사건의 사과와 관련자 처벌, 진상규명, 외부 진찰을 포함한 치료 그리고 처우 개선과 법무부 장관 청원서를 요구하며 단식을 결행했다. 우리가 행동을 일으키자 교도소 측은 우리를 다시 독방으로 옮겼는데, 이번에는 모두 용기백배했다.

우리가 단식에 들어가자 계획한 대로 다음 날 남민전이 돌입했고, 셋째 날에는 장기수 선생님들이 일제히 단식을 시작하셨다. 병사의 최철교 선생님과 문부식 씨도 단식을 시작했다. 그리고 나중에 알게 된 일이지만 몇몇 출역수도 단식에 동참했다.

출역수인 정정학 씨는 기골이 세고 의협심이 넘쳤는데, "나하고 친한 이철 등이 단식에 들어갔다고 들은 이상, 나도 밥을 먹을 수 없다"라며 단호하게 결행했다. 출역수가 단식하는 데는 상당한 용기가 필요했다. 왜냐하면 단순히 밥을 먹지 않는 것이 아니라 출역수에게 주어지는 여러 가지 혜택도 모두 포기해야 하기 때문이다. 게다가 보안과 측의 협박은 우리에 대한 것과는 비할 바가 아니었다. 나는 단식이 끝난 뒤에 만난 정정학 씨의 홀쭉해진 얼굴에 깊은 감명을 받았다.

처음 교도소 측은 우리의 항의를 무시했다. 적어도 겉으로는 그렇게 보였다. 그러나 우리는 국가보안법수 수십 명이 일제히 단식에 들어간 이상, 무시할 수 없을 거라고 확신했다. 단식에 들어간 지 2~3일 지나자 보안과 주임들이 번갈아 와서 별다른 말도 없이 식사하라는 몇 마디만 하고 돌아갔다. 우리는 7·31 사건 직후 단식 때는 몸이 아파서 밥을 못 먹겠다고 이유를 댔지만 이번에는 처음부터 교도소 측의 책임 추궁과 관련자 처벌을 주장했다.

사흘쯤 지나면서 교도소 분위기가 분주해지기 시작했다. 교도소 측은 가끔 나를 불러내어 우리의 요구 사항을 확인도 하고, 단식을 중단하도록 설득하기도 했다. 그 시점에 보안과장은 우리의 교섭 상대에서 배제되었고 우리는 부소장을 상대하게 되었다.

보안과장은 그때 이미 법무부나 소장으로부터 상당히 질책받은 듯했다. 우리는 부소장과 협상하는 과정에서 보안과장을 몇 번 마주쳤는데, 그는 초췌했고 안색이 거무스름하게 변해 있었다. 밤에 잠을 못 자는지 볼살도 많이 빠져 애처로워 보이기도 했다. 보안과장은 "나는 과장으로서 책임을 지겠지만, 애당초 너희한테 잘못이 있었잖아"라고 말하기도 했으나 그런 말마저 부소장한테 저지당했고, 또 우리에게는 "아직도 그런 말이 나옵니까" 하고 반격받기도 했다.

김수환 추기경님과
민주 인사의 방문
|

앞서 김수환 추기경님이 수녀님과 함께 대구에 와 주신 이야기를 했다. 김 추기경님은 민주화와 인권 문제에 관심이 컸으며, 가톨릭 신자들뿐만 아니라 온 국민의 존경을 받고 계셨다. 김 추기경님은 당초 민향숙에게 "내가 간들 무슨 힘이 되겠나"라고 하시고는, 그 며칠 뒤 갑자기 대구교도소를 찾아오셨다. 소장이 거부하여 접견은 이루어지지 않았지만 추기경님이 오셨다는 사실에 교도소 측은 매우 놀랐다.

이어서 당시 야당 국회의원 여섯 명이 대구교도소를 방문하여 우리와 면담을 요구했다는 말도 전해졌다. 나와 같은 이름인 이철 의원과 목요상 의원이 대구 폭행 사건의 진상규명을 위해 움직여 주었다. 그들은 그 뒤 임시국회 법사위에서 대구교도소 폭행 사건에 관해 추궁하였는데, 이에 법무부 장관은 거짓 답변을 늘어놓았다고 한다.

또 우리 단식이 끝날 무렵 박형규 목사님도 찾아오셨는데, 접견이 허가되지 않아서 접견물을 넣어 주고 가셨다. 처음에는 접견물 담당이 나에게 들어온 접견물이라고 빵이나 우유 같은 식품을 대량으로 가져왔기에 이상해서 전표를 확인했더니, 부소장이 넣었다고 되어 있었다. 나는 그 자리에서 부소장의 접견물 따위는 받을 수 없다고 거절하여 돌려보냈다. 잠시 후에 부소장이 나를 불러내, 왜 접견물을 받지 않느냐고 물었다. 내가 어찌 우리가 부소장님의 접견물을 받을 수 있겠냐고 하자, 부소장은 "이철은 박형규 목사를 알고 있는가? 실은 박형규 목사가 너를 접견하러 왔는데 접견이 안 된다면 접견물이라도 넣고 싶다고 하여, 내가 돈을 받아 놓았다"라고 했다. 나는 "박형규 목사님이 넣어 주신 거라면 고맙게 받아야지요" 하고 다시 우리 방으로 들여놓았다.

보안과장의 애원
|

바깥에서 이러한 움직임들이 일어나자 법무부와 교도소 측에서도 사태가 심상치 않음을 깨닫게 되었다. 그리고 그들은 일이 이렇게 된 이상 보안과장에게 모든 책임을 떠넘기고, 과장 이외에는 인책 문제가 확대되지 않도록 꼼수를 쓰기 시작했다.

불쌍한 건 보안과장이었다. 과장은 나와 강종헌 씨를 불러내어 "제발 용서해 줘. 나에게는 가족도 있고 앞으로 장래도 있다. 제발 용서해 주게!" 하며 그전과는 전혀 달리 애원하기 시작했다. 그는 "내가 모르는 데서 부하들이 벌인 일이다. 앞으로는 절대로 이런 일이 없도록 약속한다"라고도 했다.

나는 7·31 사건 당일에 과장이 진두지휘하여 우리를 지하실로 연행했고, 교도관들이 집단 폭행을 가하고 있을 때도 지하실에 와서 확인하고 갔으니 이제 와서 몰랐다는 말은 통하지 않는다고 말했다. 우리는 "여태까지는 재소자들에게 무슨 짓을 해도 문제가 되지 않고 흐지부지 끝났을지 모르나, 이번에는 그럴 수 없다. 반드시 책임을 묻도록 하겠다"라고 했다.

과장은 그저 애원할 뿐이었다. 우리에게 두 손을 모아서 "무릎을 꿇든 뭐든 다 할 테니 제발 용서해 줘"라고 했다(이 말은 결코 과장이 아니다. 그는 정말로 무릎을 꿇었다).

우리는 속으로는 그를 불쌍하게 여겼으나 사적 감정으로 일을 해결할 수는 없었다. 나는 그렇게 위압적이었던 보안과장이 이렇게 비굴하게 애원하는 모습을 보면서 '인간의 서글픔'을 실감했다.

이제 어쩔 줄 모르고 넋이 나간 듯한 보안과장은 더 이상 우리의 상대가 아니었다. 용서해 달라는 말을 여러 번 하던 보안과장은 다시는 우리 앞에 모습을 나타내지 않았다.

부소장을 추궁

|

단식에 들어간 지 닷새쯤 지나자 나와 강종헌 씨가 다시 사무실로 불려 갔다.

부소장은 "무능한 보안과장이 해서는 안 될 일을 저질러서 미안하게 생각한다. 앞으로 과장은 상부의 처벌을 기다리게 되었다. 이제 너희도 그만하면 마음이 풀리지 않았겠냐? 이쯤에서 다시 대화하여 좋게 해결해 보자" 하고 말문을 열었다. 나는 이때만큼 부소장이 미웠던 적이 없다. 부소장은 보안과장에게 모든 책임을 떠넘기고 자신은 책임을 회피하려는 기색이 역력했다.

나는 "부소장님은 뭔가 착각하고 계시는 것 아닙니까? 우리는 보안과장의 인책 따위는 전혀 관심이 없습니다. 보안과장에게 모든 책임을 지게 하고 당신들은 모르쇠로 넘어가실 건가요?"라고 말했다. 부소장은 "무슨 소린가? 이번 일은 앞뒤 사정을 보더라도 과장의 과실임이 명백하다. 나와는 아무 상관도 없어"라고 했다.

"부소장님, 어떻게 그런 말씀을 하십니까. 지금까지 우리는 1차적으로 보안과장의 책임 문제를 추궁해 왔지만, 그렇다고 부소장님이 아무 관계도 없다고 하시면 곤란한데요."

"무슨 소리야? 나하고는 아무 관계도 없는데."

"부소장님, 저는 부소장님하고 대전교도소 시절부터 안면이 있어서 부소장님이 좋은 분인 줄은 압니다. 처음 대구에 왔을 때 '아, 이분이 부소장으로 계신다면 안심할 수 있겠다'고 생각했었지요. 그래서 우리는 최대한 부소장님에게 직접 책임 문제가 돌아가지 않도록 보안과장 책임을 주장해 왔습니다. 그런데도 아무 상관없다고 하시는 건가요? 혼자만 다치지 않고 빠져나가려 하신다면, 만약 그런 분이라면 우리도 이제 더 이상 부소장님한테 좋은 감정을 가질 수 없습니다."

부소장이 갑자기 당황하더니 "내가 뭘 했다는 거야? 나는 명령도 하지 않았고 전혀 관여하지도 않았는데"라고 잡아뗐다.

나는 "아무것도 하지 않았다고 해도 직책이 부소장인 만큼 책임이 없다고는 할 수 없습니다. 게다가 다른 사람들은 몰라도 나는 부소장님이 이번 폭행 사건을 지시했다는 것을 알고 있습니다"라고 말했다.

부소장은 "내가 뭘 지시했다는 거야" 하고 목소리를 높여 반문했다.

"부소장님. 시치미 떼시면 안 됩니다. 저 지하실에서 우리 모두가 집단 폭행을 죽을힘으로 참고 있을 때 갑자기 '차렷! 이상 무!' 하는 소리가 울리고 폭행이 한순간 멈췄습니다. 저는 그때 '소장이 왔구나!' 하고 콘크리트 바닥에 이마를 댄 채로 살짝 올려보았습니다. 그랬더니 거기에 누가 온 줄 아십니까? 소장이 아니라 부소장님이 계셨습니다. 나는 그때 이번 사건이 적어도 부소장 선에서 일어난 것을 알았지요. 하지만 우리는 일부러 부소장님의 책임 문제를 언급하지 않았습니다. 그것은 대전에서부터 안면이 있었기 때문이기도 하지만, 앞으로 부소장님이 우리에게 잘해 주실 거라고 기대했기 때문이지요. 하지만 당신은 아무것도 해결하려고 하지 않았을 뿐만 아니라, 모든 책임을 보안과장에게 떠넘기고 자신에게 불똥이 튀지 않게 하는 데만 급급합니다. 우리는 그런 부소장님을 더 이상 지켜 드릴 수 없습니다. 우리는 앞으로는 부소장님의 인책 문제에 집중할 테니 그렇게 아십시오."

내 말이 끝나기도 전에 부소장은 갑자기 부들부들 떨기 시작했다. 내 말은 100퍼센트 사실이다. 부소장은 우리 앞에서 온몸을 떨고 말도 횡설수설하기 시작했다. 그리고 "난 지하실 같은 데에 가지도 않았다. 뭔가 잘못 알고 있어" 하며 목청을 높였다. 나는 "부소장님 얼굴을 본 사람은 나 혼자가 아닙니다"라고 말했다.

부소장은 몇 번이나 "다른 사람을 잘못 본 것이다" 하고 변명하다가 나중에는 "이철, 강종헌, 제발 용서해 주게! 너희 요구는 다 들어 줄 테니 제발 이쯤에서 끝내 줘"라고도 하고, "이철도 강종헌도 천주교 신자가 아닌가. 나도 같은 천주교 신자다. 게다가 세례명이 강종헌과 같은 안토니오란 말이야. 제발 같은 세례명으로서 용서해 줘!"라고도 했다.

나는 그가 가톨릭 신자라는 사실도 몰랐거니와 같은 세례명이니 봐달라는 대목에 실소를 금할 수 없었다. 강종헌 씨도 "같은 세례명이라고 해서 문제가 해결되는 것은 아니지요" 하고 단호히 거부했다. 이제 보안과장과 부소장은 우리의 상대가 아니었다.

나는 그때 교섭을 마치면서 우리의 승리를 실감했다. 그리고 "부소장님, 저도 부소장님에게까지 책임이 가는 것은 가능하면 피하고 싶습니다. 개인적 감정으로 일을 그르칠 수는 없지만 당신이 반성하고 우리의 요구를 받아들여 모든 조치를 성실히 강구해 주신다면 그때는 부소장님을 지켜 드릴 수 있을 것입니다"라고 마지막에 다정하게 말을 건네고 사무실을 나왔다. 나오면서 강종헌 씨한테 "어때? 이 정도면 되겠어?" 하고 묻자 그는 "형은 대단한 외교가네요. 과연 외교의 이철이군요"라고 했다.

변화의 조짐
|

단식이 6일째에 접어들었을 때, 도쿄 출신 H 씨가 "이철 형님, 난 이제 한계입니다. 단식을 중단해도 괜찮습니까?" 했다. 나는 스스로 참여하겠다고 한 그의 태도가 고마워서 그때까지 그를 격려해 왔다.

아마도 그에게는 처음이자 마지막인 단식을 6일 동안이나 계속해 온 그가 기특했다. 그래서 나는 "이제는 한계라고 느끼거든 언제든지 중단해도 괜찮아"라고 말했다. 그는 우리에게 미안해하면서 혼자 방으로 돌아갔다.

단식도 벌써 6일째가 되니 모두 지쳐 있었다. 우리는 방에서는 바닥에 누워 지냈는데, 식사 시간이면 문을 열고 넣어 주는 콩밥과 된장국 향기가 위장 속 깊이 스며들어 더욱 우리를 괴롭혔다. '된장국을 한 모금이라도 먹었으면!' 하면서도 손에 잡을 수도 없어, 원망스러운 얼굴로 바라보기만 했다.

우리는 담당이나 소지들에게 "밥은 안 먹으니까 방 안에 넣지 말라"라고 했으나, 교도소로서는 우리가 밥을 먹든 안 먹든 방 안에 들여다 넣어야 했다. 자신들은 배식하였으나 재소자들이 스스로 먹지 않았다는 형식을 취할 필요가 있었기 때문이다. 그래서 교도소에서는 단식할 때도 언제나 식사를 넣어 주도록 되어 있다.

당초 우리는 며칠 지나면 보안과에서 강제 급식을 하여 죽을 억지로 입에 흘려 넣지 않을까 걱정했다. 단식이 3일 동안 계속되면 그 시점에서 교도소는 법무부에 보고할 의무가 생기고, 아무리 오래 단식했다 해도 3일에 한 번씩 강제로 죽을 먹이기만 하면 단식으로 간주되지 않기 때문이다. 강제 급식을 할 때는 세 명이 입을 벌리고 입안에 고무호스를 집어넣은 다음, 이 호스로 죽을 흘려 넣는다. 이때 잘못하면 고무호스로 식도나 위장 벽이 상처를 입을 수 있다. 김영 씨는 나중에 광주에서 이 고무호스 강제 급식 때문에 위장이 상했다.

그러나 단식하는 동안 그들은 우리에게 강제 급식을 하지 않았다. 그들은 그렇지 않아도 발등에 불이 떨어진 격이라 강제 급식까지 함으로써 더 불리해지고 싶지 않았던 듯하다.

　6일째 되던 날 오후, 의무과 담당과 '간병'들이 우리 사동에 와서 우리의 혈압과 맥박을 재고 위험해 보이는 사람들에게 링거병을 매달고 갔다. 그들이 나에게도 링거를 꽂으려 하기에 나는 처음에는 "다른 사람들은 몰라도 나에게는 하지 말라"라고 거부했으나, 조금이라도 편해지고 싶다는 교활한 마음이 움직였는지 못 이기는 척하며 그들이 하는 대로 링거를 맞고 말았다(받지 않은 사람들에겐 미안하다!). 그러나 이런 조치에 무언가 이상함을 느꼈다. 과거에도 여러 번 단식한 적이 있으나 교도소 측으로부터 링거를 맞았던 적은 한 번도 없었기 때문이다.

　정진관 씨가 나를 불렀다.

　"형님, 뭔가 이상하지 않아요?"

　"응. 무슨 일일까?"

　"분명 무슨 일이 있을 거예요. 조금만 기다려 봅시다."

　확실히 분위기가 조금 달라지고 있었다. 우리는 다음에 오는 뭔가를 기다렸다.

신문보도

|

곧 소식이 왔다.

　"이철, 정진관, 연출!"

　'올 것이 왔구나!' 생각했다. 우리는 부소장실로 불려 갔다.

부소장이 우리에게 의자에 앉으라고 권하는데 무심코 책상 밑을 보니까, 뭔가 가느다란 전선줄 같은 것이 보였다. 나는 그것이 무엇인지 알 수 없었으나 부소장이 얼굴을 찌푸리며 말했다.

"이놈들이 내 방에까지 이런 짓을!" 하면서 전선을 잡아당겨 뜯어 버렸다. 도청 장치였다. 흔히 '헌병실'로 불리는 보안과 조사실에서 부소장실에 도청 장치를 설치한 모양이었다.

부소장은 우리에게 "저놈들은 나한테도 이런 무례한 짓을 한다"라고 푸념하면서 "어때, 이제 단식을 그만두지 않겠어? 이제 사회에서 너희에 관한 기사가 다 보도되었으니 너희가 이긴 거나 마찬가지다"라고 했다.

우리가 "의논할 테니 강우규 선생님을 불러 달라"고 하니까 곧 강우규 선생님이 들어오셨다. 부소장 책상 위에 아침 신문이 놓여 있었다. 정진관 씨가 "신문에 났습니까? 잠깐 보여 주세요" 하고 손을 내밀자 부소장은 잠시 망설이다가 "비밀로 해 줘" 하며 우리에게 신문 기사를 보여 주었다. 신문에는 '대구교도소 내에서 폭행'이라는 제목 하에 "재소자들이 대구교도소에서 처우 개선을 요구하자 재일동포를 포함한 18명이 집단 폭행을 당했다"라고 나와 있었다. 신민당 인권위 국회의원 여섯 명이 진상규명을 위해 대구로 간다고도 쓰여 있었다. 제법 큰 기사였다.

부소장은 "이제 너희 일이 사회에 알려졌으니 이젠 우리도 어쩔 수 없게 되었다. 신문에 공표된 이상 너희 요구는 다 받아들여진 거나 다름없잖아. 어때, 이쯤에서 납득하고 끝맺음 해 주지 않겠나. 다만 법무부 장관 청원서만은 취하해 줘"라고 했다. 강우규 선생님이 그때 말씀하셨다.

"이 문제를 해결하기 위해 몇 사람만 더 불러 주십시오."

"누구를 부르면 되나?"

"이건 중요한 문제니 모두가 납득하기 위해서라도 김영과 강종헌, 최건석을 불러 주시지요"라고 하셨다. 강우규 선생님은 5인 소위라는 말은 쓰지 않으면서 다섯 명의 이름을 거론하셨다.

부소장은 곧바로 호출 버튼을 눌러 교도관에게 나머지 세 명을 불러오도록 지시했다. 여섯 명이 모여 토의를 시작하자 부소장은 잠시 자리를 비워 주었다. 나는 모두에게 신문 기사에 관해 알리고 우리의 요구가 확실히 실현되리라는 전망을 말했다. 우리는 교도소 측의 말을 들어 보고 우리의 요구가 충족된다면 단식을 중단하기로 합의했다.

부소장은 "너희의 모든 요구를 수용하겠다. 다만 법무부 장관에게 보내는 청원서만은 취하해 다오. 그건 이미 된 거나 마찬가지잖아"라고 말하고, 마지막으로 "이것으로 이번 사건은 완전히 끝난 것으로 해 다오. 다시는 이번 건으로 문제 삼지 않겠다고 약속해 줘"라고 했다. 우리는 사회문제로 보도되기도 했으니 교도소 측이 우리 요구를 이행한다면 더 이상 추궁하지 않겠다고 약속했다.

커다란 승리

|

우리는 드디어 승리했다.

교도소 측은 우리의 모든 요구를 받아들였다. 일부 사람은 이번에도 말뿐인 약속일지 모르는데 어떻게 믿을 수 있겠냐며 의심하기도 했다. 그러나 그것은 모든 약속이 눈앞에서 이행될 때까지 단식을 멈추지 않겠다는 뜻으로, 비현실적이었다. 부소장도 약속을 책임지고 지킬 테니 믿어 달라고 했다.

우리는 합의하여 부소장과 일일이 악수한 뒤 독방으로 돌아가서, 기다리던 동료들에게 교도소 측과 합의한 내용을 전했다. 모두 아주 기뻐했다. 나는 교도관 한 사람과 동행하여 단식하고 있는 사람들의 방을 돌며 "교도소 측과 합의하여 단식을 풀게 됐습니다. 다 잘되었으니 단식을 푸시고 이제부터는 안심하고 죽을 드시길 바랍니다"라고 말하고 "투쟁에 동참해 주셔서 감사드립니다"라고 동지들의 노고에 감사를 전했다. 그리고 신문에도 보도된 사실을 전하는 것도 잊지 않았다.

나는 병사에 있던 문부식 씨와 최철교 선생님 그리고 남 선생님 등 노인분들의 방에도 갔다가, 마지막으로 출역수 사동에서 단식하던 사람들에게 가서 내용을 전하면서 복식할 때는 조심하시도록 당부했다. 정정학 씨는 머리에 수건을 두르고 쇠약해 보였는데, 우리가 마침내 승리하고 신문에도 보도되었다고 알리자 잘되었다며 기뻐했다.

내가 마지막으로 우리가 있던 방으로 돌아가 보니 이미 그곳에 있던 동료들은 모두 원방으로 복귀한 뒤여서 아무도 없었다. 나는 마지막 사람으로 원방에 돌아갔다. 그리고 복도를 걸으면서 각 방 창문 너머로 "모든 것이 잘 해결되었습니다. 여러분, 복식할 때는 조심하세요"라고 말하며 동지들을 위로했다.

단식 뒤에 먹는 죽과 된장국만큼 이 세상에서 맛있는 것은 없다. 나는 한 입, 한 입 맛보면서 목 안으로 서서히 흘려보냈다. 나의 목과 위장은 왕성하게 죽과 된장국을 요구했으나 처음 한두 끼는 조심하지 않으면 나중에 위에 탈이 난다는 것을 알았기 때문에 필요 이상으로는 먹지 않았다.

각 방은 연일 축제 분위기였다. H 씨는 처음으로 참여한 단식을 생각하며 흥분했다. 우리는 서로의 얼굴을 마주 볼 때마다 손을 잡고 힘을 주었다.

교도소 내 항의 단식투쟁이 이만큼 승리를 거둔 적은 일찍이 없지 않았을까. 이렇게 많은 사람이 단식을 감행한 사례도 과거에는 없었을지 모른다. 게다가 가장 특기할 사실은 민주화운동을 해 온 청년 학생들이 아니라, 교도소 측에서 '빨갱이'니 '간첩'이니 하며 멸시해 온 사상범, 좌익수들이 승리했다는 점이다. 오랜 세월 징역을 살아온 장기수 선생님들에게는 믿기 어려울 만큼 획기적 승리였다.

나는 대구교도소에서 이룬 승리를 실제보다 더 과장하려는 것도 아니고, 지도자 역할을 했던 한 사람으로서 내 역할을 과시하려는 것은 더더욱 아니다. 그러나 아무리 냉정하게 생각해 봐도 대구 7·31 사건의 승리는 획기적이었다.

교도소 내 집단 폭행은 흔하지만, 이름도 없고 외부의 호응도 거의 기대하기 어려운, 버림받은 좌익수들의 투쟁이 큰 승리를 거둔 일은 아마 수십 년 옥중 투쟁사에서도 없었던 일은 아닐까.

옥중 투쟁사?

그렇다. 만약 '옥중 투쟁사'라는 것이 있다면 이는 분명 크게 기록

되어야 마땅한 대승리였다. 또한 그것은 교도소 측에서는 행형 역사
상 찾기 어려운 큰 패배였다.

승리 축하연
|

내가 대구 7·31 사건을 이만큼 특기할 만하다고 하는 까닭은 지금까
지 말해 온 내용만을 평가하여 하는 말이 아니다. 이제부터 새로 전
개될 일련의 투쟁을 염두에 두고 하는 말이다.

우리의 투쟁은 이로써 막을 내린 것이 아니다. 실은 다음 장이 언제
열릴지 기다리고 있다! 그러나 잠시 승리의 축하연에 취하기로 하자.

우리는 몇 사람씩 나뉘어 의무과에서 진찰받게 되었다. 모두 자기
상처를 보이며 아픈 부위를 치료받았다. 의무과에서는 우리 때문에
오전에서 오후까지 쉴 새 없이 바빴다. 교도관들은 말투도 바뀌고 태
도도 부드러워졌다.

그들은 언행에 신중해졌다. 우리는 운동하러 나갈 때나 입방할 때
담당들의 제지를 거의 받지 않게 되었다. 또한 각 방의 출입도 비교
적 자유로워졌다(물론 이는 몇 사람에게만 해당된 일이다).

우리는 '볼일이 있다'는 이유를 대고 옆방을 드나들고 때로는 장
기수 선생님들 방에서 침 치료를 받기도 하고 즐거운 이야기를 나누
기도 했다.

소장의 사과

|

우리의 단식이 끝난 뒤 소장이 우리 몇 사람을 불렀다.

그때까지는 부소장이 교도소 측 대표로 우리와 교섭해 왔기 때문에 우리는 "소장은 뭐 하고 있냐? 소장이 나와서 우리를 만나라!"라고 요구해 왔다. 그러나 부소장이 "나는 소장과 같다. 내가 하는 말은 소장의 말이라고 생각해도 괜찮다"라고 계속 말했기 때문에 우리도 어쩔 수 없이 부소장을 소장으로 여기고 교섭해 왔다.

우리가 보안과장실로 들어가자 소장이 기다리고 있었다.

소장은 우리를 보더니 의자에서 일어나 교도관에게 커피를 가져오게 하고 우리에게 의자를 권했다.

소장은 "나의 부덕으로 이런 일이 일어났으니 제발 용서해 주십시오. 앞으로 이런 일은 절대 일어나지 않도록 노력할 것이며 나도 부하들을 다시 교육하겠습니다. 우리한테는 머지않아 중앙에서 어떤 처분이 내려질 것으로 각오하고 있습니다. 여러분의 요구는 다 실현해 나갈 테니 여러분도 부디 협조해 주었으면 좋겠습니다"라며 "아무튼 이렇게 사과합니다" 하고 불그스름한 얼굴로 머리를 깊이 숙이며 사과했다.

우리가 '왜 부소장만 앞세우고 지금까지 만나 주지 않았나', '부하들의 책임은 소장의 책임'이라고 다그치자 소장은 '소장으로서 바쁘기도 했고 부소장이 덕이 있는 좋은 사람이라 여러분과 화해할 수 있으리라 믿고 부소장에게 모두 일임했다'고 변명했다.

나는 속으로 소장의 속은 얼마나 들끓고 있을까 하고 짐작했다.

일개 재소자, 그것도 빨갱이들에게 용서해 달라고 깊이 고개 숙이는 일이 소장에게는 얼마나 굴욕이었을까. 게다가 주 소장은 법무부 안에서는 상당히 장래가 촉망되는 관리였다.

교무과의 대응

|

나는 지금까지 교무과에 관해 언급하지 않았는데 여기서 한마디 해두기로 한다. 우리는 7·31 사건 이후 교무과에서 우리를 위해 아무런 대책도 세우지 않을 뿐만 아니라, 우리 몸이나 건강에 아무 신경도 쓰지 않은 데 분개했다.

우리가 다소 진정을 되찾았을 무렵 교회사들이 우리 몇 사람을 불러냈다.

동료들이 "여태까지 교무과는 도대체 무엇을 하고 있었냐" 하고 다그치고 성토하는 동안 나는 아무 말도 하지 않고 묵묵히 앉아 있었다.

교회사는 동료들의 추궁에 "걱정 안 했던 것은 아니지만 교무과라는 부서는 알다시피 아무런 권한도 없어 어떻게 할 수가 없었다"라고 변명하다가 "이철 씨는 아까부터 아무 말도 안 하는데 몸은 괜찮은가?"라고 물었다. 나는 지하실에서 벌어진 폭행을 들여다보러 왔던 그에게 말했다.

"여덟 시간 넘게 맞은 사람한테 괜찮으냐고 물으시는 건가요? 우리는 이번 일로 교무과가 얼마나 우리를 업신여기는지 잘 알았습니다. 우리는 앞으로 교무과와 김 교회사의 책임을 추궁하려고 합니다"

라고 했다.

교회사는 놀라며 "우리가 모르는 사이에 일어난 일이었고 걱정했으나 교무과로서는 어떻게 할 수가 없었다. 그런데 교무과의 책임을 묻겠다는 말이 도대체 무슨 뜻인지 이해가 되지 않는다"라고 했다.

나는 "이번 일에 당신들이 관여했다는 사실을 알고 있습니다"라고 했다.

교회사는 "우리는 절대로 관여하지 않았어. 왜 그런 말을 하는 거냐?"라고 했다.

나는 "이번에 우리가 소란을 피워 폭행당하게 된 근본 원인은 여러 가지가 있겠으나, 우리가 문제 삼는 것은 교무과 측이 우리를 대하는 태도입니다. 우리 국가보안법 관련자들은 일반 재소자들과는 달리 늘 교무과 전담반의 통제를 받고 있습니다. 이는 거꾸로 말하면 전담반은 우리를 보호해야 한다는 뜻입니다. 그럼에도 우리가 대구에 온 뒤 지금까지 당신들은 어떻게 하면 우리가 보는 책을 제한하고 특별 면회도 없앨 수 있는지만 생각했지, 우리 요구를 보안과 측에 반영할 수 있는지, 그런 노력은 아무것도 하지 않았습니다. 이번 사건을 일으킨 요인의 일정 부분은 당신들에게 있다고 할 수 있습니다. 교도소 측은 보안과장 한 사람에게 모든 책임을 뒤집어씌우려고 하는 것 같은데, 실제로 보안과장은 우리를 그토록 가혹하게 폭행하라고 지시하지 않았을지도 모릅니다. 어떻게 보면 제일 밑에서 밤낮없이 근무해야 하는 말단 교도관들이나 경교대원들이 울분을 터뜨리는 좋은 기회로 삼아서 우리에게 분노를 터뜨렸다고도 볼 수 있습니다. 그러나 교무과와 당신은 우리를 지켜야 하는데 그런 짓을 했다는 점에서 용납할 수 없습니다."

교회사가 황급히 말했다.

"분명히 교무과 측에도 일정한 책임은 있겠지. 그러나 무엇을 하려고 해도 보안과의 벽이 너무 두꺼워 우리가 하는 말이 좀처럼 먹혀들지 않는다는 것은 이철 씨도 잘 알지 않는가. 그리고 그건 그렇다치고, 내가 도대체 뭘 잘못했다는 거냐?"

"당신은 그날 지하실에 내려와 우리가 폭행당하는 것을 확인하고 갔지요?"

"아니야! 난 지하실에 가지 않았어. 뭔가 잘못 알고 있어."

교회사는 자신이 지하실에 온 사실조차 인정하려 하지 않았다.

"교회사님이 다녀간 것은 다 알고 있습니다. 솔직하게 인정하면 우리도 교회사님의 말을 믿어 줄 텐데, 당신은 지하실에 왔다는 사실조차 인정하지 않습니다. 그런 사람하고 도대체 무슨 이야기가 된단 말입니까?"

지하실에 가지도 않았다고 말하는 교회사와는 대화할 마음조차 나지 않았다. 그래서 동료들에게 "더 이상 이야기해 봤자 소용없으니 그만 돌아가자!" 하고 일어나려 했다.

그러자 김 교회사는 일어서려는 나를 두 손으로 제지하며 "잠깐! 방금 생각이 났다. 그래 확실히 한 번 가 봤다. 하지만 나는 안에 들어가지 않았고 안의 상황도 잘 몰랐다고"라고 황급히 말했다.

"확실히 교회사님은 안으로 들어오지는 않았고, 밖에 잠시 서 있었을 뿐입니다. 난 입구에 온 당신의 모습을 보았고 말하는 소리도 들었습니다. 교회사님은 그때 뭐라고 말했어요? '죽지 않을 정도로

하라'는 말이 무슨 뜻인가요?"

그러자 김 교회사는 두 손을 흔들며 "말도 안 돼, 오해야! 난 그런 말을 한 기억이 없어. 하늘에 맹세해도 좋다. 내가 그런 말을 할 리가 없다"라고 부인했다.

나는 "교회사님, 나는 똑똑히 기억하고 있습니다. 나는 당신이 찾아온 것을 알았을 때, 교무과가 보안과에 항의해서 폭행을 중단시켜 줄지도 모른다고 속으로 기대했었지요. 그런데 교회사님의 말은 잔인했습니다. 죽지 않을 정도로 하라니, 죽지 않을 정도면 폭행해도 괜찮다는 건가요? 죽이지 않을 정도면 교무과는 묵인한다는 건가요?"

교회사는 자기가 무슨 말을 했는지 기억이 나지 않지만 그런 말을 할 리가 없다고 계속 우겨 댔다. 우리는 그만 일어나서 인사도 없이 자리를 떴다.

어느 교도관의 말

|

다음 날 한 교도관이 우리 사동에 살며시 들러 몰래 말해 주었다.

"오늘 아침 조례 시간에 부소장님 훈시가 있었는데 말도 안 되는 소리를 하더라고. '앞으로 재소자들에게 상관이 지시한 이상의 제재를 가하지 말라'고 하면서, '만약에 지시 이상의 일을 저지르다 문제가 생기면 그 교도관에게 책임을 묻겠다'고 하는 거야. 간부들이 이번 사건도 그렇고 앞으로도 자신들에게 책임이 돌아오지 않도록 하겠다는 거겠지. 자신들이 지시해 놓고 그 책임을 부하들에게 돌리려

하고 있다고 동료 직원들 모두가 불평하고 있어."

우리는 그 교도관의 분개에 동조하며 부소장의 말을 함께 비난했다. 부소장은 그렇게 훈시함으로써 자신들의 책임을 회피하려고 생각했을지 모르지만, 그런 발언 자체가 그들이 이성을 잃고 동요하고 있음을 말해 주었다. 부하들에게 "필요 이상의 짓을 저지르면 너희 책임이다"라고 한다면, 도대체 누가 간부의 말을 듣고 재소자들을 제재하려 하겠는가. 간부의 명령대로 했음에도 자신들에게만 책임이 돌아오는 짓 따위는 아무도 하려고 하지 않는다. 부소장의 훈시는 자신들은 비겁한 사람이라는 이미지를 부하들에게 각인하는 것과 같았다.

또 어느 날 다른 교도관이 몰래 신문을 가져와 우리에게 보여 주었다. 신문에는 야당 신민당의 목요상 의원이 임시국회에서 대구교도소 집단 폭행에 관해 정부를 추궁한 내용과 법무부 장관이 거짓 답변을 한 내용이 큰 제목으로 보도되어 있었다. 법무부 장관은 "대구 교도소에서 재소자들이 소란을 일으켜 이를 진압하는 과정에서 수명이 가벼운 찰과상을 입었다"라며 사실과 전혀 다르게 답변했다. 우리는 장관의 거짓 답변을 읽고 화가 났으나 임시국회에서 추궁하여 신문에 우리 사건이 크게 보도되게 해 준 야당 의원들에게 깊이 감사했다. 외부로부터 이런 도움이 없었다면 우리의 승리는 보장되지 않았다.

대구의 봄과
남일만 선생님 환갑

|

가을이 성큼 다가온 무렵 장기수 남일만 선생님의 환갑이 가까워졌다.

우리는 남 선생님 환갑을 전 사동에서 축하하기로 하여, 각자 조금씩 선물로 내놓기로 했다. 영치금이 있는 사람은 우유나 빵, 과일, 오징어 등을 구매했고 비타민제 같은 약을 준비하는 사람도 있었다. 영치금이 없는 사람은 뭔가를 만들거나 진심 어린 축하 인사를 드리기로 했다.

또 우리는 교무과에 장기수가 혼자 쓸쓸히 환갑을 맞이하는데 교무과에서 아무것도 하지 않는 것은 문제라며, 큰 케이크를 하나 선물해 주도록 부탁했다. 김 교회사는 "교무과에는 예산에 여유가 없어 어렵다"라고 했으나, 나는 "교무과에 돈이 없다는 것은 알지만 종교 관계 후원자들이 많이 있지 않습니까. 이럴 때 그들에게 사정을 설명하여 큰 케이크를 사 달라고 부탁해 주십시오"라고 다그쳤다. 교회사는 "한번 해 보겠다"라고 답했고, 나는 "환갑용이니 특별히 크고 호화로운 케이크를 부탁합니다!"라고 강조했다.

환갑날, 교무과 직원들이 '교무과의 환갑 축하 선물'이라고 하면서 커다란 케이크 상자를 들고 왔다. 김 교회사는 시종 싱글벙글하면서 케이크를 주문하는 데 자신들이 얼마나 노력했는지를 자랑했다.

상자 안에는 크고 호화로운 케이크가 들어 있었다. 우리의 기쁨은 절정에 달했다.

남 선생님은 감격하며 "교도소에서 이런 성대한 환갑잔치를 맞이하다니 꿈만 같다"라며 눈물을 흘리셨다. 그리고 축하품으로 받은 것을 모두에게 나누어 주고 싶다고 하셨다.

우리는 환갑잔치 행사로 윷놀이 대회를 계획했기 때문에 그 물품들을 경품으로 쓰기로 했다. 윷놀이는 제비뽑기로 2인 1조 짝을 지어 조별 대항전을 했다. 다만 1회전에서 탈락하든 이기든 우승하든 상품은 고르게 배분되도록 했다. 남일만 선생님이 칼로 케이크를 자르고 모두가 한 조각씩 먹으니 입안에 뭐라 말할 수 없는 맛과 행복감이 충만했다. 내가 신나서 "교무과에서 케이크를 마련해 주신 김에 술이라도 한 병 있으면 더할 나위 없는데, 어떻습니까?" 하자 교무과 직원들은 황급히 손을 흔들면서 "제발 그것만은 봐달라"라고 하여 웃음이 터져 나왔다. 그사이에도 윷놀이는 계속되어 곳곳에서 활기차고 큰 웃음소리가 이어졌다.

운동회
|
누군가가 "우리의 사기를 돋우기 위해 운동회를 개최하면 어떨까?" 라고 말했다.

우리는 좋은 생각이라며 곧바로 보안과와 협상해 며칠 뒤 허가를 받았다. 대신 보안과에서는 우리 스스로 질서를 유지한다는 것을 조건으로 내걸고 동시에 입회 교도관을 배치하겠다고 했다.

우리는 가을이 깊어질 무렵 우리만의 운동회를 열기로 했다. 날짜와 경기종목 그리고 각 방 대항전을 기본으로 하되 종목에 따른 개인

경기도 정했다. 우리는 강우규 선생님을 운동회 실행위원장으로 추대했다. 우리만의 운동회를 개최한다고 생각하니 꿈만 같았다. 아마 이것도 옥중 역사상 유례가 없는 일이 아닐까 싶다. 우리는 며칠 전부터 들뜬 마음으로 그날을 기다렸다.

운동회 당일 우리는 사동 뒤 비교적 넓은 공터에 나와 먼저 개회식을 열었다. 청명한 가을 하늘에 몸이 빨려 들어갈 듯한 날씨였다. 우리는 방마다 다섯 줄로 서서 맨 앞에는 사과 상자를 하나 갖다 놓고 연단으로 삼았다.

내가 사회를 보며 "지금부터 우리 운동회를 시작하겠습니다. 먼저 이번 운동회 실행위원장이신 강우규 선생님 말씀이 있겠습니다"라고 하자 모두 박수로 강 선생님을 맞았다. 강 선생님은 한 손에 지팡이를 짚고 천천히 사과 상자 위에 서시더니 "친애하는 동지 여러분! 길고 험한 징역살이 때문에 얼마나 고생이 많습니까?" 하고 시작하셨다. 나는 강 선생님이 '친애하는 동지 여러분'이라고 한 데 놀라 주위를 살피시 둘러보았는데 입회 담당들은 멀리서 삼삼오오 한가로이 서 있었다. 우리는 운동회가 끝난 뒤 "'친애하는 동지 여러분'이라니, 강 선생님은 아직 반성이 덜 되셨네" 하면서 서로 웃기도 했다.

강우규 선생님의 인사가 끝나자 각 종목의 경기가 일제히 시작됐다.

족구, 땅 탁구, 계주도 있어서 경기 내내 환호성이 끓어올랐다. 우리는 우리 영혼이 가을 하늘에 빨려 들어가는 듯한 기쁨에 취했다. 운동 시간에 밖에 나가도 몸을 잘 움직이지 않던 어르신들이 이날만큼은 신나게 몸을 움직이셨고, 평소 일광욕밖에 하지 않던 분들이 거짓말처럼 희희낙락하셨다.

경기 중 하이라이트는 젊은 청년과 노인이 짝을 지어 청년이 노인을 업고 달리는 효자 경기였다. 경기 전에 청년조와 노인조가 제비뽑기해서 각자 짝이 정해지자 준비에 들어갔다.

"준비, 땅!" 다섯 팀의 젊은이가 노인을 등에 업고 일제히 달리기 시작했다.

젊은 오기로 무작정 달리다가 숨을 헐떡이는 사람이 있는가 하면, 힘에 부친 청년이 자기보다 덩치가 큰 노인을 등에 업고 달리기가 힘들어 천천히 걸어서 골인하는 사람도 있었다.

업힌 노인도 가지가지였다. 자기보다 몸집이 작고 마른 청년에게 "몸이 무거워서 미안하네" 하는가 하면, 자기를 업은 청년에게 "더 빨리! 빨리!" 하고 질타하며 숨이 가쁜 젊은이를 혹사하는 사람도 있었다. 우리는 경기 내내 배를 잡고 웃다가 누군가가 너무 무거워서 등에 업은 노인을 땅에 내리면 "이 불효자식!" 하고 놀리기도 했다.

나는 경기를 시작하기 전에 경기 설명을 하면서 "이 효자 경기는 평소에 효도하지 못하고 있는 우리가 그나마 효도할 수 있기를 바라는 마음에서 생각했으니, 여러분은 오늘 평소에 효도 못 하는 울분을 떨쳐 버리고 마음껏 효도해 주시길 바랍니다"라고 말했다. 웃음으로 시작하여 웃음으로 끝난 이 경기는 이날 분위기를 최고조로 끌어올렸다.

경기가 끝나고 결과를 발표했다. 내가 "이번 효도 경기에서는 제일 꼴찌로 돌아온 조가 1등이 되고, 제일 먼저 돌아온 조는 꼴찌가 됩니다!"라고 말하자 모두 납득할 수 없다는 표정으로 어리둥절했다. 나는 "1등으로 골인한 사람은 등에 업힌 부모님 생각일랑 전혀 하지 않고, 그냥 빨리 뛰려고만 했습니다. 그래서 등에 업힌 부모님이 얼마나 힘들어하는지 생각하지도 않았습니다. 반대로 꼴찌로 돌아온 사람은 자기가 무작정 달리면 등에 업힌 부모님이 흔들려서 얼마나 힘들어하실지 생각하면서 효도하는 마음으로 천천히 부드럽게 엎고 돌아왔습니다. 그리고 천천히 달려서 남들보다 더 오래 효도하려고 노력했습니다. 그래서 이 경기에서는 당연히 가장 늦게 돌아온 사람이 제일 효자가 됩니다"라고 했다.

모두가 환호성을 올렸다. 그리고 "꿈보다 해몽이 좋다!", "이의 없음!" 등의 소리가 가을 하늘에 울렸다. 우리 운동회는 이 효자 경기를 마지막으로 끝났다.

모두가 만족했다.

운동회가 끝나자 성적을 발표했다. 위원장이신 강우규 선생님의 표창에 이어 대구 출신 이기상 선생님의 폐회사로 교도소 사상 최초의 운동회가 끝났다.

정진관 씨
|
남 선생님 환갑잔치와 운동회쯤이 우리에게는 최고의 나날이었다.

정진관 씨는 이가 세 개나 부러지거나 금이 갔음에도, 교도소 측이 외부 병원 치료를 허가하지 않아 큰 불만을 품었다.

그는 거침없이 자기 생각을 말하는 일이 많아서 때로는 다른 사람들과 의견 충돌을 빚을 때가 있었다. 그는 대전교도소에 있을 때 열악한 처우에 항의하려고 방 안에서 요구 사항을 외치는, 이른바 '샤우팅'을 하다가 끌려가 폭행당한 적이 있었다. 또 운동장에서도 "대한독립 만세!" 하고 여러 번 외치다가 끌려가 "이 새끼! 빨갱이 주제에 독립투사라도 되었단 말이냐", "빨갱이가 대한독립 만세라니 가소롭다"라며 곤욕을 치렀다고 한다.

나도 그의 "대한독립 만세"에는 어이가 없었으나 자못 그답기도 하여 유쾌하게 여겼다.

그러던 그가 어느 날 같은 방에 있던 재일동포와 말다툼하다가 "이 쪽발이 새끼" 하고 욕설을 퍼부었다. 이 일이 있자 재일동포 몇몇이 분개하여 사동 분위기가 묘해졌다. 그리고 "재일동포의 수효도 어느 정도 되니 재일동포들의 방을 따로 만드는 게 어떻겠는가"라는 주장도 나왔다. 손유형 선생님이 정진관 씨를 불러 타일렀으나 그는 '쪽발이'라고 매도한 것은 사과하지만 재일동포들과 함께 있고 싶지 않으니 자기는 혼자 방을 나가겠다고 우겼다. 내가 김영 씨와 의논해 보니 그도 정진관 씨의 작풍에는 눈살을 찌푸리는 일이 많았지만 자기 방으로 불러들일 수밖에 없다고 판단하여 '정진관 씨를 자기 방으로 옮겨 달라'고 말해 주었다.

나는 나대로 "재일동포만의 방을 요구하는 것은 좋지 않다. 재일동포끼리만 있으면 서로 화목하게 지낼 수 있을지 모르지만, 국내 청년들과 간극이 생길 수 있다. 국내 청년들과 함께 생활해야 우리의 의식 수준도 높아지고 우리말도 느는 법이다. 재일동포들만의 편안함보다 국내 청년들과 함께 살면서 절차탁마해야 하는 것 아니냐"라고 설득했다.

정진관 씨는 이를 제대로 치료받지 못하고 있었고, 또 소 측이 약속을 제대로 이행하지 않고 시간만 질질 끌고 있으니 소장 이하 부소장, 보안과장, 계장, 주임, 교도관들의 책임을 계속 추궁하자고 주장했다.

우리는 이 문제에 관해 의논했다. 우리가 부소장과 합의했을 때 앞으로는 이번 건에 관해서 다시는 거론하지 않겠다고 약속했기 때문이다. 그러나 정진관 씨는 소장 이하에게도 책임을 추궁해야 한다고 주장했고, 최건석 씨는 약속 위반이 되지 않겠냐며 신중했다. 나도 어떻게 해야 할지 고민에 빠졌다. 우리가 약속해 놓고 이를 어긴다는 데 다소 마음이 불편했다. 그러나 그들이 약속을 지키지 않는 이상 추궁해야 한다는 생각도 들었다.

누군가 당구를 치는 기술을 예로 들며 '뒷다마를 친다'고 했다. 약속했더라도 교도소 측이 약속을 온전히 지키지 않고 지연 작전을 벌이고 있으니 우리가 약속을 어기고 뒤통수를 쳐도 잘못은 아니라고 했다.

우리는 곧바로 작전을 짜기로 했다. 다만 무엇을 어떻게 해야 할지 단서가 없었다.

우리는 가족이 접견하러 왔을 때 "소장 이하, 책임자들을 고소하고 싶다. 변호사를 찾아가서 수속해 달라"라고 했다. 그러나 가족이 변호사 사무실에 가서 뜻을 전했으나 고소인의 의뢰가 없으면 접수가 되지 않는다고 했다.

변호사의 지혜

|

이전에 정진관 씨 변호를 맡았던 변호사가 어느 날 정진관 씨를 접견하러 왔는데 "선임된 변호사가 아니면 접견할 수 없다"라며 교도소 측이 접견을 거부한 적이 있었다. 변호사는 어떻게 하면 좋을까 하고 고심한 끝에 묘계를 내어 그동안 형편이 어려워서 접견하러 가지 못했던 정진관 씨 형님에게 접견하러 가기를 권유했다.

정진관 씨 형은 동생을 접견하러 대구교도소에 왔고 그 변호사의 시나리오대로 접수처에서 "당신들은 동생을 반쯤 죽여 놓고 특별 면회도 안 시켜 주는 거냐! 동생이 정말 살아 있는지 내 눈으로 확인해야겠다"라고 떠들어 댔다. 여태껏 거의 접견하러 오지 않았던 친형이기도 하여 교도소로서는 특별 접견으로 일이 잘 해결된다면 오히려 다행이라고 생각했다.

변호사의 계략대로 특별접견실에서 형제는 마주 앉았고 주임이 옆에 앉았다.

어려서부터 고생하며 자란 정진관 씨는 눈치가 빨라 곧바로 형님의 눈짓을 간파했다. 그래서 "형님이 몇 년 만에 접견하러 왔는데 커피 한 잔 정도는 내주어야지요"라고 하자, 주임이 "알았다"라며 커피를 타기 위해 자리를 떴다. 그 순간 형이 흰 종이와 인주를 품에서 꺼냈고 정진관 씨는 백지에 지장을 찍었다. 주임이 커피를 가져왔을 때 그 백지는 벌써 형의 품 안에 있었다. 그리고 두 사람은 아무 일도 없었다는 듯 집안 이야기나 나누다가 헤어졌다.

변호사의 계획이 감쪽같이 성공했다.

변호사는 교도소 밖에서 대기하다가 형님으로부터 종이를 넘겨받아 정진관 씨의 변호사 위임장을 작성하여 정진관 씨 이름으로 소장이하, 부소장, 보안과장, 계장, 주임, 교도관 등을 고소했다.

이 고소장이 접수되었을 때 법무부와 교도소 측은 얼마나 놀랐을까.

지금 돌이켜 보면 1985년 대구 7·31 사건에는 실로 많은 사람의 아이디어와 행동이 있었다. 이만큼 많은 사람이 힘과 지혜를 모았기 때문에 획기적 성과를 거둘 수 있었다.

우리는 검찰청에서 교도소 소장 등에 대한 고소를 제대로 다룰 리 없다는 것은 잘 알고 있었다. 그러나 어쨌든 교도소 소장 이하 여러 명을 검찰에 고소했다는 것 자체가 대단한 일이었다.

우리는 어떻게 되었든 대구교도소 분위기를 완전히 뒤집어서 일종의 코뮌과 같은, 말 그대로 우리가 교도소의 주인이라는 기분으로 지냈다. 그러나 교도소 측이 언젠가 기회를 봐서 우리의 성과를 하나씩 부수거나 빼앗으려 할 것은 자명했고, 우리는 그런 일이 언제든 있을 수 있다고 생각했다.

교도소 측이 상투적으로 쓰던 강력한 방법은 이감이었다. 우리도 이감은 처음부터 신경이 쓰였고 손유형 선생님은 "만약 이철 등이 다른 교도소로 이감되면 우리가 온갖 수단을 다 써서 저지하겠다"라고 말씀하셨다.

세 명의 대자

|

그해(1985)도 저물어 갔다. 한 해 마지막 축일인 성탄절(실제로는 12월 22일) 대구교도소에서는 몇 사람의 세례식을 겸한 성탄 미사가 열렸다.

새로 세례받는 이들 중에는 김영, 정진관, 최건석 씨도 있었다. 내가 열성(?)적 가톨릭 신자라서 그런지, 아니면 다른 이유에서인지는 몰라도 그들은 가톨릭 교리를 공부해서 성탄절에 세례받게 되었다. 세 사람은 세례명을 모두 똑같이 한국인 순교 성인인 '정하상 바오로'로 정하고 대부로서 나를 희망했다. 그러나 교무과에서 각기 다른 사람을 대부로 정하라고 하여 어쩔 수 없이 셋이 가위바위보를 해서 나는 이긴 사람의 대부가 되었고, 나머지 두 사람은 다른 대부를 세우게 되었다. 그러나 세 사람 모두 입을 모아 "우리의 진짜 대부는 철이 형"이라고 말해 주었다.

또다시 이감

|

우리가 크리스마스 기분을 만끽한 다음 날 아침, 일어난 지 얼마 안 되었을 때였다. 보안과 담당이 와서 "이철, 김영, 보안과장 면담!"이라고 했다. 우리는 "이렇게 아침 일찍?" 하고 의아해했지만, 설마 그 날이 이렇게 빨리 올 줄은 생각하지 못했다.

우리가 보안과에 가 보니 벌써 교도관 몇 사람이 대기하고 있었고 우리는 그때 확실히 깨달았다. 주임이 다가와서 말했다.

"이철, 김영, 이감이다."

김영이 어디냐고 물었다.

"대전이다. 어이, 방에 가서 이철과 김영 짐을 가져와!"

대전이라는 소리에 나와 김영은 서로 마주 보았다. 뭐? 대전이라고? 하필 왜 또 대전이란 말이냐! 우리 둘만 이감이었다. 적어도 그때는 그렇게 생각했다. 그런데 나중에 알게 된 일이지만 정진관 씨도 그날 아침 전주교도소로 보내졌다고 한다.

김영과 나는 체념했다. 우리를 대전으로 보낸다는 것은 중앙에서 지시하여 결정됐다는 뜻이다. 집행명령이 내려진 이상 아무리 항의하고 거부하더라도, 그들은 우리에게 혁수정(가죽으로 만든 수갑)을 채우거나 가죽 포대에 넣어서라도 보내고 말 것이다. 우리로서는 결정에 따를 수밖에 없었다. 끝까지 거부하여 불이익을 받을 일도 아니었다.

나와 김영은 지하실에서 대기했다. 교도관이 우리 방에서 징역 보따리를 가져오면 우리는 호송차를 타고 출발해야 했다. 그러나 시간이 흘렀는데도 출발할 기미가 보이지 않았다. '왜 그러지?' 하고 있는데 주임이 와서 말했다.

"너희 이감에 항의한다며 방에서 짐을 내주지 않는 거야. 방 사람들을 설득해 줄 수 없겠나?" 생각지도 못한 일이었다. 방에 있는 동료들이 우리의 이감을 저지하고 있다!

나도 김영도 가슴이 미어졌다. 나는 "만일 이철 등을 이감한다고 하면 우리가 저지하겠다"라고 하신 손유형 선생님 말씀을 떠올렸다. 정말 고마웠다. 나와 김영을 생각하여 동지들이 일어나 주다니, 이보다 더 기쁜 일은 없었다.

교도관들이 여러 번 방에 가서 짐을 내라고 요구했으나 방에서는 이를 완강히 거부했다. 시간이 한참 지났다. 어떻든 나와 김영이 이감 되는 것은 틀림없었다. 우리는 이미 충분히 만족했고 마음을 굳혔다.

우리는 "담당님, 이철도 김영도 이감 지시에 따르겠다고 한다고 방 사람들한테 말해 주세요. 그러면 납득하여 짐을 내줄 것입니다"라 고 말했다. 교도관들이 방에 가서 우리의 말을 전하자 방에서는 직접 본인들을 만나서 확인하기 전에는 내줄 수 없다고 주장했다. 그래서 김영의 방에 있던 젊은 상진이가 대표로 보안과에 왔다.

강제 이감인데 동료 재소자들이 짐 내주기를 거부한다거나 이감 되는 사람의 의사를 확인한다는 것은 들어 보지도 못한 일이었다.

상진은 우리 얼굴을 보자마자 손을 잡으며 "정말로 이감에 동의 했어요?" 하고 물었다. 우리는 "어쩔 수 없다. 이미 결정된 일이다"라 고 했다. 그리고 "여러분의 마음은 잘 알고 있다. 이렇게 고마울 수가 없다. 하지만 우리는 이대로 조용히 가는 것이 우리 모두를 위해 좋 다고 생각한다. 짐을 내줘"라고 했다. 상진은 금새 울상이 되어 "알겠 다" 하며 우리와 다시 굳은 악수를 했다. 김영이 그의 어깨를 끌어안 고 등을 툭툭 쳤다. 우리는 방 사람들에게 부디 건강하게 잘 지내시 라고 작별 인사를 전했다.

곧이어 우리의 징역 보따리가 반출되었고 우리는 주임과 교도관 세 명과 함께 작은 호송차에 올라탔다. 차는 대구교도소에서 대전을 향해 달려갔다.

'모두 안녕. 동지들이여, 잘 지내세요!' 나는 속으로 몇 번이나 외 쳤다. 그리고 '아, 대구교도소! 이 무자비하고도 그리운 우리의 전장이여. 이제 다시 너를 만날 일은 없다'고 생각했다.

대전을 향해 달리는 동안 나는 대구에서 일어난 여러 일을 떠올렸다. 7월 중순(7월 15일)에 대구로 와서 5개월 반밖에 지나지 않았는데 벌써 몇 년은 산 듯했다. 5개월 반 만에 다시 대전으로 돌아가리라고는 꿈에도 생각하지 못했다. 원래 교도소는 최소한 6개월 이상 지나야 재소자를 이송하는데, 그 6개월도 기다리지 못해 5개월 반 만에 우리를 이감하게 되었으니 말이다. 그러나 이는 우리에게 큰 훈장처럼 느껴졌다.

그런데 또다시 대전이라니 이게 웬일인가! 게다가 나도 김영도 대전교도소가 얼마나 비인간적인지 잘 알고 있었다. 대전의 새 교도소는 인간의 정 따위는 완전히 끊어 버리는, 춥고 혹독한 시베리아나 다름없었다. 동양 최대 규모를 자랑하는 10만 평 규모의 대수용소에는 수많은 폐쇄 독방이 있어 완전히 밀폐되어 있었다.

나는 김영에게 말했다. "영아, 대전에 가면 죽은 척하고 살자. 이번 이감은 우리에 대한 보복이니까 잘못하면 뼈도 추리지 못할 거야." 김영은 "어느 사동에 수용되든 꼭 연락합시다!" 하고 잡은 손에 힘을 주었다.

나의 '대구 7·31 사건'
|
이렇게 하여 나의 대구 생활은 끝이 났다. 대구에서 보낸 5개월 반은 하루하루가 진한 나날이었던 것 같다. 어쨌든 우리는 많은 일을 겪은

뒤에 승리했고 비교적 자유로운 생활이 보장되었다.

나는 대구 7·31 사건의 중심에 있던 사람으로서 이 투쟁에 참여할 수 있었음을 무엇보다 기쁘게 생각한다. 이는 나의 옥중 투쟁사에서 최대 봉우리가 될 것이다. 그 후 나는 이 사건을 계기로 남은 투옥 기간을 전투적으로 살게 되었다. 이것이 나에게는 대구 7·31 사건의 승리에 못지않은, 무엇보다도 큰 성과라고 생각했다.

그 후 1988년 10월 3일(개천절)에 출소할 때까지 나는 대구 7·31 사건의 후폭풍에서 벗어날 수 없었다. 중국 전한 시대 시인 한영이 말한 '나무는 조용히 있기를 원하는데 바람이 멈추지 않네' 같은 심경이라고나 할까, 나는 가는 곳마다 대구 7·31 사건으로 낙인찍힌 채 징역을 살았다. 그러나 이는 얼마나 명예로운 일인가, 동지들에게 신뢰받고 교도소 측으로부터도 내 나름대로 인정받게 되었으니 말이다.

나의 징역살이는 그 후 대전교도소 폐쇄 독방에서 다시 이전의 서화반으로, 그리고 1년 후에는 광주로, 그리고 10개월 뒤에 안동으로 전전하며 무대가 바뀌었다. 그러나 나에게는 그렇게 역마살이 낀 듯 전전하는 삶이 잘 어울리는지도 모른다. 이감되는 교도소마다 모종의 발자국을 하나씩 남겼으니 말이다.

파란의 시대 Ⅱ

7

$$\frac{1985 \ 12}{1988 \ 10}$$

대전교도소 폐쇄 독방

|

1985년 12월 23일, 나와 김영은 대구에서 대전으로 왔다.

대전 교도관들은 안면이 있었다. 그들은 대구에서 있었던 일에 관해서 아무것도 모르는지 "왜 다시 대전으로 돌아왔어? 아직 6개월밖에 안 됐는데?", "혹시 대구에서 무슨 일이 있었던 건 아니야?" 하고 자꾸 물었다. 나는 웃으며 "대전은 내 고향 같은 데니까 돌아왔지요" 하고 시치미를 뗐다.

김영과 나는 간단하게 확인만 받고 헤어졌다. 수용 사동은 둘 다 폐쇄 독방이었고 김영은 14사 1층, 나는 16사 1층이었다. 14사와 16사에는 우리 말고는 아무도 없었다.

폐쇄 독방은 외부에서 완전히 차단되어 창문도 없었다. 화장실이 수세식이긴 하나 용변 뒤에 물을 내리는 레버도 없었다. 하루에 두 번 교도관이 담당실에서 스위치를 눌러 물을 흘려줄 뿐, 그 외에는 물을 사용할 수 없었다. 그래서 화장실에 물이 흐르는 동안에 용변과 세수, 설거지까지 해야 했다. 방 넓이는 한 평 정도밖에 안 되고 천장에는 희미한 전구가 하나 달려 있을 뿐, 글을 읽을 수도 없었고 물론 읽을 책도 없었다. 아무도 없는 복도에는 본무 담당의 발소리조차 들리지 않았다. 무슨 일이 있을 때는 방 안에 있는 스위치를 누르면 담당실에서 "왜?"라고 짧게 묻는다. 그것뿐이었다. 우리는 징벌받고 이감된 것은 아니었지만 그래도 신변 보전을 생각해서 참기로 했다.

그래도 하루에 한 번씩 15분 정도 운동 시간이 주어졌다. 마침 운동하는 장소가 14사와 16사 사이 공터였기 때문에 하느님의 도우심이라 여겼다. 14사 가까이에서 "아, 날씨가 참 좋구나! 공기도 맑고!" 하니, 어디선가 "철이 형! 철이 형!" 하고 작은 소리가 들려왔다. 나는 "여기구나!" 하고 한 발짝 더 다가가서 작은 소리로 "영아! 괜찮아?" 하고 물었다.

"난 잘 있어요. 운동이에요?"

"그래. 난 ○호실에 있어. 밥 잘 챙겨 먹어라"라고 말했다. 그 후 김영과는 운동 시간에 가끔 말을 주고받을 수 있었다.

다시 서화반으로

|

어느 날 교무과 담당이 나를 서화반으로 데리고 갔다. 서화반으로 가니 선생님들이 미소 띤 표정으로 나를 반겨 주셨다. 내가 다시 대전에 왔다는 소식은 대구 7·31 사건의 소문과 함께 서화반에도 이미 전해져 있었다.

이명직 선생님이 "왜 또 대전으로 돌아왔어? 우리도 곧 전주로 이 감될 거야" 하셨다. 내가 웃으면서 "누가 오고 싶어서 대전에 왔겠습 니까. 가라고 하니까 어쩔 수 없이 왔지요"라고 하자, 모두 "대구에서 큰 사건이 있었다며? 몸은 괜찮았어?" 하고 위로해 주셨다.

그날은 마침 일주일에 한 번 정향 선생님이 오시는 날이어서 서화 반 사람들이 정향 선생님을 만나게 해 주려고 나를 불러냈다. 실은 내가 대구로 갑자기 이감되는 바람에 선생님께 작별 인사도 못하고 떠났었다.

잠시 후 정향 선생님이 오셔서 나를 보시자 "반가우이, 정말 반가 우이" 하고 말씀하셔서 나는 눈시울이 뜨거워졌다. 내가 인사도 못 하고 떠난 것을 사과하자 선생님은 "다 알고 있다. 알고 있어" 하시며 미소를 지으셨다. 선생님은 나에게 "대전에 돌아왔으니 다시 그전처 럼 서화반에 나와야지?" 하셨고, 나는 "나오고 싶습니다. 다시 배우 고 싶습니다" 하고 선생님께 절을 올렸다. 선생님도 만족스럽게 고개 를 끄덕이셨다.

선생님이 가신 뒤 잠시 있다가 "소장님이 오십니다!" 하고 보안과 직원이 알리러 왔다. 이내 얼굴이 불그스름한 소장이 보안과장과 다 른 간부들을 거느리고 들어왔다. 교도관이 "소장님께 경례!" 하자 우 리는 선 채 가볍게 고개를 숙였다.

보안과장이 나를 가리키며 "소장님, 이 사람이 이철입니다!" 하자 소장은 자못 유쾌한 듯 웃으며 "자네가 이철인가? 대전은 고향 같은 데라고 말했다며? 고향에 돌아온 이상 대구에서의 일은 다 잊어버리 고 여기서 다시 서예 공부를 하도록 해"라고 하며, 곁에 있던 구공탄 연탄난로를 보고 "여기에는 연탄난로도 있으니 취사장에서 김치를 얻어 와서 찌개나 끓여 먹으면 되겠네" 하며 웃었다. 과장 이하 다른 간부들도 억지웃음을 지었다. 소장은 "조금만 참으면 다시 여기서 서예 공부를 할 수 있도록 해 주겠다"라고 말한 뒤 방에서 나갔다.

폐쇄 독방에서 한 달 정도 지낸 후 나는 다른 사동으로 옮기고 다시 서화반에 출역하게 되었다. 서화반 선생님들과 생활이 다시 시작되었다. 우리는 "소장이 취사장에서 김치를 가져와서 찌개나 끓여 먹으라고 했으니 가끔 한 번씩 받아 올까요? 취사장 담당이 뭐라고 하면 소장 명령이라고 하면 되지" 하고 웃었고, 실제로 가끔 김치를 받아 와서 김치찌개를 끓여 먹기도 했다. 그러나 며칠 지나지 않아 서화반 선생님들은 전주로 이감되셨고, 다시 나 혼자만 남게 되었다. 우리는 서로 손을 잡으며 이별을 아쉬워했다.

그동안 정향 선생님이 우리를 위해 써 주신 많은 서예 작품이나 글자 모음을 어떻게 하면 좋을지 내가 묻자, 이명직 선생님이 "이철이 선생님의 애제자니까 모든 걸 이철에게 맡긴다. 네가 모두 맡아라"라고 하셔서 정향 선생님이 그때까지 써 주신 붓글씨를 모두 내가 물려받게 되었다. 다만 신영복 선생님이 "행서체만은 내가 가져가도 되겠냐"라고 하셔서 행서체는 신 선생님에게 드리고 나머지는 모두 내가 보관했다. 나는 그 후 이감될 때마다 그것을 소중히 간직하며 가지고 다녔고 출소할 때도 가지고 나왔다

서승 형과 만남

|

선생님들이 전주로 떠나시자 서화반에는 나 혼자만 남아 쓸쓸하기 그지없었다.

어느 날 특사의 비전향 선생님들이 영화 감상을 위해 교회당 쪽으로 걸어가시는 모습을 보았다. 나는 작은 소리로 선생님들의 이름을 부르며 손을 흔들고 인사했다. 선생님들도 눈짓으로 미소 지으셨다. 그때 건장한 체격을 한 사람이 천천히 걸어왔다. 보니까 얼굴에 큰 화상을 입어 심하게 일그러져 있었다. 내가 혹시나 하고 쳐다보며 서 있으니 그분도 의아한 시선으로 나를 보았다. 내가 "혹시 서승 선생님이 아닙니까?" 하고 말을 걸자 "그런데요. 당신은 누구요?" 하고 되물었다.

"저는 재일동포 이철이라고 합니다" 하자 "아, 이철 씨! 대전에서 이제야 만나는군요" 하고 우리는 악수했다. 그 무렵에는 대구, 광주, 전주, 대전 등 각 교도소에 분산 수용되었던 비전향 장기수들이 모두 대전에 모여 있었다.

서승 형의 화상 입은 얼굴에 나는 큰 충격을 받았다. 이토록 격렬하게 싸운 서승 형과 비교해 자살 미수에 그친 뒤 자포자기에 빠져버린 내가 너무 부끄러웠다.

나는 구속되기 전에 읽었던 어느 주간지 기사가 생각났다. 동생 서준식 씨가 전향을 강요받아 심하게 폭행당한 사실을 일본에서 접견하러 온 국회의원 니시무라 세키카즈 의원에게 용기를 내 폭로했다는 내용이었다. 서승 형과는 그 뒤에도 한 차례 교무과에서 만났다.

일본에 사는 여동생이 오빠를 접견하러 대전에 왔을 때, 서승 형이 여동생을 소개하려고 교무과에 부탁하여 나를 불러냈다. 남의 가족 접견에 동석한 것은 그때가 처음이었다.

쇼파타 드링크

그 뒤 김영 씨도 서화반 출역을 희망하여 우리는 다시 함께 지내게 되었다. 또 충남대 학생과 서울대 학생도 서화반에 들어와서 우리는 사회 돌아가는 이야기를 들으며 즐거운 시간을 보냈다.

우리는 학생들에게 바깥 사회 이야기를 많이 들었는데, 다음 이야기에는 배를 잡고 웃었다. 학생들 사이에서 유행한다고 했다.

한 학생이 손에 작은 병을 잡고 앞으로 내밀며 TV 광고처럼,

"대머리 처방약 쇼파타 드링크!" 하고 외친다.

무슨 뜻이냐 하면 대머리는 전두환이고 '쇼파타 드링크'는 '파쇼 타도'라는 뜻이다. 나는 너무 우스워서 장난조로 "명혁제약의 제공이었습니다!"라고 덧붙였다. 정말이지, 학생들 유머에는 언제나 감탄하게 된다. 한국 학생들은 언제나 이렇게 낙관적으로 사고하니 참 대단하다고 생각했다.

당시 대전교도소에는 비전향 장기수들을 제외하고는 우리 동료들이 거의 남아 있지 않았다. 대전에는 비전향 장기수들만 남기고 나머지는 모두 다른 교도소로 옮길 방침이었기 때문이다. 그래서 나도 김영도 언젠가는 다른 곳으로 가게 되리라 생각했다.

광주로

|

1986년 말 12월 25일, 나와 김영 씨는 또다시 이감 통보를 받았다.

이번에는 광주라고 했다. 벌써 몇 번째 이감인가! 대구에서 5개월 반, 대전에서도 1년이었던 역마살이 낀 세월이었다. 이번에도 또 김영 씨와 둘만 이감되었다. 우리는 6인승 차에 실려 미지의 땅 광주로 향했다.

그러나 광주! 그곳은 틀림없는 빛의 고향, '빛고을'이었다. 1980년 5월, 시민들의 거리라고 생각하니 나는 감개무량했다. 게다가 광주는 나에게는 참으로 그리운 곳이기도 했다. 광주에서 민향숙이 3년 6개월 동안 징역살이했기 때문이다. 나는 처음으로 가지만 결코 낯선 땅이 아니었다. 그녀가 광주에 있을 때 얼마나 광주 생각을 했던가. 나는 그녀의 향기가 아직 가시지 않은 광주로 향했다. 그러나 나는 광주에서 그녀를 향한 그리움을 되새기는 사이, 또다시 사건에 휘말리고 말았다. 그리고 10개월 뒤에 다시 광주를 떠났다.

먼저 도착했을 때 이야기부터 시작하겠다.

광주에 도착했을 때는 저녁 무렵이었다. 우리는 매번 그렇듯이 지급받은 식기만 들고 방으로 걸어갔다. 벌써 어두웠다. 가는 도중에 김영 씨와 헤어진 나는 어느 방 앞에서 멈추어 섰다. 배방 담당이 방문을 열고 "신입이다"라고 하자, 방 안에 있던 사람들이 일제히 입구 쪽을 쳐다보았다.

그들 중 한 사람이 일어서더니 "신입은 받아들일 수 없다. 여기는 재일동포 방으로 이 이상은 안 넣기로 보안과하고도 이야기가 되어 있다"라고 했다.

배방계 담당이 "분명히 이 방으로 되어 있는데?" 하자, 그 사람은 다시 한번 "어쨌든 이 방에서는 받아들일 수 없다"라고 거듭 거부했다. 오가는 말을 듣고 있던 내가 "재일동포라면 들어가도 되나요?" 하고 물었더니, 그가 "당신은 재일동포인가요? 이름이?" 하고 물었다. 나는 "재일동포 이철이란 사람입니다. 오늘 대전에서 왔습니다"라고 했다.

그러자 그는 들뜬 목소리로 "이철 씨?"라고 했고, 동시에 입구에서 말을 듣고 있던 사람이 일어나더니, "아, 이철 씨입니까, 어서 들어오세요" 하고 안으로 불러들였다. 방에는 박영식 씨 등 재일동포 네 명과 국내 사람 세 명이 있었다.

방은 화기애애했고 모두 나에게 친절했다. 중동에 다녀왔다는 홍 씨가 영어를 잘해 박영식 씨는 그에게서 영어 회화를 배우고 있었고, 김태홍 씨와 조일지 씨도 영어를 배우고 있어서 홍 씨가 자연스럽게 방의 중심적 존재였다.

나는 광주에서는 얼마 남지 않은 징역살이를 정리하며 조용히 살 생각이었다. 그러나 어느 날 박영식 씨가 "이철 씨가 와서 우리 방의 중심적 존재가 되니 홍 씨가 조금 질투하는 것 같다. 조심하는 게 좋겠다"라고 귀띔해 주었다. 하지만 나는 웃어넘겼다. 오랜 세월 징역살이를 해 온 나는 그런 일 따위에는 아무런 관심도 없었다.

격세지감

|

어느 날 한 학생이 교도관의 눈을 피해 우리 방 앞에 오더니 "이철 선생님이 어느 분입니까?" 하고 물었다. "내가 이철입니다" 하자, 그는 "선생님 말씀은 밖에서도 많이 들었습니다. 만나서 반갑습니다" 하고 인사하고 갔다.

나는 그 무렵 학생들의 사고가 '통일 지향적'이 되어 가고 있음을 전해 들었지만, 알지 못하는 학생에게 이런 인사를 받으니 격세지감을 느끼지 않을 수 없었다.

10년 전 처음 서대문구치소에 입소했을 때 대학생 중에 우리 재일동포 간첩 사건을 제대로 이해해 준 학생들이 과연 얼마나 있었을까? 대학교 친구나 후배들조차 우리와 거리를 두며 뒤에서 "재일동포들 때문에 우리의 순수한 민주화운동이 탄압받았다"라고 말했다. 그러나 10년이 지난 지금은 나를 몰래 찾아와 "반갑습니다"라고까지 말해 준다.

이제 학생들도 우리를 동지로 받아들인 느낌이었다. 우리는 사회에서는 특별히 이렇다 할 일은 아무것도 하지 못했다. 다만 옥중에 들어와서 살아남기 위해서 투쟁하고, 그때마다 국내분들과 함께 꾸준히 싸워 온 것이 축적되어 이제 제대로 평가받게 되었다. 우리가 옥중에서 뿌린 씨앗이 감옥에 들어온 청년 학생들을 통해서, 그리고 밖에서 활동해 온 민향숙과 조만조 어머니, 일본에서 구원 운동을 해 온 많은 친구를 통해서 한 송이 작은 꽃으로 핀 것은 아닐까. 적어도 한 줌의 거름은 되지 않았을까 하고 느꼈다.

그러나 나는 솔직히 말해 광주에서는 조용히 독서나 하고 지내고 싶었다. 그런데 그런 바람과는 달리 나는 또다시 사람들을 사건에 휘말리게 하고 말았다.

광주에서 단식

|

사건의 발단은 이러했다.

극성 기독교 신자였던 홍 씨가 어느 날 사소한 일로 나를 '성경도 읽지 않는 가짜 가톨릭 신자'라고 욕하고, 심지어 재일동포들을 싸잡아 매도했다. 그리고 김장호 씨와 다른 사람이 그 말을 문제 삼자 홍 씨는 이들을 폭행했다. 홍 씨는 태권도 유단자였다.

나는 작풍이 이런 사람은 나중에 문제 될 소지가 많으니 같은 방에 있어서는 안 되겠다고 생각했다. 나는 다른 사람들에게 "나는 단식을 해서라도 이 방을 나가겠다. 같이 나가고 싶은 사람은 같이하면 되고, 이 방에 남겠다는 사람은 남는 것도 자유"라고 말했다. 김태홍 씨와 김장호 씨는 그 자리에서 함께 나가겠다고 했고 조일지 씨는 조금 고민하다가 "이철 씨가 나간다면 나도 나가겠다"라고 했다.

우리는 보안과에 재일동포들을 무턱대고 욕하며 폭행까지 하는 사람과 함께 지낼 수 없다고 전방을 요구하였으나 묵살당했다. 우리는 날짜를 정해 단식에 들어갔고 단식 사흘 만에 홍 씨 등을 방에 남긴 채 다른 방으로 옮겼다.

학생들과 공투

|

어느 날 한 학생이 "우리는 광주교도소의 처우에 매우 불만을 느끼고 있습니다. 그들은 입으로는 약속해 놓고 전혀 실행에 옮기지 않습니다"라고 호소하며 "우리가 행동할 때 함께해 줄 수 없겠습니까?"라고 했다. 나는 "방에서 의논해 보겠습니다"라고는 했으나 이미 마음을 굳힌 상태였다. 학생들이 함께 일어나 달라고 하는데 어떻게 거절할 수 있겠는가. 우리는 결국 다시 단식하기로 결정했다. 여기저기서 학생들의 고함 소리가 들려오기 시작했다. 우리 방도 큰 소리로 샤우팅을 시작하면서 투쟁에 들어갔다.

며칠 지난 어느 날 교도관들이 남민전 사람들 방에 들어가 방에 있던 책꽂이 등을 불법 물품이라고 시비를 걸어, 서로 밀치다가 박석삼 씨가 폭행당한 일이 있었다. 우리는 분개했으나 그 뒤 억지로 입 안에 죽을 흘려 넣는 강제 급식을 당하게 되면서 사태가 더욱 악화되었다. 김영 씨는 이때 고무호스로 목과 위장에 상처를 입어 훗날까지 통증을 호소했다.

이 투쟁은 바깥 사회의 민주항쟁에 호응한 옥내 투쟁이었다. 그 뒤 남민전 사람들은 다른 교도소로 이감되었다.

비밀 쪽지

|

시간을 조금 앞으로 되돌려 이야기를 이어 가겠다.

남민전의 박석률 씨가 이감되기 전에 몰래 나를 찾아와 "이번 소내 폭행을 폭로하는 글을 썼는데 밖에 내보낼 수 없을까?" 하고 물었다.

나는 그 쪽지를 받아서 치약 튜브를 끝 쪽에서 열어서 그 안에 집어넣고 숨겨 두었다. 그리고 가톨릭 집회가 있는 날 그것을 꺼내 김상철이라는 같은 방 사람에게 몰래 들고 나가게 했다. 당시 가톨릭 신도회 회장은 국가보안법수로 우리와 친했다.

나는 신도회 회장이 외부 가톨릭 인사들과 접촉할 수 있다는 사실을 알고 있었다. 그래서 그에게 "쪽지가 하나 있는데, 그것을 전달해 줄 수 있는가?"라고 물으니, 그는 곧바로 "다름 아닌 이철 씨 부탁이니 전달해 주겠다"라고 했다. 나는 김상철에게 눈짓했고, 그는 집회가 끝난 직후 회장에게 살짝 쪽지를 건넸다. 이렇게 쪽지가 외부로 반출되었다.

훗날 특별 접견 때 나는 민향숙에게 여러 가지 바깥소식을 듣고 또 유인물도 몇 장 받아서 방에 가지고 왔는데, 놀랍게도 그 속에 우리가 밖으로 내보낸 박석률 씨의 호소문이 깔끔한 인쇄물로 들어 있었다. 우리가 내보낸 문서가 다시 옥중으로 들어올 줄은 생각지도 못했다. 또 유인물 안에는 일본에서 구원 운동을 하고 있는 미야자키 유이치 군이 작사한 나의 노래도 들어 있었다.

당시 우리는 가톨릭 광주교구의 《빛고을》이라는 주보를 통해 단편적으로나마 정보를 얻었는데, 때로는 몰래 신문을 넘겨받아 방으로 가져오기도 했다. 그 신문에는 놀라운 내용들이 있었다.

시위 도중 최루탄을 맞아 의식을 잃은 연세대 이한열 군이 숨지고 추모 집회가 서울시청 앞 광장에서 열렸다는 내용이었다. 나는 운집한 군중의 사진과 '백만 인파'라는 제목에 눈이 휘둥그레졌다. 또 김대중 씨의 사면 복권에 관한 기사도 있었던 것으로 기억한다.

나는 흥분한 목소리를 누르며 방 동료들에게 읽어 준 뒤 그것을 여느 때처럼 변소 안에서 잘게 찢어서 버렸다. 밖에서 들여온 자료는 모두 없애지 않으면 언제 어떤 일이 일어날지 모르기 때문이다.

참고로 1987년 6월 민주항쟁은 1960년 4·19, 1980년 5·18과 함께 민주화운동에서 큰 봉우리를 이루는 특필할 만한 사건이므로 그 일련의 흐름을 간략하게 설명해 두기로 한다.

먼저 6월 항쟁이 일어난 계기는 1987년 1월 14일 서울대생 박종철 군 고문치사 사건이었다. 치안본부 대공분실(남영동)에서 조사 중 고문을 받아 박종철 군이 숨졌다는 신문보도가 나오자 전국 곳곳에서 항의·추모 집회가 열렸고, 민주화와 대통령선거 직선제를 요구하는 목소리가 높아졌다. 그러나 전두환은 이에 기름을 붓듯 '호헌' 조치(4·13 조치)를 선언했다. 이것은 국민투표에 의한 직접선거가 아니라, 당시 헌법에 따라 선거인 단체(통일주체국민회의)가 대통령을 선출하겠다는 선언이었다.

이에 시민들이 격앙하여 곳곳에서 호헌 철폐를 외치고 시국선언이 잇따랐는데, 5·18 광주항쟁을 기념하는 명동성당 미사에서 김승훈 신부님이 박종철 군 고문치사 사건의 진실이 조작되었음을 폭로했다. 이 발표로 민주화운동은 더욱 거세게 불타올랐고, 6월 9일에는 연세대 학생 이한열 군이 머리에 최루탄을 맞고 의식불명이 되었다.

다음 날인 6월 10일, 재야 민주 세력은 '민주헌법쟁취국민운동본부'를 결성하여 '박종철 군 고문치사 날조 은폐 규탄 및 호헌 철폐 국민대회'를 열어 대통령 직선제와 민주화를 촉구하는 전국적 시위가 벌어졌다. 6월 항쟁의 시작이었다. 6월 18일에는 최대 규모인 150만 명이 추모 집회에 모였다고 한다. 결국 전두환, 노태우는 '6·29 선언'을 발표하며 대통령 직선제를 받아들일 수밖에 없었다.

7월 5일 이한열 군이 사망하자 9일에는 그를 추모하는 100만 명 집회가 서울시청 앞 광장에서 열렸다. 이날 이한열 군을 추모함과 동시에 전두환 세력의 종신 집권 음모 분쇄를 축하하기 위해 학생과 민주시민 100만 명이 운집했다. 이 역사적 6월 항쟁은 그해 12월 대통령선거에서 노태우 당선과 민주 세력 분열이라는 큰 상처를 남기기는 했으나 민주주의의 큰 승리로 역사에 기록되었다.

나의 '광주 사건'

1987년 11월 어느 날, 김상철이 부식으로 나온 상추가 적다며 소지와 말다툼하다가 욕설을 퍼부었다. 내가 "상철아, 그만해라. 부식 같은 걸로 재소자끼리 싸우면 안 된다"라고 주의를 주었는데, 그는 이 일로 내게 앙심을 품은 듯했다.

나도 경계는 하고 있었으나 잠자다가 한밤중에 이상한 느낌이 들어 눈을 떴다.

눈을 떠 보니 김상철이 내 목에 깡통 뚜껑을 갈아서 만든 칼을 들이대고 있지 않은가! 내가 꼼짝 못 하고 "상철아, 이게 무슨 짓이냐!"

하자, 그가 "이 선생은 왜 나를 그렇게 꾸짖었소? 나한테 사과하시오. 사과하지 않으면 이 칼로 목을 베어 버리겠소"라고 했다. 나는 "상철아, 너는 지금 무슨 짓을 하고 있는지 알고나 있나? 그래, 사과해서네 마음이 풀린다면 사과할게. 상철아, 너를 꾸짖은 것은 미안하다"라고 했다. 그러자 그는 그때야 칼을 떼었다. 같은 방 사람들은 일이 어떻게 되는가 하여 숨죽이며 지켜보고 있었으나, 다행히 아무 일도 없이 끝났다. 그러나 그와는 더 이상 같은 방에서 함께 지낼 분위기가 아니었다.

며칠 뒤 김상철은 스스로 다른 방으로 옮겨 갔다. 우리는 그가 미결수 사동으로 갔다는 소식을 듣고 이상하게 생각했으나 의구심이 들지는 않았다. 그러나 그때 그는 밀고에 반드시 성공할 비책을 세워 둔 터였다. 그는 교도소 당국이 아니라 검사에게 직접 밀고한 것이다.

김상철은 미결수 사동에 전방된 뒤 어떤 미결수가 검사 취조를 받으러 갈 때 '아주 중요한 이야기가 있으니 김상철을 한 번만 불러 달라'는 말을 검사에게 전달해 주도록 부탁했다. 검사가 김상철을 불러내자 그는 그동안 방에서 있었던 모든 일을 밀고했다. 검사는 바로 교도소 측에 연락하는 동시에 안기부에도 통보했다. 이리하여 나의 '광주 사건'이 일어나게 되었다.

일주일에 한 번씩 있는 가톨릭 집회에 나간 나는 미사가 시작되기 직전에 신도회장과 함께 보안과로 불려 갔다. 나는 순간적으로 밖에 전달한 문서 때문임을 눈치채고 신도회장과 눈짓을 주고받았다. 그역시 눈치가 빨랐다. 나는 걸어가면서 작은 소리로 재빨리 말했다.

"회장님과 함께 불려 가다니 도대체 무슨 일일까요? 나는 회장님한테 아무것도 부탁한 일이 없고, 회장님도 내게 부탁받은 것이 없지요?" 그는 크게 고개를 끄덕이며 "허, 보안과에서 나에게 볼일이 있다니 도대체 무슨 일일까? 무슨 일인지 모르겠구먼" 하고 나 들으라는 듯 큰 소리로 말하며 직원들을 따라갔다.

우리가 연행된 방은 조사실이었고 신도회장과 나는 각기 다른 방에 들어갔다.

내가 들어간 방에는 안기부 조사관이 세 명이나 대기하고 있었다. 나는 그들을 보자마자 일의 중대성을 직감했다.

나는 '골치 아프게 되었구나' 하고 각오했다. 그러나 길은 하나밖에 없었다. 끝까지 갈 수밖에!

그들은 나를 보자 "네가 이철인가? 무슨 일로 불려 왔는지 짐작하겠지? 자, 지금부터 묻는 말에 솔직히 대답해!" 하며 위협했다. 나는 "불려 온 이유는 모르겠으나 아는 것은 무엇이든 대답하겠습니다"라고 했다. 그들은 속으로 일이 쉽게 끝날 거라고 생각했는지 모른다. 그러나 그렇게 쉽지는 않을 것이오! 나도 괜히 10년 동안이나 가다밥을 먹지는 않았으니까.

"너는 유인물을 방에 가져와서 방 사람들에게 읽어 준다던데, 그런 건 어디서 들어오는 거지?"

"유인물이라니요? 그게 무슨 말입니까?"

"다 알고 묻는 거다. 이봐, 맨날 읽고서는 변소에서 찢어 버렸잖아. 지난번에는 신문이 커서 찢어서 버리는 것도 힘들지 않았어?"

"신문이라니요? 그런 게 어디서 들어옵니까? 보안과에서도 그런 큰 걸 간과할 리가 없지 않습니까?"

"신사적으로 물으니까 까불고 있어! 네가 잊어버렸다면 가르쳐 줄까? 자, '이한열 추모 집회 서울시청 앞에 백만 인파'라는 기사다. 생각났냐?"

나는 '무슨 말인지 도무지 모르겠다', '누가 그런 터무니없는 소리를 했는지 모르지만 그 사람과 만나게 해 달라. 그놈을 무고죄로 고소하겠다. 내가 거짓말한다고 생각한다면 변소 속을 뒤져 보면 될 일이다. 전혀 모르는 일'이라고 말했다.

그들은 또 "박석률이 쓴 쪽지는 신도회장이 가톨릭의 이 부장에게 전달한 것 맞지?"라고 물었다.

그들은 다 알고 있었다. 김상철이 하나도 남김없이 다 밀고한 것이다. 내가 완강하게 부인하자 그들은 "이철, 우리가 한가해서 놀러 온 줄 알아?"라고 쏘아붙였다.

"그러면 안 오면 되잖아요"라고 대꾸하고 싶었으나, 섣불리 말했다가는 얻어맞을 것이 뻔했다. 그들은 쏘아붙이기도 하고 달래기도 했지만 나는 끝까지 모른다는 말로 일관했다. 그들은 "네가 거짓말하고 있다는 것이 밝혀지면 낭패당할 것이다"라고 으름장을 놓았다. 나는 안기부가 직접 나선 이상 그럴 수 있다고 생각했다.

몇 시간이 지나서 조사실을 나왔지만 내가 돌아간 방은 동료들이 기다리는 방이 아니라 징벌방이었다. 나는 어떻게든 방 동료들에게 연락하여 그들과 말을 맞추고 싶었으나 방법이 없었다. 실은 내가 조사받는 시간에 보안과에서는 방 동료들을 일일이 불러 조사했다고 한다.

나는 다음 날에도 아침 일찍 불려 나갔다. 그들은 내가 아무리 부인해도 집요하게 몇 번이나 같은 질문을 했다. 내가 그들에게 "누가 그런 터무니없는 거짓말을 한 것입니까? 김상철입니까? 만약 상철이라면 저와 대질시켜 주세요" 하자, 그들은 "김상철이 아니다"라고 했다. 나는 "만약 상철이라면 그놈은 거짓말쟁이니 믿을 수 없다"라고도 했다.

그들은 "너는 《중국의 붉은 별》이란 책을 아냐?"라고 물어 왔다. 나는 생각지 못한 질문에 일순간 놀랐으나 곧 냉정을 되찾았다. 안기부에서 조사하러 나왔는데 우리 방을 검방 하지 않을 리 없었다. 실은 나는 에드거 스노의 《중국의 붉은 별》을 내 징역 보따리에 몰래 숨겨 놓았다. 알고 있다고 했더니 그들은 읽었냐고 물었다. 그 책이 내 징역 보따리에서 나온 것이 분명했기 때문에 나는 인정할 수밖에 없었다. 그 책마저 모른다고 하면 그들은 내가 여태까지 진술해 온 모든 것을 믿지 않을 것이다.

《중국의 붉은 별》은 누가 그랬는지는 모르지만 '카네기 인생록'이라는 표지로 멋지게 둔갑하여 장정되어 있었다. 그러나 표지를 바꾼 것은 내가 아니며 처음부터 그렇게 장정되어 있었다고 말했다. 누구에게 받았는지 물어서 대학생이라고 대답했다. 실은 같은 방 김 씨가 어떤 대학생으로부터 받았는데, 이 책에 관해서는 내가 짊어지고 갈 생각이었다. 그 책을 준 학생은 이미 출소하여 없고 이름도 모른다고 말했다. 나는 또 《중국의 붉은 별》은 벌써 50년 전에 세상에 나온 책이라 이미 고전으로 불리고 있고, 정식으로 한국어로 번역 출판되었기 때문에 금서라고는 생각하지 않았다. 무엇보다도 만약 이 책이 금서라면 교무과를 통해서 정식으로 들어올 리도 없는데, 그 책에는 교무과의 검열필 증과 허가인도 찍혀 있었다'고 항변했다. 그들은 이틀에 걸쳐 수확도 없는 조사를 끝낸 뒤 나에게 자술서를 쓰게 하고 돌아갔다.

김영이 던진 말

안기부의 조사가 끝나자 나는 이번에는 보안과로 불려 갔다. 보안과에서도 같은 질문을 받고 똑같이 대답했다. 《중국의 붉은 별》에 관해서도 마찬가지였다. 보안과에서는 "네 방 사람들을 심문하고 네 진술이 틀림없다고 확인되면 며칠 이내에 징벌위원회가 열릴 것이고, 그 뒤에 소장이 재정을 내리게 된다"라고 했다.

나의 가장 큰 걱정은 방 동료들과 말을 맞추는 일이었다. 나는 어떻게 하면 동료들에게 연락할 수 있을까, 이것저것 생각하다가 잠들어 아침에 일어나니 머리가 무거웠다. 내가 들어간 징벌방은 독방이었는데, 옆방에는 나 말고도 일반수 두 명이 들어와 있었다. 아침 점호가 끝나고 나는 세수하러 천천히 세면장으로 갔다. 담당은 10미터쯤 떨어진 곳 의자에 앉아 있었다. 마침 그때 2층 계단에서 시끌벅적하게 내려오는 출역수 무리가 있었다. 나는 그 사람들 속에 혹시 아는 얼굴이 없을까 하고 세수도 하지 않고 쳐다보았다.

그랬더니 '있다!' 그 무리 속에 재일동포 이모 씨 얼굴이 보였다. 광주에 와서 두 번 만난 적이 있어 나는 금방 알아보았다.

"이○○!" 내가 이름을 부르자 그는 놀란 표정으로 멈춰 섰다.

나는 급하게 말했다.

"이틀 연속으로 안기부에서 조사받고 지금 징벌방에 있다. 그들은 내가 외부에서 유인물이나 신문을 방에 가져와서 읽었다고 말하고 있다. 김상철 놈이 밀고한 것이다. 나는 그런 일은 한 적도 없고 무슨 말인지 모르겠다고 했다. 알아들었어? 우리 방 사람들한테 그렇게 전해 줘!"

내가 다급하게 말하자 그는 멍한 표정을 짓더니 고개를 끄덕이는 듯했다. 나는 그가 정말 이해했는지 알 수 없었지만 확인할 시간도 없었다.

그때 의자에 앉아 있던 담당이 "야, 이철! 거기서 뭐 하냐? 누구랑 이야기하는 거야?" 하고 소리쳤다. 나는 수건으로 얼굴을 닦는 시늉을 하면서 아무 일도 없었다는 듯 천천히 걸어 돌아왔다. 걸으면서 마음속으로 손을 모아 '하느님, 제발!' 하고 빌었다.

유일한 기회였다. 그 자리에 재일동포 이모 씨가 나타날 줄 몰랐다. 나는 징벌위원회 재정을 기다리고 있었는데, 그때는 아직 징벌이 확정되기 전이어서 운동도 허용되었다. 30분쯤 운동하고 방으로 돌아가려 하는데 복도 입구 쪽에 누군가가 보였다. 자세히 보니 김영이 아닌가!

김영이 나를 보더니 큰 소리로 외쳤다. "철이 형! 괜찮아? 주체사상으로 힘내라!"

"뭐? 주체사상으로 힘내라?"

나에게 뭔가 의미 불명한 엉뚱한 말을 던진 김영. 과연 김영답게 엉뚱하고 뜻밖의 말이었다. 그러나 생각해 보니 '아니, 결코 엉뚱한 말이 아니다!' 나는 예기치 못한 그의 한마디에 어리둥절했으나, 그가 하는 말은 옳다. 적어도 언제, 어떤 상황에서든 스스로 활로를 찾으라는 뜻이다! 나는 그의 말을 듣자 마음의 안정을 되찾았다.

재일동포 이 씨를 통해 내 말이 방 동료들에게 전달되든 안 되든 이제는 상관없었다. 전달되지 않더라도 어쩔 수 없었다. 그런 걱정을 하기보다 정신을 바짝 차려야 했다. 나 스스로 정신을 차리지 못하면 결코 길은 열리지 않으리니.

김영의 엉뚱한 한마디에 나는 마음의 중심을 되찾고 다시 살아났다.

나중에 들은 이야기로는 방 동료들은 내가 끌려간 뒤 의논하여 유인물이나 신문, 박석률 씨 문서에 관해 일절 모르는 일로 하기로 하고 자신들의 조사를 기다렸다고 한다.

징벌 1개월
|

안기부와 보안과 조사가 끝난 며칠 뒤 나는 부소장실로 불려 갔다. 부소장은 대전교도소에서 안면이 있던 사람이었다.

부소장은 "이번 건으로 추가 형은 없으니 안심하라. 그러나 금지 서적인 《중국의 붉은 별》을 소지하고 있던 죄로 징벌 2개월로 결정되었다. 하지만 이철하고는 안면도 있고 하니 내 재량으로 징벌 1개월로 감형해 준다"라고 하고, "이번 건은 이것만 짊어지고 가라. 앞으로 아무 문제도 일으키지 않으면 다시 있던 원방으로 보내 주겠다"라고 했다. 그리고 마지막에 "그런데 《중국의 붉은 별》이란 도대체 어떤 책인가?" 하고 물었다.

징벌 1개월! 그러나 생각하기에 따라서는 불행 중 다행이었다. 잘못하면 추가 형도 충분히 있을 수 있는 상황이었다. 그렇게 생각하니 마음이 편해졌다. 그래, 한 달만 참자. 그러면 다시 동지들이 있는 방으로 복귀할 수 있다!

그러나 사실은 그렇게 되지 않았다. 오히려 그날이 광주에서 마지막 날이었다!

다시 이감
|

다음 날(11월 10일), 아직 동트기 전이었다.

"이철, 일어나!" 누군가 방문을 걷어찼다.

내가 일어나자 "이감이다! 준비하고 10분 이내에 나와!"라고 했다. 전혀 예상하지 못한 일이었다. 바로 어제 부소장이 상냥하게 "한 달 후에는 원방에 복귀시켜 주겠다"라고 약속하지 않았는가. 나는 "제기랄! 저 늙은 여우한테 속았구나!" 하고 욕을 퍼부으면서 짐을 싸서 방에서 나왔다.

그러자 호송 담당이 "네가 있던 방에 들러서 한 사람 더 데리고 와야 하니 여기서 잠시 기다려라" 하며 나를 본무 담당에게 맡기고 재일동포들 방으로 가려고 했다. 내가 "담당님, 잠깐만요! 누가 같이 갑니까?" 하고 묻자 "박영식이다"라고 했다. 나는 놀랐으나 "박영식이라면 내가 가서 깨울 테니 나를 데려가 주세요" 하자, 담당은 "그럼

같이 와" 했다. 나는 '옳지! 방 사람들에게 작별 인사 할 수 있겠다'고 생각하며 따라갔다.

걸어가면서 담당에게 물었다.

"오늘 가는 데가 어딥니까?"

"안동이다."

나는 듣는 순간 충격을 받았다. '뭐, 안동이라고? 많고 많은 교도소 중에 하필 안동이라니!' 보통 우리 좌익수들은 대전, 광주, 전주, 대구 등 네 개 교도소에만 수용되는데 우리는 하필 안동으로 가게 되었다. 당시 안동은 어떤 재소자라도 두려워하고 이감되기 싫어하는 징역의 '맨 끝'인 외딴 교도소로, 전국 교도소에서도 어쩔 수 없는 '꼴통'들만 수감되었다. 그래서 일단 안동까지 보내진 재소자는 다른 교도소에서 이감을 받아주지 않기 때문에 그곳에서 만기 출소하거나 죽지 않는 한 달리 나갈 방법이 없는, 그런 암담한 감옥이었다.

'안동이라니' 나는 속으로 큰일 났다고 생각하면서 재일동포들의 방으로 가서 문 앞에 섰다. 모두 아무것도 모르고 잠들어 있었다. 내가 "박영식, 일어나. 이감이야!"라고 하자, 아직 어둑어둑한 새벽잠에 빠져 있던 사람들이 일제히 벌떡 일어났다.

"뭐, 이감? 누가?"

"영식아, 담당님이 기다리고 있어. 나와 같이 안동에 간단다."

박영식 씨가 졸리는 목소리로 "안동에 이감이라고? 내가 왜 이감 돼야 하는데?" 하고 푸념하면서 일어나서 마지못해 짐을 싸기 시작했다.

다른 사람들이 "정말이야?", "농담 아니지?" 하는데 김장호 씨가 창문 너머로 내 손을 잡고 "이철 선생, 건강하세요. 당신을 평생 잊지 않겠습니다. 안동에 가서도 부디 몸만은 조심하세요"라고 말하더니 목이 메어 눈에는 눈물이 가득 찼다.

모두 악수하며 작별 인사를 나눴다.

김장호 씨의 틀니
|

김장호 씨가 눈물을 흘리며 작별 인사를 한 데는 그 나름의 사연이 있었다.

김장호 씨는 징역살이하면서 무엇보다 이 때문에 고생했다. 그는 이가 군데군데 빠져 있다기보다 위아래에 한두 개씩만 남아 있다고 하는 것이 더 정확했다. 그 몇 개 안 남은 이도 흔들거려서 음식을 씹지도 못하고 입안에서 우물우물하다가 삼킬 수밖에 없었다. 영치금도 거의 없어 치료받을 수도 없었다. 감옥의 식사는 딱딱하고 거칠다. 이가 튼튼해도 힘든데 이가 거의 없는 상태에서 어떻게 먹을 수 있을까 생각하니 가슴이 아팠다. 위아래를 전부 틀니로 하는 수밖에 없었다.

내가 어느 날 "김장호 선생님, 이를 전부 틀니로 하려면 비용이 얼마나 든답니까?" 하고 묻자 "40만 원이랍니다"라고 했다. '40만 원!' 옥중에서는 결코 적은 액수가 아니었으나 그래도 사람 생명과 바꿀 수는 없었다.

"김장호 선생님, 내가 그 40만 원을 내드리겠습니다. 틀니를 만드세요" 하자, 그는 "정말입니까?" 하고 놀랐다. 나는 "정말입니다. 40 만 원으로 김 선생님이 제대로 식사할 수 있다면 싼 거죠. 한 번 의무과에 가서 의논해 봅시다."

그러나 의무과 민 담당과 의논해 보니 남의 영치금을 쓰는 것은 금지되어 있다고 했다. 나는 "민 담당님, 그동안 여러모로 친절하게 해 주셨지 않습니까. 내 약혼녀도 같은 민 씨라고 잘봐 주셨다고 하던데요. 내 영치금을 가족이 찾아가도록 할 테니 그 돈을 김장호 씨 영치금으로 넣어 주면 안 되겠습니까?" 하고 부탁했다.

민 담당이 "한번 해보겠다"라고 해서, 나는 민향숙에게 편지를 썼다. 그녀가 접견하러 와서 수속을 끝내자 김장호 씨는 내 손을 잡고 눈물을 흘리며 고마워했다. 실제로 그는 눈물을 자주 흘렸다. 우리는 그가 우는 것을 여러 번 봤는데, 특히 돌아가신 어머니 이야기를 할 때는 자주 울었다.

김장호 씨는 며칠 뒤 완성된 틀니를 우리에게 보여 주었다. 틀니를 넣자 그는 다른 사람처럼 젊어 보였다.

그런 일이 있었기에 그는 나에게 특별한 마음을 가지고 있었던 것이다.

안동에서 재회

|

1987년 11월 10일 나와 박영식 씨는 안동행 호송차로 광주를 떠났다.

박영식 씨가 "왜 내가 안동으로 가야 하는지 이해가 안 된다" 하고 투덜거려서, 나는 "조사받을 때 가장 친한 사람이 누구냐고 묻길래 영식이 이름을 댄 거야"라고 말하며 웃었다. 그는 "쳇, 이제 알겠네. 나는 이철 씨 때문에 안동에 가는 거니까 알아서 해요" 했다.

나는 김영과 둘이서 대전에 갈 때와 같은 말을 했다.

"영식아, 안동에 가면 죽은 척하고 지내자. 말 그대로 징역의 '종점' 안동이다. 잘못하다가는 죽을 수도 있어." 그도 가는 데가 안동임을 안 이상 체념하고 있었다.

차는 88 고속 도로를 달리며 점점 산속으로 들어갔다. 안동으로 가는 길은 광주에서 가는 우리에게는 마치 산속 오지로 가는 듯했다. 그러나 나는 안동이 정다운 느낌이 들기도 했다. 안동, 의성은 내 조상들의 그리운 고향이었기 때문이다.

안동에 도착하자 우리는 매번 그렇듯이 신체검사와 간단한 질문 등을 받았다. 나는 안동 교도관들에게 만만하게 보이지 않으려고 어깨에 힘을 주며 일부러 퉁명스럽게 굴었다. 새 교도소에서 살아가기 위해서는 몸으로 때울 수밖에 없기 때문이다.

"이름은?"

"이철이오."

"주소는?"

"서울이고…."

"…."

그때 옆에 있던 계장이 내게 다가와 말을 걸었다.

"오오! 이철이 아닌가? 나를 기억하고 있나?"

내가 노려보듯 보니 예전에 대전에서 주임이었던 사람이었다. 나는 "오, 김 주임님. 뭐야, 안동에 계셨군요."

나의 '후카시(허세)'는 그 자리에서 날아가 버렸다. 김 계장은 나의 신분장을 보고 내가 징벌 중임을 확인하더니 "무슨 일이 있었어?" 하고 물었다. 내가 "뭐, 별것 아니에요. 어떤 놈한테 콧기름 발린 거예요"라고 하자 그는 나를 배려해 주었다.

"원칙대로 한다면 징벌방에 들어가야 하는데, 특별히 다른 사람들과 같은 사동에서 지낼 수 있게 해 줄게. 단 징벌은 징벌이니 접견이나 운동은 안 된다"라고 했다. 나와 박영식 씨가 지정된 사동에 가 보니 웬걸, 다른 교도소에서도 많은 사람이 이미 와 있었다. 하루 전에 전주에서 왔다고 했다. 나는 그들 속에서 그리운 얼굴을 발견했다.

"오오, 최 박사님 아닙니까?"

"오, 이철 씨!"

울릉도 간첩단 조작 사건으로 무기형을 받았던 최규식 선생님은 대전 시절부터 친하게 지내던 분으로, 김대수 박사와 함께 의무과 간병을 하시다가 전주에 가신 걸로 알고 있었다.

내가 "왜 또 하필이면 안동에?"라고 묻자, 최 박사는 "전주에서 재일동포 Y 씨 가족이 교회사한테 돈을 뜯긴 것을 문제 삼았더니 그 보복으로 이감되었다"라고 설명하셨다.

내가 "최 박사님이 계시니 잘됐습니다. 이번에 안동을 어떻게 잘해 볼까요?"라고 하자, "이철 씨가 와서 마음이 든든하네. 우리 한번 해보자"라고 하셨다.

안동의 처우 개선

|

우리가 안동에 온 다음 날에도 또 다른 교도소에서 좌익수 한 무리가 도착했다.

그때까지 안동에서는 좌익수를 수용하지 않았기 때문에 우리는 안동교도소 최초의 좌익수였다. 그래서 그들은 우리를 어떻게 다루어야 좋을지 약간 당황했다. 우리는 운동 시간과 부식 개선, 휴일 담요 건조 등을 요구했다.

안동에서는 당초 우리를 몇 개 방에 나눠서 수용할 생각이었는데, 우리는 독방을 요구했다. 또 지필묵 등을 영치금으로 구입해 서예도 연습할 수 있도록 요구했다.

안면이 있는 김 계장이 문제를 일으키지 않으면 징벌을 빨리 해제해 주겠다고 했는데, 약속한 대로 보름 만에 나를 풀어 주었다. 김 계장이 안동에 있던 것이 우리에게는 큰 행운이었다.

안동은 소문대로 일반수들에게는 불편하기 짝이 없었지만 우리에게는 나날이 개척해 가는 신천지였다. 나는 의성군에서 출퇴근한다는 교도관들하고도 친해졌다. 애향심이 강한 그들은 같은 고향 사람에게는 친절했다.

안동 교도관들은 일반수를 처벌할 때는 엄청 무자비하지만 우리에게는 그렇지 않았다. 그 배경에는 실은 역사적 까닭이 있는 듯했다. 한국전쟁 당시 대구 경북 지방에서는 남로당이나 좌익 세력이 강했고 안동도 비슷한 상황이었을 듯하다. 그러니까 일가친척 중 한두 명 정도는 좌익이었기 때문에 좌익을 무턱대고 빨갱이라고 매도하지 않았던 듯하다.

나는 나중에 출소한 뒤에 최 박사를 접견하러 안동교도소를 찾아 갔는데, 고속버스 터미널에서 안동교도소 부장으로 있다가 정년퇴직한 교도관을 만났다. 그때 그는 반갑게 내 손을 잡으며 "이철 선생님 같은 분들이 계셔서 이 나라의 민주주의가 발전했습니다"라고 말했다. 또 당시 의성군에 사시던 친척 할아버지는 나에게 "철이야, 좌익은 결코 나쁜 것이 아니다. 부끄러워하면 안 된다"라고 하셔서 나를 놀라게 했다.

아무튼 안동 교도관들은 그런 역사 때문인지 좌익수들에게 비교적 관대했고 그런 의미에서 대전교도소와는 많이 달랐다. 물론 대전은 중구금 교도소이기 때문에 국사범들에게 특별히 엄격하게 하는 것도 있겠지만, 대전이 위치한 지리와도 크게 연관이 있어 보인다. 대전은 충청도와 전라도, 경기도가 맞닿아 있는 곳에 있다. 그래서 대전에는 그 지역 출신보다 다른 지역 출신이 더 많다. 교도관 역시 그렇다. 그러니 타향에 와서 다소 심한 짓을 해도 아무도 나무라는 사람이 없어서 비정한 짓도 할 수 있는 것이다. 한편 안동 교도관들은 대개 그 지역 출신이기 때문에 좌익수들을 함부로 대하는 일이 없었다. 어쨌든 우리는 안동교도소 측과 잘 소통하며 운신의 폭을 넓혀 갔다.

협상
|
우리는 보안과와 교무과에 다양한 전술을 썼다.

안동에서도 대구 7·31 사건에 관해 어느 정도 알고 있었기 때문에 우리를 유연하게 대하려 했다.

나는 안동이 다섯 번째 이감이었는데 전주를 제외하고, 좌익수들이 수용되는 모든 교도소를 겪었다. 징역은 어디로 가든 자신의 처우는 스스로 싸워서 얻어 내야 한다. 어디서든 폭행당할 각오를 하고 자기 몸으로 음식과 책 그리고 처우를 쟁취하는 것이 철칙이었다. 내주는 것만 먹고 허가해 주는 책만 읽는다면 그들은 점점 우리를 더 세게 억누르려 한다. 그들은 약한 사람에게는 강하고 강한 사람에게는 약한 것이다.

게다가 최규식 박사는 유머도 많고 친근감이 드는 화술도 있어서 나와 좋은 짝이었다. 우리는 교도소 측에 "우리에게 맡겨 준다면 우리 사동에서는 아무 문제도 일어나지 않을 테니, 모든 일이 잘 해결되어 서로 좋지 않으냐"하고 설득했다.

배식 시간에는 내가 복도에 나와서 소지들이 고르게 급식하는지 지켜봤고, 삶은 돼지고기가 지급되는 날에는 "차가운 돼지고기를 그대로 먹느니 뜨거운 돼지고기찌개를 만들어 먹고 싶은 사람은 고기를 내주세요"라고 하면 모두 좋다고 고기를 내주었다. 나는 소지를 시켜 그 돼지고기를 잘게 썰어서 미리 취사장에서 가져오게 한 김치와 함께 알루미늄 양동이에 끓여 김치찌개를 만들어 나누어 먹게 했다. 물론 공평하게 나누기 위해 배식할 때 입회하고 식사가 끝나면 각 방의 식기를 모두 수거하여 당번제로 설거지를 했다. 또 순번대로 복도의 연탄난로에서 계란 프라이를 만들어 먹게 하기도 했다.

우리 사동은 이백의 시 〈산중문답〉의 구절을 빌린다면 '비인간'을

'비옥중'으로 바꾼 '별유천지비옥중(옥중이 아닌 별천지가 있네)'과 같
았다.

퇴직한 노(老)부장과 재회
|

안동 보안과에 사람 좋은 나이 많은 부장이 있었다. 이분에 관해 조
금 언급하기로 한다.

1988년 10월 개천절에 출소한 나는 몇 달 뒤, 민향숙과 함께 최규
식 박사를 접견하러 안동교도소를 찾아갔다. 출소 후 동료들의 소식
도 듣고 싶었다.

우리가 접견 수속을 하고 교무과장실에서 기다리고 있는데 최 박
사가 나타나 "이철 선생!" 하고 나를 포옹했다. 여느 때처럼 싱글벙
글 미소 띤 얼굴이었다. 내가 미리 준비해 간 통닭을 권하며 교도소
내 상황을 묻자 최 박사는 "이철 씨가 출소한 뒤에 리더십 있는 사람
이 없어서 모두 개인 위주가 되어 동지적 유대가 약해졌다. 보안과에
서도 점점 조이기 시작하여 그때 분위기와는 많이 달라졌다"라고 했
다. 어느 정도는 예상한 일이었으나 그래도 힘내시라고 격려했다.

최 박사와 헤어질 때 우리가 친하게 지냈던 노부장 소식을 물었더
니 최 박사는 "그분은 정년퇴직하여 지금은 고속버스 터미널 매표소
에서 일하고 있다"라고 했다. 나와 민향숙은 대구로 가기 위해 고속
버스 터미널을 찾아갔다.

매표소에 있던 직원에게 말을 걸자 나를 알아본 노부장이 깜짝 놀

라며 "아니, 이철 선생님 아닙니까?" 하고 황급히 매장에서 뛰쳐나왔다. 내가 최 박사님을 만나고 오는 길이며 지금 대구로 가려고 한다고 했더니, 그는 동료 직원에게 "내 몫으로 대구행 표 두 장 끊어 주게" 하며 요금을 받지 않으려 했다. 그리고 우리를 데리고 커피점으로 가더니 나의 징역살이를 따뜻한 말로 위로해 주었다.

그는 "이철 선생님, 정말 오랫동안 고생하셨습니다. 하지만 선생님 같은 분들이 계시기에 이 나라 민주주의가 발전하는 것입니다. 부디 앞으로도 몸 건강히 지내십시오"라고 했다.

나는 전혀 생각지도 않았던 말을 듣고 몹시 놀랐다. "저야말로 친절하게 대해 주셔서 감사했습니다. 부장님도 새로운 인생을 오래오래 건강하게 지내십시오"라고 진심으로 인사했다. 짧은 시간이었으나 '만나서 참 좋았구나!' 생각하며 대구로 떠났다.

대통령선거와 양 김 씨

|

1987년 6월 항쟁을 거쳐 12월 13대 대통령선거에 김대중 씨와 김영삼 씨 그리고 노태우, 세 사람이 출마했을 때 우리는 큰 기대를 하고 개표 결과를 지켜보았다. 우리는 김대중 씨가 당선되기를 바랐다. 그날 밤 나는 잠을 이루지 못하고 본무 담당에게 물었다.

"담당님, 개표 결과는 지금 어떻게 되었어요?"

"오전 2시 현재 김대중 씨는 3위로 꼴찌였네."

나는 큰 충격을 받았다.

'뭐라고, 꼴찌라고?'

게다가 노태우가 1위로 앞서 있다고 했다. 나는 믿을 수 없었다.

'젠장, 어떻게 된 거야. 제발 역전해 줘! 그렇지 않으면 6월 항쟁의 승리는 어떻게 되는 거야!'

그러나 기적은 일어나지 않았다. 내가 기대했던 사람이 꼴찌라니! 선거가 끝난 뒤 옥중에서는 모두 허탈감에 빠졌다. 나는 "왜 김대중 씨와 김영삼 씨가 서로 양보하지 않고 손도 잡지 않았냐! 이 권력욕에 사로잡힌 멍텅구리 같은 놈들아, 그렇게도 대통령이 되고 싶냐!" 하고 양 김 씨를 싸잡아 욕하고 분노를 터뜨렸다. 우리의 석방도 머나먼 일이 되어 버린 듯했다. 정치인이란 참으로 욕심이 많고 권력욕에 사로잡혀 다른 것은 아무것도 보이지 않는 듯했다.

솔직히 말해서 우리는 양 김 씨라면 어느 쪽이 대통령이 되든 상관없었다. 노태우를 이기고 민주화를 추진해 주기만 하면 더 이상 바랄 것이 없었다. 김영삼 씨가 개혁 의지가 조금 약하다 해도 그동안 함께해 온 동지나 주변 사람들이 단단히 지켜 준다면 잘할 수 있다. 그러나 집안싸움을 한 결과 결국 노태우가 당선되고 김대중 씨의 위신은 땅에 떨어졌으며, 김영삼 씨도 그 뒤에 3당 합당으로 노태우와 손을 잡아 민주주의 탄압자가 되고 말았다. 그 대선 이후 양 김 씨와 지지자들은 서로 분열되어 한국의 민주주의 운동은 허탈감에 빠져 혼미해지고 말았다.

김영삼 정부의 탄압

|

1996년 8·15 광복절 행사는 '조국통일범민족연합'(범민련)과 '한국대
학총학생회연합'(한총련)이 중심이 된 연세대 '통일대축전'과 '자주평
화통일민족회의'(민족회의)가 주최한 대학로 기념대회가 따로따로 개
최되었는데, 정부는 연세대 통일대축전 행사를 방해하고 철저히 탄
압했다.

2만 명이나 되는 전경이 대학을 봉쇄하고 헬기를 열두 기나 동원
하여 연일 최루탄을 쏘아 댔다. 전경은 성난 학생들과 충돌을 반복하
다가 7일간 공방전 끝에 학교 안에 쳐들어가 5600명이나 되는 학생
들을 연행했다. 5600명이나 말이다!

학생들은 포위되어 식량도 끊겼다. 신문을 포함한 모든 미디어는
'과격파 학생'이니 '주사파'니, 혹은 "안에 있는 불순 적색분자들이
지도하고 있다"라는 등 온갖 가짜뉴스를 계속 퍼뜨렸다. 권력과 모든
언론사가 대대적으로 반북·반학생 캠페인을 벌였다.

재야 출신 정치인들도 "학생들이 너무 지나치다", "북한의 본질을
몰라서 이런 행동을 한다"라고 하고 김대중 씨도 다음 대선 출마를
생각하여 학생들을 비난했다.

정말 말도 안 된다. 학생들은 절대로 잘못한 게 없다! 그들은 평화
롭게 집회를 하려고 했고 정부도 그들의 집회를 허가했다. 그런데도
일방적으로 전경을 동원하여 봉쇄하고 도발해 놓고 학생들이 항의
하고 나서자 "그것 보라!"는 듯이 과격한 행위만 보도했다. 이는 완
전히 음모다. 이번 연세대 사건 하나만 보더라도 김영삼 씨는 역사에

큰 죄를 지었다고 할 수 있다. 긴 세월 민주화운동을 해 온 투사는 도
대체 어디까지 타락한단 말인가?

내가 만일 학생들에게 말할 기회가 있다면 어떤 말을 할지 생각했
다. 나는 아마도 그들에게 이렇게 말할 것 같다.

어떤 시대에든 학생들의 행위를 지나치다고 비난하는 사람들이
있고 민주 진영 안에도 당연히 있을 것이다. 또 어떤 사회에서든 언
론은 학생들을 매도할 수 있다. 그러나 결코 마음이 꺾여서는 안 된
다. 학생들이 행동했기 때문에 지금까지 전진해 왔다는 것을 역사가
증명한다. 뭐라도 아는 척하며 필요 이상으로 권력이나 여론의 눈치
를 보는 사람들이 학생들을 매도하고 비난하더라도 그런 것 따위는
쳐다보지도 말라고 말하고 싶다.

다만 학생들의 희생으로 얻은 성과가 꼭 학생들의 업적으로 여러
분의 머리 위에서 빛나지는 않을지도 모른다. 많은 경우 엉뚱한 사람
이 낚아채기 때문이다. 희생만 강요당하고 장래의 꿈도 깨져 장차 가
난하고 불우한 삶을 살아야 할지도 모른다.

그러나 결코 후회 따위는 하지 마라. 그리고 자신의 인생을 스스로
책임져라. 그럴 수만 있다면 현세적 성공이 주어지지 않더라도 청년
학생들의 머리 위에는 민족 역사의 영광이 언제나 함께할 것이다.

우리도 그랬다. 우리도 처음에는 그냥 '빨갱이'고 '간첩'이었다. 민
주 인사들조차 우리를 돌아보지도 않았다. 그러나 결국 정의는 이기
는 법이다. 어떤 시대든 지나치다고 비난하는 무리가 있다. 멀리는
동학 농민 전쟁 당시 지식을 겸비하고 개혁적이었던 상층부마저 최
하층 농민들의 간절한 외침을 지나치다고 소리 높여 비난하며 공격

했다.

가까이는 5·18 때 김영이 부산에서 일어나자고 주장하자 주변 사람들이 나서서 그를 말렸다. 그리고 그들은 무엇을 했는가. 아무것도 하지 않았다. 김영은 그렇다면 자기 혼자서라도 하겠다고 고층 건물에 올라가 유인물을 뿌리고 내려오다가 체포되었다. 지금이라면 누구나 그의 행동이 옳았다고 할 것이다. 왜냐하면 5·18 희생자들이 복권되었을 때 부산에서 유일한 희생자였던 그의 행동도 인정받았기 때문이다.

그러면 앞으로 비슷한 일이 일어났을 때 그들은 찬성하겠는가? 아니, 아마 지식인들은 또다시 지나친 행동이라고 비난하고 매도할 것이다. 같은 일을 또 반복하고 만다. 그래서 예수는 어느 시대에 나타나도 자기 제자들에 의해 다시 십자가에 못 박힌다.

학생들이여, 절대 슬퍼하지 말자. 눈물을 닦고 다시 한 걸음 앞으로 나아가라! 많은 사람이 학생들을 모른 척하고 외면한다 해도 나는 알고 안다. 나도 비슷한 괴로운 경험이 있다. 나의 친구들, 일본에 있는 친구들 속에도 그런 고된 과정을 거쳐 훌륭한 인생을 살고 있는 분이 많이 있다.

우리가 가장 두려워할 일은 오직 하나. 역사에 비겁한 자라고 쓰이는 것뿐이다.

다만 마지막으로 작은 소리로 한마디만 하겠다. '폭력은 안 된다'고. 이것은 내가 선동죄에 걸리지 않기 위해 하는 말이다. "나는 학생들에게 폭력은 안 된다고 분명히 말했잖아"라고 말이다.

취사반장이 전한 말
|

1988년 10월 3일(개천절)의 전날 오후 취사장 반장이 나를 찾아왔다. 그는 부유한 집을 털어 가난한 사람들에게 나눠 주던 의적으로, 대전 시절부터 알고 지내던 사람이다. 그는 저녁 배식 시간에 부식에 관해서 전할 말이 있다는 핑계로 우리 사동에 찾아와 나에게 다음과 같이 귓속말을 해 주었다.

"내일 아침 식사를 준비하려고 사동마다 인원수를 파악하는데 이철 씨 사동 아침 식사가 1인분 줄었더라고. 이상해서 알아보니 이철 씨, 당신 밥이 없더란 말이야! 아침 식사가 없다는 것은 출소밖에 생각할 수 없다. 축하한다"라고 했다. 나는 그 순간 멍하니 모든 사고가 완전히 정지되고 말았다.

그것이 첫 소식이었다.

옆에서 함께 듣던 최 박사가 "이철 선생!" 하고 고개를 끄덕이며 두 손으로 나를 꼭 붙잡았다. 나는 믿을 수 없었다. 정말로 나에게도 이런 날이 온단 말인가? 나는 어쩌면 죽을 때까지 여기서 살아야 할지 모른다고 생각해 왔고 그럴 각오도 되어 있었다. 취사반장은 아직 아무도 모르는 이야기니 다른 사람에게는 말하지 말라고 하고 돌아 갔다.

나는 두근거리는 가슴을 억누르려고 복도를 혼자 천천히 걸어 다녔다. 가슴이 두근거리는 소리가 다른 사람에게까지 들리는 듯했다. 나는 각 방을 들여다보며 걸었다. 다들 저녁 식사를 하느라고 내 표정 변화를 알아차리지 못했다. 나는 몇몇 사람에게 은근히 인사했다.

"김장길 선생님, 징역살이가 힘드시겠지만 앞으로도 건강히 지내십시오." 그러자 그는 금방 내 말을 이해했다.

"어? 이 선생님, 혹시 출소입니까?"

"그런 것 같습니다. 아직 확실치는 않지만…." 나는 미안해서 '그렇다'고 하지 못했다.

그는 "축하합니다. 이 선생님 덕분에 풍족하게 징역살이할 수 있었습니다. 출소하면 부산에 있는 우리 가족을 꼭 만나서 안에서의 이야기를 전해 주세요"라고 했다. 나는 약속하며 "따님에게 내 지리부도 책을 전해 주십시오. 뒤표지에 따님 이름을 쓰고 이철이 기념으로 드린다고 서명해 놓겠습니다"라고 했다. 김장길 씨는 내가 쓴 붓글씨를 좋아해서 병풍과 액자 몇 점도 전달했다.

나는 다음으로 최 박사 방에 들렀다. 최 박사는 아까 취사반장과의 대화를 들어서 이미 알고 있었기 때문에 나는 최 박사에게 "최 박사님, 나만 나가게 되어 미안합니다. 부디 몸조심하세요. 또 언젠가 꼭 만나게 될 겁니다"라고 했다. 그는 "도쿄의 이좌영 선생님한테 안부 전해 주세요. 민 선생한테도 내 인사를 전해 주시고. 그동안 민 선생이 고생이 많았습니다"라며 민향숙의 노고를 위로해 주셨다.

다음으로 나는 재일동포 김모 씨 방을 들여다보며 "혹시 내가 내일이라도 출소하게 되면 부인한테 전할 말이라도 있나?" 하고 물었다.

"오? 내일 나가세요?"

"아니 결정된 것은 아니지만 누구나 갑자기 나갈 수도 있잖아."

"아니요, 특별히 없어요. 면회도 자주 와 주니까."

나는 더 이상 말을 이을 수 없었다. 어찌 전할 말이 아무것도 없겠는가. 전하고 싶고 전해 달라는 말이 산더미처럼 있을 텐데. 신혼 때 붙잡혀 들어와 꿈같은 신혼 생활에서 악몽의 나락으로 떨어진 부부, 어찌 전하고 싶은 말이 없으랴. 그러나 오랜 세월 깊이 묻어 둔 말을 갑자기 한마디로 나타낼 수도 없는 법이다.

신혼 생활을 한순간에 날려 버린 억울함. 아내에게 미안한 마음. 어려운 세월을 견디고 있는 아내를 향한 고마움. 가슴을 끌어당기고 부서지도록 껴안고 싶은 마음. 며칠 몇 밤 이야기를 나누어도 끝이 나지 않을 이야기와 이야기들….

나는 "알았어. 아무튼 힘내자"라고 한마디만 하고 그의 방을 떠났다.

나는 구미 유학생 사건으로 무기형을 받은 황모 씨에게도 작별 인사를 했다. 그는 아들이 한 살쯤 되었을 때 구속되었다. 그의 아들은 지금쯤 몇 살이 되었을까. 그는 가끔 아들 사진을 나에게 보여 주곤 했다. 잘생긴 늠름한 아이였다.

나는 내 방에 돌아와 짐을 정리했다. 담요나 속옷, 대부분의 책은 필요한 사람에게 나눠 주기로 했으니 내가 밖으로 들고 나갈 것은 서예 관련 도구와 책자 그리고 가장 중요한 나의 작품들이었다. 다시는 옥중에서 쓰는 일도 없을 테니, 당연히 몇 안 되는 작품밖에 남지 않았다. 그런 것들을 정리하고 나서 잠자리에 누웠다. 그러나 잠이 오지 않았다. 옥중 마지막 밤이라고 생각하니 그동안의 많은 추억, 만난 사람들의 얼굴, 나의 사건과 정보부에서 받은 고문 조사가 차례차례로 떠올랐다가 사라졌다.

'정말 출소하는 것일까? 취사반장의 농담을 곧이곧대로 믿는 것은 아닐까?'

아무리 자려고 해도 잠이 오지 않아, 나는 다시 일어나서 방의 쇠 창살과 벽을 쓰다듬으며 천천히 돌아다녔다.

13년 세월, 결혼식을 눈앞에 두고 감옥에 내던져져 사형선고까지 받았다. 살아서 나가리라고는 생각하지도 않았다.

억울하여 가슴이 터질 것 같은 고통을 억지로 삼키고 소화하며 스스로를 달래어 온 13년 세월이여.

쓰디쓴 마음의 토사물을 피눈물로 녹여 감방 벽에 칠하고 또 칠해 온 세월이여, 이제 정말 끝나려 하고 있는가?

나는 어느새 잠이 들었다.

드디어, 드디어 출소!

|

다음 날 아침 나는 일찍 일어나 유연체조를 30분 정도 하고 평소처럼 변기를 깨끗이 닦은 다음 물 레버를 눌러 컵에 받아 단숨에 들이켰다. 안동교도소의 물맛은 특별했다. 나는 여기에 와서 지급되는 식수는 전혀 마시지 않고 언제나 깨끗이 닦은 화장실 물을 받아 먹었다. 안동교도소는 산중에 있어, 백두대간 깊은 곳에서 솟아나는 화강암 생수가 참으로 맛있었다.

운동을 마치고 몸을 닦은 뒤에도 아무 연락이 오지 않았다. 나는 조마조마한 마음으로 기다렸다. 기상나팔이 울리자 잠시 후에 아침 점호가 시작되었다. 본무 담당이 "각 방, 세면 준비!" 하고 소리를 지르며 방문을 차례차례로 연다. 나는 점점 불안해졌다.

'이건 뭐야? 혹시 놀림당한 건 아니겠지? 출소는커녕 사람들에게 나눠 준 담요와 책, 속옷을 다시 돌려받아야 하는 것 아닌가?' 하고 생각하면서 나의 세면 순번을 기다렸다. 담당이 방문을 열고 "이철 씨, 세수!" 하고 평소처럼 말했다. 나는 평정을 가장하여 수건을 한 손에 들고 세면장으로 가려고 했다.

그때였다.

보안과 부장과 담당이 오더니 "이철 씨는 어디 있어? 아, 이철 씨, 짐을 싸서 빨리 갑시다. 출소입니다!" 하고 큰 소리로 말했다.

세면하러 나왔던 사람들이 일제히 내 주위를 에워싸며 "아이고, 축하합니다!" 하고 손을 잡았다. 부장은 인사할 시간도 주지 않고 "빨리 짐을 싸 주세요" 하고 재촉했다. 나는 "짐은 다 챙겨 놓았습니다. 담당님, 미안하지만 거기 있는 것만 꺼내 주세요"라고 말하고 우리 사동 사람들에게 인사하러 갔다. 김장길 씨에게 지리부도 책을 건네주고 여러 사람과 악수했다. "잘됐다, 잘됐어. 축하해요!", "고맙습니다, 건강하세요."

천천히 인사 나눌 시간이 없었다. 밖에 나와 있는 사람들과 악수하고 나는 부장 뒤를 따랐다. 그리고 사동 끝에서 큰 소리로 마지막으로 인사했다.

"여러분! 먼저 나갑니다! 부디 몸조심하세요!"

그렇게 하여 사동을 떠났다.

보안과 담당이 나의 짐과 징역 보따리를 가져갔기에 나는 빈손으로 부장과 둘이서 사무실로 갔다. 출소하는 일반수를 여러 명 모아놓고 한 사람씩 이름을 부르며 마지막 확인 작업을 하고 있었다.

나는 여기서 이상한 점을 알아차렸다. 교도관들이 정중한 말투로 존댓말을 쓰고 있었다. 일반수들은 아마 입소하여 처음 듣는 말투가 아니었을까. 출소하는 사람들에게는 이렇게도 말투가 달라지는 구나!

나는 영치되어 있던 징역 보따리와 방에서 가져온 짐을 하나하나 검사받았다. 그들은 내가 방에서 가져온 서예 작품을 펴 보기는 했으나 아무 말도 하지 않았다. 내게는 이것이 유일한 재산이라 어떻게 해서라도 가지고 나가야 했다.

곧 밖에서 가족이 넣어 준 셔츠와 바지, 운동화가 들어와 갈아입었다.

정문을 향하여

|

가족들이 정문 밖에서 기다리고 있다! 언제 내 출소 소식을 알고 안동까지 왔을까.

일반수들이 호명되어 삼삼오오 나가는데 좀처럼 내 차례가 오지 않았다. 나는 조용히 기다렸다. 드디어 일반수들은 다 나가고 나 혼자만 남았다. 그래도 부르지 않았다. 내가 점점 초조해졌을 때 "이철 씨, 자 갑시다!" 하고 불렀다.

나는 교도소 건물을 나와 정문을 향해 걷기 시작했다. 정문 밖에 많은 사람이 있다는 것을 멀리서도 알 수 있었는데 그 사람들이 나를 기다리는 사람들이라는 것까지는 몰랐다.

나는 정말 밖으로 걸어 나가도 되는 걸까?

　나중에 오사카 구원회 사람들이 출소 축하 모임을 열었을 때 마이니치방송국(MBS)의 니시무라 기자가 출소 때 심경을 물어본 적이 있었다. 나는 "정문 쪽으로 걸어가면서 이건 뭔가 잘못된 것이다. 그들이 무엇인가 착오하여 나를 출소시키는 게 틀림없다. 교도관들이 뒤에서 '다른 사람과 바뀌었으니 빨리 돌아오라!' 하고 쫓아오기 전에 빨리 저 문을 나가야겠다고 생각하고 빠른 걸음으로 걸었다"라고 말했다.

　결코 농담으로 한 말은 아니었다. 마음으로는 다시 안으로 끌려가기 전에 빨리 밖으로 나가야지 하는데 다리가 좀처럼 움직이지 않았다. 다리는 마법에라도 걸린 듯 교도관의 걸음에 맞춰 천천히 정문을 향하고 있었다.

　정문이 열리자 섬광이 일제히 터졌다. 요란한 셔터 소리 속에서 누군가의 팔 안에 꼭 껴안겨 아무것도 보이지 않았다.

맺는 장

출소 후 이야기

명동성당에서 올린 결혼식
|

세월은 빨라 출소한 지 33년이 지났다.

옥중 13년이 그토록 길었던 데 비해 출소 후 33년 세월은 얼마나 짧았던가. 그러나 나는 잃어버린 13년을 되찾기 위해 이 33년을 살아온 듯하다. 그동안 실로 많은 일이 있었으므로, 맺는 장 몇 쪽 안에 그 모든 이야기를 담기는 어렵다. 그래서 나는 마지막으로 몇 가지만 적으며 끝을 맺으려 한다.

1988년 10월에 출소한 나에게 무엇보다 급했던 일은 민향숙과 13년 늦은 결혼식이었다. 조만조 어머니의 오랜 소망은 우리가 명동성당에서 결혼식을 올리는 일이었다. 그러나 어머니가 명동성당에 문의해 보니 앞으로 1년간은 결혼식 예약이 꽉 차서 빈 날이 없다고 했다. 어머니가 낙담하여 발길을 돌리려 할 때 예약 담당자가 어머니를 급히 불러 세웠다. 그리고 "방금 전화가 걸려 와서 10월 28일 예약이 취소되었다"라고 했다. 그녀는 기적을 일으켜 주신 하느님께 깊이 감

'결혼식 시위행진' 출발 모습. 뒤쪽에 명동성당이 보인다. 현수막 "이철·민향숙 양심의 승리! 사랑의 승리! 두 분의 결혼을 축하합니다"(사진 제공: 민주화운동기념사업회, 촬영: 박용수)

사드렸다.

조만조 어머니의 다음 고민은 어느 신부님한테 혼배 미사를 부탁할 것인가였다. 신부님 몇 분이 이철, 민향숙의 결혼 미사를 올려 주겠다고 하셨기 때문이다. 그래서 고민한 어머니가 김수환 추기경님한테 상담하러 갔더니 추기경님이 "내가 올려 줄 테니 걱정하지 말라"라고 하셨다.

이리하여 10월 28일 명동성당에서 김수환 추기경님과 신부님 다섯 분이 집전하시는 성대한 결혼식이 거행되었다. 명동성당 입구 언덕으로 올라가는 길에는 지나가는 시민들에게 결혼식을 알리려 민가협에서 만든 커다란 현수막이 걸려 있었다.

미사 후 민가협이 주최하여 성당 마당에서 식사와 노래, 춤, 연극

등 즐거운 축하연이 이어졌다. 이날 명동성당 언덕 밑에서는 지방에서 올라온 고추 재배 농민들이 가격이 폭락한 고추를 산더미처럼 쌓아 놓고 항의 농성을 벌이고 있었는데 '우리는 축의금을 낼 돈이 없으니 고추를 축의금 대신에 받아 달라'고 하셔서 고맙게 받아들였다.

결혼식 마지막 행사는 하객들이 명동 일대를 행진하는 퍼레이드였다. 이 '결혼식 퍼레이드'에서는 현수막을 선두로 고수들이 북을 치며 앞서면, 신랑 신부와 조만조 어머니, 문익환 목사님과 박용길 장로님, 이렇게 다섯 명이 꽃으로 장식한 웨딩 카를 타고 따라가고 그 뒤에 많은 하객이 행진했다.

결혼식 퍼레이드는 전경들에 의해 곳곳에서 막히기도 했으나 결국 명동 거리를 한 바퀴 돌고 성당으로 돌아온 뒤에 해산했다. 문익환 목사님은 "퍼레이드로 끝난 결혼식은 대한민국에서 처음 있는 일"이라며 기뻐하셨고, "이철, 민향숙이 가톨릭이 아니었으면 내가 결혼식을 올려 주고 싶었다"라고도 해 주셨다.

문익환 목사님

|

문익환 목사님 이야기가 몇 번 나왔으니 여기서 짧게 이야기하려고 한다. 문 목사님은 1970~1980년대 민주 통일운동을 중심적으로 이끌어 오신 분으로, 1976년 3·1 민주구국선언 사건을 시작으로 1994년 1월에 돌아가실 때까지 17년 동안 11년이나 감옥살이를 하셨고, 여섯 번 구속되셨다.

문 목사님은 민향숙을 친딸처럼 따뜻하게 대해 주시며 약혼자가 출소할 날을 기다리는 그녀의 애틋한 마음을 〈사랑이 울음인 나라〉 등, 두 편의 시로 지어 주셨다. 그 시는 《문익환 전집》 2권 357쪽에 실려 있다.

목사님은 또 내가 출소하여 서울 집으로 돌아온 날 밤에 귀한 벌꿀을 한 병 들고 찾아오셔서 "오랫동안 고생했다"라고 하시며, 내 손발의 혈을 누르면서 몸소 개발하신 요법으로 간단하게 경락을 진료해 주셨다.

내가 출소 후 처음 맞이하는 1989년 새해 아침에 우리 가족은 문 목사님 댁에 새해 인사를 드리러 갔다. 그때 목사님이 "조금 전에 막 지은 시를 읽어 줄 테니 한번 들어 보라" 하시며 시를 암송해 주셨다. 〈잠꼬대 아닌 잠꼬대〉라는 시였다.

잠꼬대 아닌 잠꼬대

난 올해 안으로 평양으로 갈 거야
기어코 가고 말 거야 이건
잠꼬대가 아니라고 농담이 아니라고

(중략)

역사를 산다는 건 말이야
밤을 낮으로 낮을 밤으로 뒤바꾸는 일이라구

하늘을 땅으로 땅을 하늘로 뒤엎는 일이라구

맨발로 바위를 걷어차 무너뜨리고

그 속에 묻히는 일이라고

넋만은 살아 자유의 깃발을 드높이 나부끼는 일이라고

벽을 문이라고 지르고 나가야 하는 이 땅에서

오늘 역사를 산다는 건 말이야

온몸으로 분단을 거부하는 일이라고

휴전선은 없다고 소리치는 일이라고

(후략)

나는 이 시를 목사님 가족분들을 빼고 누구보다 먼저 들을 수 있게 해 주신 하느님께 감사하며 그 기쁨을 지금도 가슴 깊이 간직하고 있다.

그러나 그때 시를 들은 우리는 놀라면서도 어이가 없어서 "목사님, 정말로 평양에 가시지는 않겠지요? 가시면 큰일 납니다. 더 이상 감옥에 들어가시면 안 됩니다"라고 말씀드렸다. 그때 목사님이 "철이는 몇 년 감옥살이했지?"라고 하셔서 내가 "13년입

평양 방문을 마치고 도쿄에서 비행기로 귀국하는 문익환 목사. 사진작가 미키타 기요시 촬영

니다" 했더니 "나도 이번에 들어가면 철이하고 비슷하게 되겠구먼"
하고 웃으셨다.

　목사님은 그해 3월에 정말로 정경모, 유원호 선생님과 함께 평양
에 가셔서 김일성 주석과 만나 4·2 남북공동성명을 이끌어 내셨다.
그리고 이는 나중에 이어질 2000년도 6·15 남북공동선언의 바탕이
되는 획기적 공동성명이었다.

　문 목사님이 76세라는 나이로 너무 일찍이 돌아가신 것은 우리나
라 민주 통일운동에 있어서 너무나 큰 손실이며 가슴 아픈 일이다.

재일한국양심수동우회의
주요 활동
|

나와 민향숙은 1989년 5월, 13년 만에 일본으로 건너갔다. 당초 우리
는 출소 후 한국에서 살 생각이었기 때문에, 일본에서 돌아가신 부모
님 묘소도 찾고 또 구원 운동을 해 준 친구들에게 감사 인사를 하고
나서 한두 달 있다가 다시 한국으로 돌아오려고 했다.

　내가 일본에 갈 때 발급받은 것은 여권도 아닌, 일본으로 건너가기
위한 일회용 '통행증'이었기 때문에 나는 일본으로 가자마자 한국 총
영사관에 여권을 신청했다. 그러나 아무리 기다려도 여권은 발급되
지 않았고 영사관에 여러 차례 독촉하고 항의해도 납득할 만한 대답
은 들을 수 없었다. 나는 여권 발급을 기다리는 동안 먹고살기 위해
낮에는 오사카의 자형이 운영하는 전기공사 회사에서 일하고 밤에는

여러 군데에서 한국어를 가르치며 살았다.

내가 일본에 돌아간 무렵에는 이미 재일동포 양심수 상당수가 석방되어 일본으로 돌아왔는데, 특히 오사카 등 간사이 지방에 많았다. 우리는 몇 차례 준비 모임을 한 뒤 친목 단체를 만들기로 뜻을 모아 1990년 12월에 '재일한국양심수동우회'(이하 동우회)를 발족했다.

동우회에 이렇다 할 회칙은 아무것도 없다. 다만 우리가 다짐한 것은 '재일동포 양심수로서 자긍심을 가지고 살아갈 것, 한솥밥을 먹은 동지들끼리 서로 직장과 가정, 육아, 아이들의 교육 문제 등을 함께 고민할 것 그리고 아직 한국 옥중에 남아 있는 양심수들의 석방 운동이나 민주 통일운동과 연대해 갈 것' 이 세 가지였다.

동우회는 그동안 구원 운동을 해 온 친구들과 함께 해마다 다양한 행사를 해 왔다.

가장 큰 행사는 1992년 5월부터 오사카, 고베, 교토, 나고야, 도쿄 등 다섯 개 도시에서 개최한 '한국 양심수에 의한 서화 전시회'였다. 이 전시회에는 신영복 선생님, 박용길 장로님 등 작가 열두 명의 작품 마흔여섯 점이 전시되었고, 일본의 신문이나 방송에서도 크게 보도되었다. 우리는 이 서화전을 통해 한국에서 아직도 20년, 30년 옥중 생활을 하고 있는 장기수들의 존재를 알렸다.

또 민주화운동으로 투옥되신 박형규 목사님이나 리영희 교수님 등 민주 인사들을 초빙한 강연회와 영화 상영회, 1995년 7월 재일동포 가수 이정미 씨 등을 초청하여 개최한 '재회의 밤 콘서트'도 깊은 감동으로 기억에 남아 있다. '재회의 밤 콘서트'는 우리를 위해 많은 곡을 작곡하여 구원 운동에 크게 기여해 준 고 허경자 씨를 추모하며 감사드림은 물론 재회를 기뻐하는 콘서트로 지금 생각해도 감동적이었다.

또 동우회에서는 1997년 이후 태풍이나 홍수 등으로 크게 피해 본 북한 주민들을 돕기 위해 '북한 주민들에게 사랑과 식량을! 긴급 캠페인'을 여러 차례 벌였으며, 가톨릭 지원 단체인 일본 카리타스를 통하여 쌀 등 식량을 지원해 왔다.

재심과 무죄선고

|

우리는 오랜 세월 징역살이의 억울함을 가슴에 안고 살아왔다. 그리고 그 분한 마음을 풀 수 있는 날이 오게 되리라고는 꿈에도 생각하지 않았다. 그런데 김대중 정부를 이은 노무현 정부에서 2005년 12월 '진실화해를 위한 과거사정리위원회'가 출범하면서 재일동포 정치범들에게 획기적 국면을 열어 주었다.

진실화해위원회가 과거 사건 피해자를 찾고 있다는 소식을 듣고, 나는 반신반의하면서도 몇몇 동료와 협의했다. 우리는 처음에 재일한국양심수동우회라는 재일동포 양심수 전원의 이름으로 진실화해위원회에 신청하려고 했으나, 신청은 규칙상 개인별로 하게 되어 있어서 어쩔 수 없이 동우회 대표로서 내가 개인 명의로 신청했다. 그리고 동시에 대상이 되는 피해자는 '일본 전국에 거주하는 모든 재일동포 양심수'며 주소도 '일본 전국'이라고 썼다.

이렇게 하여 진실화해위원회는 재일동포 양심수들의 사건을 재조사했고 그 결과 재일동포 간첩 사건은 당시 군사정권이 조작했으므로 재심을 권유한다는 결론을 내리기에 이르렀다. 이는 우리에게 획기적인 일이었다. 재심의 길이 열렸다.

우리의 재심 재판에서 가장 먼저 무죄판결을 받은 사람은 교토에 거주하는 이종수 씨였다. 그리고 그 후 재심이 잇따랐다. 그러나 나는 당초 재심 재판이 썩 내키지 않았다. 개별적으로 신청하여 무죄를 받아내는 데 위화감을 느꼈기 때문이다. 동료들이 개별적으로 재심을 신청하는 것 자체에는 반대하지 않으나, 나는 일괄적 해결 방법을 찾아야 한다고 생각했다. 개별적으로 재심을 한다 해도 재일동포 양심수 100여 명 전원이 언제 무죄를 받아 낼 수 있을지, 또 한국이 민주화되어 사법부도 예전과 달라졌다고는 하나 실제로 얼마나 달라졌을까 하는 의구심도 있었다. 그러나 비교적 형기가 짧은 사람들이 줄을 이어서 재심을 신청하며, 우리 같은 사형수, 무기수에게 함께 재심에 동참해 달라고 호소할 때, 나는 늘 마음 한구석에서 고민했다. 그들이 함께 싸워 달라고 하소연하는데, 일괄적 해결을 요구한다는 이유로 계속해서 거절해도 되는가, 실은 지금이야말로 사형수와 무기수 같은 중형을 받은 사람들이 함께 싸워야 하는 것 아닌가 하고 망설였다.

2011년 3월 11일 동일본 대지진이 일어났던 바로 그날, 한국에서 재일동포 간첩 조작 사건 변호인단 일행이 오사카를 찾아왔다. 나는 그 자리에서 이석태 변호사님을 만났다. 이석태 변호사님은 나에게 "과거에 했던 징역살이를 억울하게 생각하는가?"라고 묻고 "억울하다면 재심해야 한다. 일괄적 해결 방법을 모색하는 것도 좋지만, 특별

입법에 따른 일괄 구제는 시간이 걸린다. 사형수나 장기수들이 먼저 재심에서 무죄를 받아 내면 일괄 구제의 길도 열릴 수 있지 않겠나"라고 하셨다.

나는 이석태 변호사님의 말에 동의하여 재심을 신청하기로 결심했다.

무죄를 받아 내기 위해서라고는 하나, 막상 재심 재판에 임한다고 생각하니 40년 전 힘들었던 과거사가 계속 떠올랐다. 비참하고도 괴로웠던 마음의 상처를 40여 년 동안 겨우겨우 자신을 달래 가며 묻어 왔는데, 이번에는 내가 스스로 아문 상처의 딱지를 떼어 피를 흘려야 한다. 그 악몽 같은 법정에 다시 서야 한다는 상상만 해도 몸서리나는 듯했다. 그러나 재심하겠다고 결심한 이상 두려워하기만 해서는 안 된다. 나는 이석태 변호사님의 "사형수였던 사람이 재심 무죄를 받으려면 방어하는 자세가 아니라 적극적으로 반격하는 자세여야 한다"라는 말씀을 늘 가슴에 새기며 재심 법정에 섰다.

재심 법정에는 언제나 많은 구원회 친구가 방청석을 메워 주셨다. 정말 고마운 분들이었다. 또한 한국의 동지들과 김근태기념치유센터의 지인들과 관계자들 그리고 한국 가톨릭의 '성가소비녀회' 수도원 수녀님들이 공판 때마다 나와 주셔서 큰 힘이 되었다.

그리고 마침내 2015년 1월 대법원에서 무죄가 확정되었다.

나는 무죄선고를 받고 부모님 산소를 찾아가서 말씀드렸다.

귀성할 때마다 성묘했는데 마음속에 늘 무거운 무언가가 있었다. 무덤 앞에서 두 손 모아 "아버지, 어머니, 불효자식이 왔습니다" 하면 늘 아버지 목소리가 들리는 듯했지만 뭐라고 말씀하시는지는 알 수 없었다. 그때마다 가슴 아프고 죄송했다. 가슴이 메어 오열할 때도 있었다. 그러나 무죄판결을 받고 말씀드리러 가니 이번에는 아버지의 목소리가 또렷하게 들리는 듯했다.

"너는 아무것도 잘못한 게 없다. 우리는 너를 믿고 있었다."

민주화운동에
한 줌 밑거름으로
|

우리가 2015년 11월에 개최한 '11·22 사건 40주년, 재일 양심수들의 재심 무죄를 생각하는 시민모임'은 오랜만에 긴장감 있는 집회가 되었다.

과거 구원 운동을 해 주신 분이 300여 명이나 참석했을 뿐만 아니라, 집회를 위해 한국에서 함세웅 신부님을 비롯하여 김근태기념치유센터에서 열아홉 명이나 참가해 주셨다. 그분들은 이날 공연을 위해 열심히 연습해 온 판소리를 선보여 주셨다.

또 이날 인터넷 언론사 '뉴스타파' 취재진이 일본에 와서 우리를 취재해 갔다. 그리고 그 뒤에 완성되어 나온 다큐멘터리 영화 〈자백〉이 전국 극장에서 상영되자, 한국 사회에 큰 충격을 주었다.

영화 〈자백〉을 본 많은 시민이 군사 독재정권에 의해 조작되어 희생된 재일동포 정치범의 존재를 알게 되면서, 우리 재일동포도 촛불집회의 수많은 촛불 가운데 하나로서 함께 타오르게 되었다. 나와 민향숙은 광화문광장 촛불집회에 몇 번 참가했는데 그때 무대 스크린에 〈자백〉의 한 장면이 나오는 것을 본 기억이 있다. 우리도 징역살이를 통하여 모국의 민주화운동에 한 줌 거름이 될 수 있었구나 하고 실감하는 순간이기도 했다.

옛 서대문구치소의 재일동포 양심수 전시실

|

동우회가 계속해 온 작은 활동들이 한국에 조금씩 알려지면서 예상하지도 않았던 일들이 일어났다.

우선 재일한국양심수동우회는 2015년 6월 인권의학연구소에서 국가 폭력에 희생당한 사람들을 위해 헌신해 왔다며 감사패를 수상했고, 이어 2016년 8월 15일(광복절)에는 옛 서대문구치소(현 서대문형무소역사관) 안에 재일동포 양심수 전시실이 생겨났다. 이에 관해서 간단히 설명하기로 한다.

나는 오래전부터 서대문구치소 부지 안에 기념비를 세워 수많은 무고한 재일동포가 간첩 조작 사건으로 투옥되어 고통받았다는 사실을 한국 사회에 알리고 싶었다. 그리고 이 염원을 함세웅 신부님에게 말씀드렸더니 함 신부님은 크게 찬동하셔서 서대문구청장과 면담할 수 있도록 주선해 주셨다.

문석진 서대문구청장과 만난 자리에서 내가 기념비 건립의 바람을 피력하니, 문 구청장은 '서대문구치소 부지는 문화재청 관할로 되어 있어 기념비를 건립하려면 문화재청의 허가를 받아야 하는데 가

2017년 3월 광화문광장 촛불집회 참가

능성이 거의 없다. 그러나 구치소 옥사는 서대문구청장인 자신이 판단하여 사용할 수 있으니 기념비 건립 대신에 옥사에 있는 방에 전시실을 만드는 게 어떤가' 하고 역제안해 주셨다. 우리는 그 자리에서 찬동했다. 기념비보다 전시실이 훨씬 호소력이 있을 듯했다.

우리는 서둘러 일본으로 돌아가서 수집한 자료 중 수십 점을 골라 전시하기로 했다. 이리하여 옛 서대문구치소 제11사 3호실에 재일동포 양심수 전시실이 마련됐다.

돌이켜 보면 과거에는 생각조차 할 수 없는 획기적 일이었다. 우리의 잇단 재심 무죄판결과 영화 〈자백〉의 비통한 호소가 모국에서 재일동포 양심수를 새롭게 인식하게 했고, 모국과 우리를 굳게 맺어 주었다.

제3회 '민주주의자 김근태상' 수상과
모란공원묘지

|

2018년 12월 나와 민향숙 그리고 도쿄의 김원중 교수는 서울에서 열린 제3회 '민주주의자 김근태상' 시상식에 초청받았다. 이 상은 김근태재단과 민주평화국민연대가 민주화운동에 기여한 개인 또는 단체에 수여하는 상으로, 그해 심사위원들의 만장일치로 동우회가 선정되었다. 전년도 수상자는 촛불집회에서 많이 불렸던 〈진실은 침몰하지 않는다〉를 작곡한 윤민석 씨였다. 우리는 시상식 참가자들로부터 열렬하게 축복받으며 큰 기쁨을 나누었다. 그때 나는 우리가 이제 모국의 친구들에게 친한 동지로 인정받고 있으며, 길고 고된 옥중 생활이 헛되지 않았다는 점을 마음속 깊이 느꼈다.

다음 날 대형 버스 세 대에 나눠 타고 시상식 참가자들과 함께 모란공원묘지를 참배했다.

모란공원묘지는 김근태 민청련 의장을 비롯해 문익환 목사님, 전태일 열사, 박종철 열사 등 많은 민주투사가 잠들어 계신 민주 묘역인데, 나와 민향숙에게 특별한 장소이기도 했다. 2005년에 돌아가신 사랑하는 조만조 어머니의 묘소도 바로 거기에 있기 때문이다.

어머니 묘비 전면에는 박성준 선생님의 글로 "재일 양심수의 어머니 조만조의 묘", 뒷면에는 "본명은 세실리아, 참된 신앙을 보여 주신

분. 민주화실천가족운동협의회 공동의장을 지냈으며 재일동포 양심
수의 석방을 위해 진력하셨다"라고 새겨져 있다.

나는 모란공원묘지를 방문할 때마다 조만조 어머니는 지금쯤 생
전에 친하게 지내셨던 문익환 목사님과 박용길 장로님, 이소선 어머
니, 김근태 의장 등 많은 분과 함께 즐거운 시간을 보내고 계실 거라
생각하여 마음이 놓인다.

제3회 '민주주의자 김근태상' 수상 결정문

청춘을 빼앗기고 부서진 인생을 살아야 했던 사람들이 있습니다. 그
들의 청춘을 빼앗은 것은 꿈에도 그리던, 그 단어만 떠올려도 눈시
울을 뜨겁게 만들던 '조국'이었습니다. 뜨거운 그리움과 사랑을 안고
찾은 조국은 그들에게 너무나 야비했습니다.

60~70년대, 독재정권은 재일동포 유학생, 재일동포 방문자들을 대
상으로 한 조작 간첩 사건을 집요하게 반복 생산했습니다. 71년 서승
·서준식 형제 사건, 74년 울릉도 간첩단 사건, 75년 재일동포 유학생
간첩단 사건 등 북한의 우회 침투라는 명목으로 사건이 조작되었고,
80년대 들어서는 안기부에 의해 3~4개월에 한 번씩 온 국민을 공포
에 몰아넣는 간첩 사건이 만들어졌으며, 그 희생자는 조국에 순정했
던 재일동포 청년들이었습니다.

협박과 고문에 의해 만들어진 간첩이 되어 사형이나 무기징역형을
선고받았던 분들이 중심이 되어 스스로를 구원하고, 대한민국의 양
심을 구원하기 위해 일해 온 단체가 재일한국양심수동우회입니다.

그들은 조국에 철저히 버림받았습니다

그들의 청춘은 조국의 감옥에서 저물었습니다.

간신히 살아 돌아간 재일동포 사회에서도 그들은 불편한 존재로 남아야 했습니다.

하지만 재일한국양심수동우회는 인간에 대한 희망과 조국에 대한 사랑을 포기하지 않고, 연대의 길을 선택했습니다.

한국 양심수 초청, 북한 주민 식량 지원, 재일동포 사회의 갈등 치유 활동을 펼쳐 왔습니다. 인간의 가치는 그가 품은 희망에 의해 결정된다는 김근태 의장의 말은 정확히 이분들의 삶에 겹쳐집니다.

비열한 독재 권력에 의해 조작된 재일동포 간첩단 사건의 희생자들에 대한 명예 회복 판결이 이어지고 있습니다. 사법부가 용서를 구하며 재심을 통해 34명을 무죄판결(18년 11월 말 현재) 했습니다. 모욕당했던 아픈 진실이 승리하고 있습니다.

제3회 민주주의자 김근태상은 파괴된 청춘을 딛고 다시 일어나 연대의 손길을 내밀며 희망의 힘을 보여 준 재일한국양심수동우회에 바치는 존경과 감사이고, 그분들을 배신했던 조국을 대신해서 드리는 깊은 사과이며 다시는 대한민국을 그러한 야비한 조국으로 만들지 않겠다는 우리의 약속입니다.

2018년 12월 28일
제3회 민주주의자 김근태상 선정위원회
김근태의 평화와 상생을 위한 한반도재단(김근태 재단)/민주평화국민연대(민평련)

문재인 대통령의
사죄 말씀

|

2019년 6월, G20 오사카 서밋(20개국 지역·정상회의)이 오사카에서 개최되었다. 개최되기 얼마 전 주오사카 총영사관으로부터 문재인 대통령의 오사카 방문 때 예정된 재일동포 간담회에 나도 초청받았다는 소식을 들었다. 내가 초청된 데에는 뭔가 까닭이 있다고 생각했다. 그것은 우리가 오랫동안 바라 왔던 일이다.

나는 몇 년 전 당시 여당 관계자의 안내로 청와대를 방문했는데 그때 비서관에게 "재일동포 간첩 조작 사건에 관해 국가 차원의 사과를 바란다"라고 호소했다. 과연 문재인 대통령은 6월 27일 호텔 뉴오타니에서 열린 동포 간담회 자리에서 "재일동포 간첩 조작 사건 피해자와 그 가족에게 국가를 대표하여 진심으로 사죄 말씀을 드립니다"라고 정중하게 이야기했다.

나는 막상 눈앞에서 사죄 말씀을 들으니 가슴이 메었다. 잠시 후 식사가 시작되자 나는 같은 테이블에서 식사하는 대통령 자리에 가서 "오늘 정중한 사죄 말씀을 해 주셔서 진심으로 감사합니다" 하고 인사했다. 나중에 관계자에게 들은 말에 따르면, 문재인 대통령이 이 사죄 말씀을 원고에 꼭 넣으라고 직접 지시했다고 한다.

나는 부모님 묘소에서 대통령으로부터 직접 사죄 말씀을 들었다고 말씀드렸다.

이제 나도 저승에서 떳떳하게 부모님을 뵐 수 있겠다! 그렇게 생각하니 큰 부담으로 남아 있던 마음의 무게가 이제야 없어진 듯 기분이 편안해졌다. 이제 나에게는 더 이상 여한이 없다. 돌이켜 보면 죽음의 문턱까지 내몰려 길고 고된 징역살이를 스스로에게 되물으며 살아왔다.

긴 세월을 견뎌 낼 수 있었던 까닭은 언제나 민향숙과 조만조 어머니라는 마음의 동반자가 있었기 때문이다. 우리는 힘든 시절을 서로 격려하며 2인 3각이 아닌 3인 4각으로 걸어왔다.

그리고 무엇보다도 많은 동지와 훌륭한 구원 운동 친구들이 단단하고도 강하게 받쳐 주어서 고마웠다. 이렇게 은혜로운 인생이 또 어디 있겠는가.

그래, 이제야 생각났구나!

아버지는 오래전부터 입버릇처럼 '부모를 팔아 그 돈으로 친구를 사라'고 말씀하셨다.

정신을 차리고 보니 내 삶은 그 출처도 모르는 아버지 말씀에 충실히, 말 그대로 부모를 팔아서 친구를 산 격이었다. 그리고 지금까지 그 친구들의 도움을 받으며 함께 걸어왔고 앞으로도 끝까지 함께 가려 한다. 그리고 건방진 애송이였던 내가 아버지에게 대들어서 목침을 맞았을 때처럼, '마지막에 웃으며 죽을 수 있는 사람'이 될 수만 있다면 더할 나위가 없겠다.

그러나 나에게는 아직 할 일이 남아 있다.

서른여섯 명이 무죄판결 받는 데서 끝날 것이 아니라, 재일동포 정치범 마지막 한 사람까지 무죄를 받아 내는 일과 진정한 민주주의가 조국에서 실현되고 남북 화해와 한반도의 평화 시대가 도래했음을 먼저 가신 분들에게 전하기 위해서라도, 아직 죽을 수는 없다.

2019년 6월 27일 오사카에서 문재인 대통령과 악수를 나누다

문재인 대통령의 연설문 중 사죄 말씀

동포 여러분은 (중략) 대한민국의 민주화에도 희생과 헌신으로 함께
하셨습니다.

군부독재 시절, 많은 재일동포 청년이 공안 통치를 위해 조작된 간첩
사건의 피해자가 되었습니다.

지난해 12월 '재일동포 유학생 간첩 조작 사건' 피해자들이 모여 만
든 '재일한국양심수동우회'가 '제3회 민주주의자 김근태상'을 수상
했습니다.

올해 초 서울고법에서 간첩단 조작 사건의 피해자에게 34번째 무죄
가 선고되었습니다.

재심으로 무죄판결이 이어지고 민주화 유공자로 인정받기도 하지만, 마음의 깊은 상처를 치유하고, 빼앗긴 시간을 되돌리기에는 너무나 부족합니다.

정부는 진실을 규명하고, 상처를 치유하기 위한 노력을 계속해 갈 것입니다.

무엇보다 독재 권력의 폭력에 깊이 상처 입은 재일동포 조작 간첩 피해자분들과 가족들께 대통령으로서 국가를 대표하여 진심 어린 사과와 위로의 말씀을 드립니다.

2019년 6월 27일, 오사카

"재일동포를 '졸업'하기 위해
한국으로 떠났다."

|

2019년 2월, 내가 이철 선생님을 만나 처음 대화를 나누었을 때 들었던 가장 인상 깊게 생각한 말이다. 이러한 선생님의 모국 대학원 진학 동기를 전제로 삼아《장동일지》를 정독하다 보면 이 책의 핵심에 다가갈 수 있을 것이다.

당시 나는 방학 때마다 일본 최대의 재일코리안 집주 지역이자 오늘날 오사카 코리아타운으로 불리는 이쿠노구로 소속 대학 학생을 대상으로 하는 인턴십 프로그램을 운영하고 있었다. 그때 학생들의 숙소에서 이철 선생님을 마주친 것이다. 나중에야 선생님이 그곳에서 가족들과 함께 거주한 사실을 알게 되었다. 그동안 말로만 듣던 이철 선생님을 실제로 만나면서 프로그램의 파트너였던 오광현 선생님(제주 4·3사건 일본유족회 회장)에게 소개를 부탁했다.

나는 온화한 표정과 말씨가 인상적인 이철 선생님의 삶에 예전부터 막연하게나마 관심이 있었다. 내 어머니가 이철 선생님과 동갑이기 때문이기도 하다. 그리고 또 하나는 어머니가 도쿄에서 고등학교를 졸업한 이후 국내 모 대학 입학이 내정된 상황에서 결혼으로 인해 입학을 취소한 이력이 있기 때문이다. 사실 어릴 때부터 "한국에 가면 무서운 꼴 당한다"라는 말이 뇌리에 박혀 있었다. 그렇게 자연스럽게 '이철'이라는 이름을 알게 된 것이다. 만약 당시 어머니가 모국을 찾았더라면 나는 태어나지도 않았을 것이다.

이처럼 재일한국인 정치범 사건은 북송 문제와 함께 직간접적으로 재일동포 사회에 영향을 미치고 있다. 재일동포에게 분단된 남북 조국의 존재가 멀어진 데 대해 이들 정치적 사건이 세대교체만큼 영향을 미친 것이다. 불과 두 세대 만에 이만큼 모국과의 유대를 잃어버린 재외동포는 전 세계적으로 보더라도 재일동포가 유일하다. 조국에 대한 환상은 산산조각 나고 말았다. "동포는 동포끼리 살 수밖에 없다"라는, 이른바 '재일론在日論'이 대두된 것은 바로 이러한 맥락에서 포착되어야 할 것이다.

"한국에 곧장 돌아가려고 했다."

|

석방되고 일본 공항에 도착했을 때 무엇이 떠올랐느냐는 나의 질문에 대한 이철 선생님의 대답이다. 나는 선생님에게 조국이 이토록이나 간절한 존재라는 사실에 놀라움을 금할 수 없었다. 이 책에는 선생님의 부친께서 "조선인이 아니라 한국인"이라고 가르치셨던 일화가 소개되어 있다. "일제 강점과 민족 차별로 얼룩진 조선(조센)인이

아니라 독립을 회복하고 일으켜 세운 자랑스러운 대한민국 국민"이라는 뜻이다. 이는 선생님에게 "일본은 어디까지나 객지일 뿐, 한국이야말로 진정 나의 조국"이라는 가치관을 형성케 하는 밑거름이 되었다. 비록 그런 조국이 안긴 것이 죽음의 공포와 간첩의 누명이었는데도 말이다.

이토록 애절한 조국애에 한국 사회가 어떻게 응했을까. 오로지 권력에 의해서만 재일동포에게 '빨갱이'의 누명이 씌워진 것인지 한번생각해 보기 바란다. 학생운동으로 투옥된 학생들이 재일동포를 북한 '간첩'으로 매도하면서 자신을 애국자로 칭하는 일화 역시 이 책에 소개되고 있다. 남북 분단의 최전방에서 건너온 동포를 단지 모국에서 태어났다는 이유만으로 매도할 수 있는 흔들리지 않는 위치의근거가 과연 어디에 있을까. 자신은 주류사회에 당연히 귀속된다는'우리'의 범주가 근본적으로 민족애가 아니라 근대 국민국가가 내포하는 편협함에 기반한다는 사실을 직시하며 경계해야 할 것이다.

정체성을 되찾고자 모국을 찾는 재일동포가 실망하는 순간이 바로 이런 따가운 시선을 맞닥뜨릴 때다. 동족의 따가운 시선과 거리두기는 객지 일본에서 겪는 차별 이상으로 모욕감을 안겨 준다. 재일소설가 이양지의 아쿠타가와상 수상작 《유희》의 주제가 이로 인한좌절감에서 비롯된 것으로도 알 수 있듯이 적지 않은 재일동포에게모국은 언제나 두려운 존재다.

"일본적인 사고 틀이나 가치관을 버려야 비로소
모국 사람과 함께 할 수 있다."

|

이런 내용의 언급을 이 책 곳곳에서 확인할 수 있다. 이철 선생님은
일본어를 쓰며 일본적 가치관이나 사고 틀로 한국 사회를 바라보지
않으려 했다. 대신 모국 사람들과 함께하기를 옥중생활에서도 철두
철미하게 실천하려 했다. 수감자들 사이에서마저 불신의 대상이었던
재일동포가 옥고를 함께 치르는 동지로서 신망을 얻기까지의 과정은
대등한 위치에서 출발하고자 하는 개인의 매력이야말로 긍정적 관계
형성의 근본이 된다는 인간 보편의 진리를 여실히 보여 주는 듯하다.
그 보상으로 이철 선생님은 출옥 후 오늘날까지 이어지는 한국 민주
인사들과의 소통 경로를 얻었으며, 그 연장선상에서 문재인 전 대통
령에 의한 일련의 재일한국인 정치범 사건에 대한 국가 사죄를 받게
되었다. 이 책의 큰 비중을 차지하는 옥중에서 만난 민주인사들의 일
화는 한국 민주화 투쟁 역사의 한 축이며 재일동포와 한국 민주화운
동이 어떻게 얽히게 되었는지를 이해할 수 있는 일종의 역사 교과서
와도 같다.

이때 간과해서는 안 될 것이, 과연 이철 선생님 혼자만의 노력으로
이러한 관계성을 구축해 낼 수 있었는지에 관한 것이다. 약혼자이자
부인이 된 민향숙 선생님과 장모 조만조 선생님의 마르지 않는 사랑
과 신뢰에서 비롯된 모국 사회를 향한 외침과 행동 없이는 아마도 불
가능했을 것이다. 두 분의 용기 있는 행동 없이 이철 선생님의 생명
을 구해낼 수는 없었을 것이다.

동시에 재일한국인 정치범들이 북한 간첩이라서 석방 운동의 대상이 될 수 없다는 국내 석방 운동 측 인식을 재일동포만의 호소로 바꿀 수 있었을까 하는 의문도 든다. 그 답은 한국 독자라면 짐작할 수 있을 것이다. 그리고 여기에서 한국 사회가 앞으로 한층 민주적이고 평등이 기반이 되는 사회로 나아가기 위한 새로운 과제를 찾을 수 있을 것이다.

이때 한국 사회에서 고립된 재일한국인 정치범들의 안위를 걱정하며 석방을 위한 운동을 적극적으로 펼친 주체가 재일동포와 더불어 일본인이었다는 사실이 중요하다. 학교 동창이나 지역주민으로서의 재일한국인 정치범을 구명하기 위한 운동은 당시 일본에서 시민운동이 활성화된 상황과 맞물려 국가의 경계를 초월한 형태로 확산되었다. 이처럼 《장동일지》는 분단된 조국 대한민국을 찾아 고초를 겪은 재일동포의 개인사에서 출발하여 군사독재와 분단 그리고 냉전, '제국'의 극복을 지향하는 일본 시민들과의 초국가적인 연대에 이르기까지 다양한 논의를 두루 망라하고 있다. 특히 초국가적 연대가 한·일이라는 국민국가 단위가 아니라, 경계를 허물어뜨리는 역할을 하는 점이 중요하다.

《장동일지》의 한국어 번역판을 펴내기까지 도움을 주신 분들께 이 자리를 빌려 사의를 표하고 싶다.

한국어 출판이 가능해진 것은 무엇보다도 저자 이철 선생님의 넓은 아량과 이해 덕분이다. 이 책의 번역을 나에게 맡겨 주신 데 고개 숙여 감사의 뜻을 표하고 싶다. 살아오신 인생의 모든 여정이 담긴 내용인 만큼 나는 이 작업에 최선을 다했고 선생님께서도 많은 도움을 주셨다. 선생님의 꼼꼼한 검토가 없었다면 시대적 배경에 대한 이해가 부족한 나로서는 중간에 포기하고 좌절했을지도 모른다. 특히 옥중생활의 일화를 생생하게 전달해 주신 덕분에 이 책에 생동감을 불어넣을 수 있지 않았을까 생각한다. 그럼에도 이 책에는 부실한 점이 많이 있을 것이다. 그 책임은 전적으로 번역자인 나에게 있다. 또한, 이철 선생님은 검토 과정에서 한국에서 출판하는 데 필요한 작업도 제안해 주셨다. 따라서 한국어판은 내용상 같지만, 일본어판 원문이나 구성 등과 조금 다르다는 점을 미리 밝혀 둔다.

김현태 코리아NGO센터 사무국장에게도 심심한 감사의 뜻을 표하고 싶다. COVID-19 사태로 바다를 사이에 두고 물리적 이동이 어려운 상황임에도 이철 선생님과 소통할 수 있던 것은 전적으로 오직 그의 역할 덕분이다. 또한, 그의 추천이 있었기에 내가 《장동일지》 번역을 맡을 수 있었다. 어려운 결심 끝에 도일하여 정착한 김 사무국장은 재일동포 사회의 현안을 해결하고 미래로 나아가기 위한 대안을 모색하기 위해 삶을 바치고 있다. 열과 성을 다하는 그의 헌신에 경의를 표하고 싶다.

《장동일지》 한국어판이 서해문집에서 출판되는 것을 뜻깊은 일로 여기는 것은 아마도 이 책의 존재를 아는 모든 이의 공통된 생각일 것이다. 내가 이 책을 꼭 번역하고 싶다고 생각했던 것은 이 출판사가 펴낸 김효순 선생님의 《조국이 버린 사람들》(초판, 2015)을 읽은 영향이 지대하다. 주지된 바와 같이 이 책이 기폭제가 되어 재일한국인 정치범 문제가 한국 사회에 국가폭력의 한 사례로 알려지기 시작했다. 나의 역량 부족으로 인한 더딘 작업 속도에도 불구하고 편집부의 아량과 배려 그리고 세심한 검토 덕분에 출판이 성사되었다. 진심으로 감사드린다.

《장동일지》가 한국에서 출판되는 일이 계기가 되어 어떤 소통과 연대가 펼쳐질지 궁금하기도 하고 내심 기대해 본다. 국가폭력의 역사 속에서 재일동포도 함께 맞서 싸웠다는 사실을 한국 사회가 기억하고 이해하는 일이야말로 민족을 재정의하고 국민국가가 일으키는 편협함과 배타성을 극복하기 위한 출발점이 될 것이다. 이는 곧 이철 선생님이 그토록 원하는 재일동포를 '졸업'하는 일로도 이어질 것이며, 재일동포 후세대들이 모국과 진정한 유대를 갖기 위한 발판을 마련하는 데도 이바지할 것이다.

2024년 4월
김웅기

1929.	부친 이정학, 조부모와 함께 도일(당시 7세).
1940.	이정학, 이분의와 결혼(부친 18세, 모친 17세).
1948. 10. 7.	이철, 차남으로 일본 구마모토현에서 출생.
1964. 8. 14.	제1차 인민혁명당 사건.
1967. 4.	이철, 일본 주오대학 입학.

주오대학 입학 당시.
오른쪽 끝이 저자. 옆은
친구 미야자키 유이치

7. 8.	동베를린 간첩단 사건 발표.
1968. 8. 14.	통일혁명당 사건, 남조선해방전략당 사건.

1969.	4. 28.	유럽 간첩 사건(박노수, 김규남).
1970.	11. 13.	전태일 열사 분신 궐기(당시 22세).
1971.	3.	이철, 재외국민교육연구소(서울) 입소.
	4. 20.	서승, 서준식 형제 등 5명 체포.
	4. 27.	박정희 3선 성공.
	12. 6.	국가비상사태 선포.
1972.	3.	이철, 일본 주오대학 졸업.
	7. 4.	7·4 남북공동성명 발표.
	10. 17.	비상계엄령 포고.
	11. 21.	개헌 국민투표, 유신헌법 성립. 10월 유신 시작.
	12. 27.	박정희, 제8대 대통령 취임.
1973.	3. 8.	이철, 고려대학교 대학원 정치외교학과 입학.
	8. 8.	김대중, 도쿄에서 납치.
1974.	3. 15.	울릉도 간첩단 사건 발표(통혁당경북위원회 사건), 47명 체포.
	4. 3.	긴급조치 4호 발포.
	4. 25.	민청학련 사건 발표.
	5. 27.	제2차 인민혁명당(소위 인혁당 재건위) 사건 발표.
1975.	4. 8.	인혁당 관련자 8명 사형 확정.
	4. 9.	인혁당 관련자 8명 사형 집행.
	8. 4.	김지하, 양심선언 발표.
	11. 22.	중앙정보부, 재일동포 유학생 간첩 사건 발표(11·22 사건).
	12. 11.	이철, 중앙정보부 연행.
1976.	1. 12.	민향숙 연행 소식에 이철 부친 쓰러짐.
	1. 19.	이철, 서대문구치소 입소. 부친 이정학 서거(향년 53세).
	2. 26.	이철, 기소.

서대문구치소 전경

	4. 9.	이철, 심리 시작.
	5. 25.	이철, 제1심 사형선고.
	10. 1.	이철, 가톨릭 세례받음.
	10. 18.	모친 이분의와 매형 김수현 2심 증언.
	11. 18.	제2심 사형 판결.
1977.	2. 9.	강종헌과 통방하여 폭행당함(징벌 1개월).
	3. 8.	대법원 상고기각.
	3.	민향숙, 광주로 이감.
	5. 10.	도쿄변호사회 '이철 사건 1차조사서'.
	12. 18.	가톨릭 견진성사(김수환 추기경).
1978.	3. 20.	이철씨를구원하는모임(이철구원회) 전국연락회의 엮음, 《내 삶의 길을 찾으려도》(JCA출판) 출간.
	4. 22.	재일동포 박순조 입소(제5사).
1979.	8. 15.	무기형으로 감형.

서화반 전시회 기념 사진(뒷줄 왼쪽 끝이 저자)　　　반야심경 임서, 왼편 밑에 호
'장동'이 있다.

	8. 23.	민향숙 출소(광주).
	9. 13.	대전으로 이감.
1980.	3. 23.	모친 이분의 서거(향년 56세).
1981.	8. 15.	20년 형으로 감형.
	11. 26.	서화반으로 옮김.
1982.	1.~2. 27.	제16기 순화 교육.
	8. 30.~9. 25.	제22기 순화 교육.
1983.	3. 18.~4. 23.	제28기 순화 교육.
1984.	3. 20	대전 '새 교도소'로 옮김.
	9. 3.~9. 28.	제42기 순화 교육.
1985.	7. 15.	대구교도소로 이감.
	7. 31.	대구 7·31 사건.
	12. 12.	민주화실천가족운동협의회(민가협) 결성.
	12. 23.	다시 대전교도소로 이감.
1986.	12. 25.	광주교도소로 이감.
1987.	11. 7.~11. 8.	밀고로 안기부 조사받음.

11. 9.	에드거 스노《중국의 붉은 별》관련 조사.
11. 10.	안동교도소로 이감(징벌 1개월).
1988. 10. 3.	안동교도소에서 출소.
1988. 10. 28.	이철, 민향숙 결혼식(명동성당).
1989. 5. 26.	귀일.
1990. 11. 20.	조국통일범민족연합(범민련) 결성.
12. 23.	재일한국양심수동우회 결성.
1991. 8. 21.	오사카입국관리국과 교섭.
1992. 3. 8.	조신치 씨를 추모하는 모임(부락해방센터), 유고집《청포도. 조용히 싸우며 가다》발행.
5. 8~5. 12.	'한국 양심수에 의한 서화전(오사카)'(엘오사카).
5. 23~5. 24.	'한국 양심수에 의한 서화전(고베)'(고베시근로회관).
5. 2~5. 31.	'한국 양심수에 의한 서화전(교토)'(일본 이태리아 교토회관).
7. 9.	'부신화 타령' 상연 집회(신야 에이코, 부락해방센터).
12. 22~12. 27.	'한국 양심수에 의한 서화전(나고야)'(나고야시민갤러리).
1993. 1. 15.	'한국 양심수에 의한 서화전(도쿄)'(오미술관).
6. 13.	김하기 지음, 이철 옮김,《완전한 만남》출판기념회(가게서 방) (부락해방센터).

《완전한 만남》표지   서화전시회 작품집

9. 24.	한국천주교조사단 상담회(최병모 변호사 강희철 씨 구원).
1994. 2. 15.	'고 늦봄 문익환 목사 추도 집회'(아피오 오사카).
4. 1~4. 6.	'한국 양심수의 어머니들' 사진전(엘오사카).
5. 14.	박형규 목사님 초청 기념 강연회(YWCA회관).
9. 17.	서승,《옥중 19년》출판기념회(나니와회관).
1995. 4. 15.	한국민주화실천가족운동협의회 엮음, 재일한국양심수동우회 옮김,《분단의 철창을 열고, 이제 하나로》출판기념회.
7. 7.	'재회의 밤 콘서트, 허경자 씨를 추모하며'(스이타 메이시어터).
11. 15.~11. 19	'APEC에 즈음하여 한국 정치범 석방을 촉구하는 단식투쟁'(KCC회관, 세이와교회).
11. 20.	타이완 '린슈양 선생 초빙 강연회'(엘오사카).
1996. 7. 11.~7. 13.	한국가톨릭인권위원회 방일단 교류회(이쿠노구민센터).
8. 15.	이헌치, 김태홍 석방.
1997. 1. 26.	'이헌치, 김태홍 귀일 환영회'(히가시오사카시 스낵부루).
4. 11.	'문호근 선생 일본 방문 강연의 밤'(엘오사카).
5.~	'북한 주민에게 사랑과 식량을! 긴급 캠페인'(1차).
8.~	'북한 주민에게 사랑과 식량을! 긴급 캠페인'(2차).
9. 12.	'긴급식량지원. 현지보고회'(아피오 오사카).
1998. 2. 14.	다큐멘터리 〈레드헌트〉 상영회 (엘오사카).
3. 13.	손유형, 김병주 석방.
6. 11.	'투쟁 17년. 재일한국인 정치범. 손유형 씨 환영 집회'(이쿠노구민센터).
8. 15.	서순택, 김장호 석방.
12.~	'북한 주민에게 사랑과 식량을! 긴급 캠페인'(3차).

《더욱 젊게 : 문익환 목사의 건강 요법》표지

석방운동을 하는 조만조 어머니, 박연수 사진집《민중의 길》에서

12. 23.		문익환 지음, 이철 옮김,《더욱 젊게: 문익환 목사의 건강 요법》(신간사) 출판 축하회(엘오사카).
1999. 2.		한국 정부에 〈사면 복권/민원서〉 제출(사면복권을 바라는 재일동포 31명).
2. 25.		강용주 등 비전향 장기수 19명 석방.
11. 24.		'강용주 일본 방문 환영 강연회'.
12.~		'북한 주민에게 사랑과 식량을! 긴급 캠페인'(4차).
2000. 1. 29.		'정경모 선생 초빙 신춘 특별 강연회'(엘오사카).
8. 12.		'남북 정상회담 실현 경축회'(한식당 후쿠이치).
9. 2.		비전향 장기수 63명 북에 송환.
10. 29.		'리영희 선생님 초빙 출판 기념 강연회'(엘오사카).
2001. 6. 16.		'재일한국양심수동우회 결성 10주년 축하회'(PLP회관).
8. 11.~8. 16.		모국 재회 여행, 한국 방문(친구 다무라 코지, 스미타니 아키라와 함께).
2002. 5.		'북한 주민에게 사랑과 식량을! 긴급 캠페인'.

2003.	9.4.	'고 김수환 추기경님 추모회'.
	11.17.	형 이명 사망(향년 57세).
2004.	4.~	'북한 용천 이재민 긴급 지원 캠페인'.
	9.28.	성명문 〈국가보안법을 하루 속히 폐지하라!〉 발표.
2005.	5.3.	'진실화해를 위한 과거사정리기본법'(과거사정리법) 통과.
	6.15.	'6·15 선언 5주년 민족통일대축전' 참가(평양) (남·북·해외 대표).
	10.3.	조만조 어머니 서거 (향년 84세).
	11.26.	재일한국양심수동우회, 민가협·양심수후원회로부터 감사패 받음(출소 장기수들을 위한 주택 마련).
	11.26.	영화 〈아리랑 2003〉 오사카 상영회(엘시어터).
	12.1.	진실화해위원회 출범.
2006.	1.29.	'조만조 어머니를 추모하는 모임'(오사카).
	6.15.	광주민족통일대축전 참가(광주, 목포시) (남·북·해외대표).
	11.30.	진실화해위원회에 진상 규명을 신청.
	12.29.	재일한국양심수동우회, 진상규명신청서(취지/사건 내용) 제출.
2009.	3.16.	진실화해위원회 조사 개시.
	8.29.	'김대중 대통령을 추모하는 모임'(엘오사카).
2010.	7.15.	이종수, 무죄 확정. 재일한국인 정치범 첫 번째 무죄 확정.
	8.12.	한국 민주사회를 위한 변호사모임(민변) 소속 변호사들, '재일교포 재심 변호인단' 구성.
2011.	10.31.	이철, 재심 신청.
	11.10.	재일한국인 정치범 두 번째 무죄 확정.
2012.	3.29.	재일한국인 정치범 세 번째 무죄 확정.
	5.10.	재일한국인 정치범 네 번째 무죄 확정.

5.24.	재일한국인 정치범 다섯 번째 무죄 확정.
	재일한국인 정치범 여섯 번째 무죄 확정.
7.20.	동생 이충 사망(향년 60세).
9.27.	재일한국인 정치범 일곱 번째 무죄 확정.
	재일한국인 정치범 여덟 번째 무죄 확정.
12.27.	재일한국인 정치범 아홉 번째 무죄 확정.
2013. 1.24.	재일한국인 정치범 열 번째 무죄 확정.
2.7.	이철, 재심 개시 결정.
3.14.	재일한국인 정치범 열한 번째 무죄 확정.
4.11.	재일한국인 정치범 열두 번째 무죄 확정.
5.22.	재일한국인 정치범 열세 번째 무죄 확정.
	재일한국인 정치범 열네 번째 무죄 확정.
6.27.	재일한국인 정치범 열다섯 번째 무죄 확정.
7.6.	영화 〈남영동 1985〉 상영회(엘오사카 남관).
7.26.	재일한국인 정치범 열여섯 번째 무죄 확정.
2014. 1.17.	재일한국인 정치범 열일곱 번째 무죄 확정.
2.13.	재일한국인 정치범 열여덟 번째 무죄 확정.
9.24.	재일한국인 정치범 열아홉 번째 무죄 확정.
9.28.	'손유형 선생님을 추모하고 부신화 어머니를 격려하는 모임'(샘터).
11.14.	이철, 재심 첫 공판.
11.27.	재일한국인 정치범 스무 번째 무죄 확정.
12.19.	재일한국인 정치범 스물한 번째 무죄 확정.
12.24.	재일한국인 정치범 스물두 번째 무죄 확정.
2015. 2.9.	이철, 재심 1심 무죄선고(서울지법).
6.25.	한국 인권의학연구소로부터 감사패 수상(고문 등 국가폭력

피해자를 위해 헌신해 온 분들께 바치는 패).

	7. 23.	이철, 재심 2심 무죄선고(서울고법).
	11. 22.	'11·22 사건' 40년. '재일한국인 정치범과 잇따른 재심 무죄의 의미를 생각하는 11·22 시민 집회'(나니와구민센터).
	11. 26.	이철, 대법원 무죄 확정. 재일한국인 정치범 스물세 번째.
2016.	8. 14.	옛 서대문구치소(서대문형무소역사관)에 재일동포 양심수 전시실 개관.
	10. 3.	조만조 어머니를 모란공원묘지로 이상.
2017.	6. 19.	이철구원회 한국 여행.
	9. 6.	국회와 청와대 방문(국가 사죄를 요청).
2018.	1. 21.	한국 영화 〈자백〉 일본 상영회(히가시나리구민센터).
	4. 3.	'제주 4·3 70주년' 참석(제주도 제주시).
	4. 28.	〈자백〉 상영회(구마모토현 히토요시시).
	11. 22.	김효순, 《조국이 버린 사람들》(아카시서점) 도쿄 출판회(릿교대학).
	11. 24.	김효순, 《조국이 버린 사람들》(아카시서점) 오사카 출판회(PLP회관).
	12. 28.	재일한국양심수동우회, '제3회 민주주의자 김근태상' 수상(서울).
2019.	6. 27.	문재인 대통령, 재일동포 간첩 사건 피해자들에게 '사죄 말씀'(오사카).
	11. 22.	복고판 CD 〈그날이 온다, 한국 정치범. 가족의 소리를 들어라!〉.
2020.	8. 1.	'광주민주화운동 40주년 집회'(오사카시립사회복지센터) 참가 (우리민주).
	11. 22.	'11·22 사건' 45주년 기념 집회, '한국 민주화운동을 함께 생각하는 11.29 시민 모임'(히가시나리구민센터).

2021. 6. 27.　　이철, 《장동일지: 재일한국인정치범 이철의 옥중기》(동방
　　　　　　　　　출판) 출판.

1976.	3. 1.	3·1 민주구국선언문 발표(명동성당).
	4.	구원회 도쿄 모임 결성.
	5.	구원회 재 도쿄 동창회 발족.
		구마모토현 니시키정의회, 구명 탄원 결의.
	5. 7.	이철 가족과 구원회, 일본 변호사 연합회에 인권 구제 신청.
	5. 12.	'11·22 구원회' 도쿄 농림회관에서 긴급 항의 집회. 약 500명 참가. 각지 항의 집회에 관해 《11·22통신》 제2호 (6. 10.)에서 보도.
	5. 16.	도쿄 모임 단식 농성.
	5. 28.	구마모토 모임 발족.
	6. 4.	구마모토현 니시키정장 등 네 명이 탄원서와 주민 서명 4973명분 한국대사관에 제출.
	6. 10.	구마모토현 구마군 사가라촌의회, 이철 구명 탄원 결의.
	6. 17.	사가라촌의회, 구명 탄원 결의. 촌장 등이 탄원서와 촌민 서명 2191명분 한국대사관에 제출.
	6. 18.	구마모토현 의회에 구명 탄원 결의를 촉구하는 청원서

제출.

6. 20.	'재일한국인 정치범을 지원하는 모임 전국회의' 결성.
7. 13.	히토요시·구마 모임, 영화 〈고발〉 상영회에 500명 참가. 이정린(이철 숙부) 강연.
8. 20.	히토요시·구마 모임 발족.
9. 5.	기타큐슈 모임 발족.
9. 21.	히토요시시의회 동창생들이 '구명 탄원 진정', 시의회 전원협의회, 의원 각자가 구원 활동을 하기로 약정.
10. 2.	주오대학 모임 발족.
10. 12.	구원회 서명, 한국 당국에 몰수(구원회, 항의행동).
10. 14.	도쿄·구마모토 동창회, 2심 방청차 도한. 각 구원 모임, 가두 항의 집회. 도쿄 모임에서 재판 방청차 도한.
10. 28.	각 구원 모임, 가두 항의 집회. 동창회에서 도한.
11. 9.	히토요시·구마 모임, 동창생 네 명이 국철(당시) 히토요시역 앞에서 단식 농성. 이철씨구원회, 공동기자회견(공소장과 공판 녹취 테이프 공개). 도쿄 모임, 주오대학 모임, 동창 모임, 공동기자회견. 항의 성명 발표(구단YMCA회관).
11. 11.	도쿄 모임(스키야바시), 기타큐슈 모임(다카라마치공원), 히토요시·구마 모임(히토요시역 앞), 단식 결행. 동창회에서 도한.
11. 14.	'이철씨를구원하는 오사카 모임'(오사카 모임) 발족.
11. 15.	주오대학 모임, '백문제'(대학 축제)에서 영화 〈고발〉 상영 집회.
11. 18.	도쿄 모임(스키야바시), 주오대학, 동창 모임(주오대학 구

내), 기타큐슈 모임(다카라마치공원), 구마모토 모임(하나바타케공원), 히토요시·구마 모임(히토요시역 앞) 단식 결행. 구마모토 모임 도한.

11. 20.	제1차 구원회 활동 계획 협의. 11월 25일~11월 28일에 팸플릿 제작, 교바시에서 전단지 배포.
11. 23.	'학원 침투 간첩단 사건' 발표 1주년 항의 집회(주최: 재일한국인 정치범을 지원하는 모임 전국회의).
11. 30.	제2차 체포자구원회(이철·강종헌·양남국·이동석·조득훈 각 구원회) 결성, 양남국씨구원회로부터 통일 행동 요청.
12.	《구원회 뉴스》 제1호 발행. 〈옥중의 이철 씨, 민향숙 여사에게 크리스마스 카드, 연하장을 보내자!〉 호소.
12. 7.	구마모토현 의회에 청원.
12. 10.~12. 18.	각지에서 '부당 체포 1주년 항의행동'.
12. 11.	이철 부당 체포 1주년. 주오대학 모임, 동창회 모임, 주오대학 구내에서 항의 집회. 그 후 히비야공원까지 시위행진. 18일까지 각지에서 추진.
12. 12.	구마모토 모임, 이철 부당 체포 1주년 규탄 집회.
12. 18.	오사카 모임, 이철·민향숙 부당 체포 1주년 항의 집회(나카노시마중앙공회당).
12. 19.	이철씨를구원하는모임 전국연락회의 준비 회의 오사카에서 개최.
12. 25~12. 27.	이철·강종헌·양남국·이동석·조득훈 각 구원회, 국철 오사카역 앞에서 네 시간 단식투쟁. 주최는 제2차 체포자구원회 다섯 곳. 후원은 11·22 재일한국인유학생청년부당체포자를구원하는모임. 지원 단체는 한국청년동맹, 오사카시종업원노동조합 청년부, 부락해방동맹, 히가시오사카 사야마 투쟁위원, 차별과싸우는문화회의, 부락해방동맹 오사카부련, 이즈미오쓰부락해방연, 오사카시교조

조호쿠지부, 동남지부, 동남오사카지부 나가하시소분회, 히가시요도가와교육공투회의(당시 총괄 전단 참조).

오사카 모임, 강종헌씨를 구원하는 모임 등과 단식투쟁(오사카역 앞).

12. 28.	이철 친구 다카다, 중학교 시절 은사 도마 선생님이 연명으로 카터 미 대통령에게 탄원서를 보냄.
1977. 1.	《구원회 뉴스》 제3호 발행. 〈이철구원회 오사카모임, 입회 어필〉, 회비 월 500엔. "전국에 있는 다른 6개 구원회, 재일한국인 정치범을 지원하는 전국회의와 연락을 취하며 추진하겠습니다"라고 호소.

"크리스마스카드 감사합니다"라는 이철 편지를 소개.

1. 11.	구마모토 모임, 구마모토 시민회관에서 학습회 개최, 50명 참가. 공소장의 모순점을 상세히 검토하여 이철의 무고에 확신을 더욱 굳힘.
1. 12.	민향숙 부당 체포 1주년 항의 집회.
1. 15.	이철구원회 전국연락회의 결성. 구성 단체 열두 곳은 이철씨를 구원하는 히토요시·구마 모임, 구마모토 모임, 기타큐슈 모임, 오사카 모임, 도쿄 모임, 히토요시고 동창회, 주오대학 모임, 나고야 모임, 한일연대 미에현 모임, 사가 모임, 미야자키 모임, 일본대학 모임.
1. 하순	구마모토 모임, 하순부터 주 1회 일요일 가두 활동 및 서명운동 시작.
2.	주오대학 모임, 합숙.
2. 2.	이철구원회 전국연락회의에서 이철, 민향숙의 즉각 석방을 촉구하는 요청서(한국 정부 앞)와 '인권구제에관한 요청서'(일본 정부 및 유엔 앞)를 작성하여 2월 2일부터 10만 서명운동 시작.
2. 3.	오사카 집회(나카노시마 중앙공회당 앞 광장). 집회 후 영사

관까지 시위행진

'2차 체포자에 대한 사형·중형 판결을 저지하고 모든 유학생·청년의 즉각 석방을 촉구하는 2·3 오사카 집회'로서 후쿠다 다케오 총리, 하토야마 이치로 외상 앞으로 '일본 정부에 대한 요청문'을 보냄.

2.6.　구마모토 모임, 이철 본가에 방문해 가족과 간담.

2.20.　히토요시·구마 모임, 히토요시에서 가두 활동.

2.23.　구마모토 모임, 기자회견을 열고 상고이유서 발표. 밤에 2월예회 개최.

2.26.　구마모토 모임, 후쿠오카 시내 공원에서 '재일한국인 정치범 석방을 촉구하는 긴급행동'을 열고 한국영사관까지 시위.

3.2.　일본 국회에서 이노우에 잇세이 의원(사회당), 정부의 견해를 질의.

3.4.　오사카 모임, 히가시오사카 한일 연대 집회에서 호소 및 서명운동.

3.6.　히토요시·구마 모임, 히토요시에서 동창과 히토요시고 교사 2명이 단식투쟁. 구마모토 모임도 시내 하나바타공원에서 회원 2명이 단식투쟁.

3.8.　이철, 강종헌 사형선고. 명백한 알리바이를 무시한 엉터리 재판. 11·22 사건 2차 체포자로 2심에서 사형선고가 났던 이철, 강종헌의 사형이 최종심에서 확정. 두 사람 모두 법정에서 감연히 결백을 호소했고 명백한 알리바이가 제출되었음에도 이 같은 판결이 내려진 것은 재판이 얼마나 엉터리인지를 다시 일깨워 줌. 두 사람의 구원회는 판결 당일, 각기 항의행동과 기자회견을 열어 항의 성명을 발표. '항의 성명' 전문은 〈자료 1〉과 같다(재일한국인 정치범을 지원하는 모임 엮음, 《전국회의 뉴스》, 제2호 77-82년 6월 1일 전재).

〈자료 1〉

금일 재일한국인 모국 유학생 이철 씨(28세)에게 한국 대법원은 1, 2심과 동일하게 상고기각 즉, 사형 판결을 내렸다. 이 판결로 무고한 이철 씨에게 내려진 사형이 확정되었다. 이철씨를구원하는모임은 격한 분노를 느끼지 않을 수 없으며, 이에 항의의 뜻을 표명한다.

무고한 이철 씨에게 내려진 사형선고는 명백히 진실을 무시한 폭거다. 이철 씨는 2심 법정에서 무죄를 선언하고 북한 간첩 사건이 KCIA(한국 중앙정보부)의 고문으로 기획된 조작극임을 밝혔다. 이는 '어차피 죽임을 당할 바에야 진실을 호소한 뒤 죽임당하는 것이 낫다'며 죽음마저도 결의한 용기 있고 중대한 선언이었다. 이러한 진실된 호소에 의거하여 한국 법무 당국도 귀를 기울이지 않을 수 없는 지경에 이르렀고, 한국 재판에서는 이례적으로 증인이 채택되었다. 이철 씨 어머니, 자형 김수현 씨와 증인 두 명이 증언에 나서 무죄를 증명할 유력한 물증과 더불어 이철 씨 무죄를 공판 법정에서 밝혔다. 중앙정보부는 진실이 밝혀지자 겁에 질려 "한번 자백한 것은 무죄를 호소해도 안 된다"라며 자국 법령을 무시한 채 이철 씨에게 2심 사형 판결을 내렸다.

이철 씨의 무고함을 증명하는 물증이 속속 발견되면서 KCIA의 조작은 더욱 여실히 드러나고 있다. 이미 무고함을 증명하는 3대 물증(시계 보증서, 편지봉투, 외무성·재외공관과의 공식문서에 의한 회답)이 도쿄변호사회에 제출되고 본격적으로 알리바이 조사 활동이 계속되고 있다.

'이철 씨 무고'는 이미 민족을 초월한 공통의 사실이 되었다. 왜 오로지 박 정권과 KCIA만이 진실을 묻으려 하는가.

이번 사형선고는 박 정권의 인류에 대한 중대한 도전 외에는 아무것도 아니다. 우리는 이런 교활한 책략에 정면으로 맞서기로 결심했다.

우리 민중의 영속적 궐기를 두려워하는 박 정권이 위기를 심화하여 이철 씨를 비롯한 무고한 청년들을 제물로 삼으면 삼을수록 우리는 더욱 치열하게 투쟁해 나갈 것임을 박정희와 KCIA는 명심해야 한다.

한편, 이 같은 간첩 조작에 아무런 인권 구제 조치를 취하지 않으려는 일본 정부의 태도에 강력히 항의한다.

재일 KCIA의 암약을 음으로 양으로 지탱하고 심지어 가족들에게 귀화를 장려하는 일본 정부 외무성 안에서 우리는 '일한의 검은 유착'을 느끼지 않을 수 없다.

이 같은 일본 정부를 지탱하고 있는 우리 일본인의 책임을 통감하고 책임 있는 이철 씨 구원 운동을 벌이겠다고 다짐한다. 우리 이철씨를구원하는모임은 '이철 씨 무고·KCIA 간첩 조작'을 원점으로 삼아, 더욱 광범위한 구원 운동을 벌여 나가겠다. 상고이유서에서 "사형선고는 간첩을 조작한 KCIA야말로 받아야 한다"라고 분명히 밝힌 이철 씨의 제기를 전면적으로 지지하며, 완전 승리, 무고·무죄, 즉시 석방을 쟁취할 때까지 운동을 펼쳐 나가겠다.

있지도 않은 '북의 위협'을 증명하기 위해 무고한 이철 씨를 교수대에 보내려는 대법원의 이번 사형 판결에 강력하게 항의를 표명한다.

1977년 3월 8일

이철씨를구원하는모임 전국연락회의
이철씨를구원하는모임 도쿄 모임
주오대학 모임
히토요시고교동창회 모임
오사카 모임
기타큐슈 모임
구마모토 모임
히토요시·구마 모임

| 3. 8. | 히토요시고 동창회 모임 도한.《구원회 뉴스》 제7호 〈나는 더 살고 싶다〉라는 방한 보고를 게재. 이철의 "억울한 죄로 죽임을 당하는 것은 어떻게든 참을 수 없다"라는 등 발언 소개. 오사카 모임, 도쿄 모임, 주오대학 모임, 동창 모임, 기타큐슈 모임, 구마모토 모임, 히토요시·구마 모임에서 단식을 포함한 항의 집회. 오사카 모임, 항의 집회에 400명 참가. |
| 3. 8. | '이철 씨 등 사형 집행 저지 긴급 집회' 개최. 후쿠다 다케오 총리, 하토야마 이치로 외상 앞으로 '일본 정부에 |

대한 항의문' 발송. "우리는 일본 정부가 즉각 이철 씨 등의 사형 집행 중단, 유학생 청년 등 열일곱 명의 즉각 석방을 위해 외교적으로 조치할 것과 스스로 책임지고 대처할 것을 강력히 촉구한다."

3.8.   한국 정부에 항의문 제출. "어떤 정치체제하에서라도 대체 불가능한 생명과 자유가 정치의 도구가 되고 부조리하게 부정당하는 일을 우리는 결코 용납할 수 없다. 이철, 민향숙 씨는 결백하다!!! 우리의 운동은 그들을 가족 품으로 되돌리고 이런 사태가 반복되는 일이 사라지는 날까지 계속될 것이다. 한국 당국은 진실을 바로 파악하고 한시라도 빨리 이철, 민향숙 씨를 무죄 석방하라!!!"

3.13.   구마모토 모임, 168시간 단식 관철. 단식투쟁 중에 전단 3만 장 배포 및 2800명 서명 모음.

3.16.   《구원회 뉴스》 제5호 발행.

3.22.   오카모토 요시히코 감독 기록영화 〈세계 인민에게 고함!〉 상영회(나카노시마 중앙공회당 대홀). 〈고발〉 제Ⅱ집으로 제작.

3.24.   《구원회 뉴스》 제6호에서 이철이 3월 24일 자로 쓴 다카다 씨에게 보낸 편지 소개.

3.28.   제2회 일한 연대를 생각하는 구마모토현민 대집회 개최(현립도서관홀), 약 400명 참가. 오카모토 요시히코 감독 강연 후, 영화 〈세계 인민에게 고함!〉 상영. 끝으로 이철 누나 이양자가 "무고한 동생을 구해 달라"라고 호소.

3.   히토요시고 동창회, 3월 말 한국어 학습회 개최. "한국어를 배우는 것을 실마리로 삼아 한국을 깊이 이해하고 싶다."

4.9.   제2차 이철구원회 전국연락회의에서 '3만 명 서명운동' 제의.

4.11   《11·22 통신》 제5·6 합병호(4.11.)에서 이철의 〈대법원

에 대한 상고이유서 전문〉 게재.

4. 오사카 모임, 4·19 집회(겐사키공원), 25일 전단지 배포.

5. 8. 각 구원 모임, 가두 항의 집회 및 기자회견.

5. 19. 도쿄변호사회, 알리바이 조사보고서(제1차 조사보고서) 외무성에 제출. 기자회견. 기자의 질문에 도쿄변호사회 회장은 "알리바이 증거로 무죄임을 결론지을 만한 것"이 라고 답변함.《구원회 뉴스》 제7호, 〈알리바이 있었다〉(교 토신문), 〈이철 씨는 결백하다〉(도쿄신문) 보도.

6. 14. 11·22 재일한국인유학생청년부당체포자를지원하는모 임 주최 '사형 집행 저지 전국 집회'(나카노시마 중앙공회 당 중집회실) 개최.

7. 5. 구마모토현 경찰이 이철 알리바이를 수사한 사실 밝혀 짐. 7월 6일 자《구마모토니치니치신문》〈현경찰도 한국 에 수사 협력? 이철 씨의 알리바이로, 지원회의가 지적〉, 〈협력 따위는 전혀 없다: 가쓰야마 본부장〉 보도.

7. 6. 한국 국회 정치범 석방 건의, 여야 일치로 결의.

7. 9. 사형 저지 공투 결성(오사카국로회관). 200명 참가.

7. 16. 재일한국인 정치범을 지원하는 모임 전국회의는 '정부 에 재일한국인 정치범의 인권 구제 구체화를 촉구하는 집회'를 도쿄에서 개최, 약 350명 참가. 집회선언 요지는 "60여 명에 달하는 재일한국인 정치범이 탄생하는 배경 에는 일본 정부의 막중한 책임이 있다. 정부는 박 독재정 권에 지렛대를 넣어 경제원조라는 이름으로 남한에 새로 운 침략을 가하고 민족의 남북 분단 고착화를 조장하고 있을 뿐만 아니라 KCIA의 정치범 조작에 손을 놓고 있 다. (중략) 우리는 이러한 일본 정부를 규탄하고 일한 양 국 권력의 유착을 끊어 (중략) 우리는 일본 정부가 재일 한국인 정치범의 인권 구제에 구체적으로 조치하고 재일 KCIA와 그에 가담하는 일본 관헌의 부당한 활동을 즉각

중단할 것을 촉구한다."

7. 28.	구마모토현 의회 각 당 대표자회의, 구명탄원서를 후쿠오카 한국 영사관과 일본 외무성에 제출.
7. 30.	《11·22 통신》 제7호(7. 30.)에서 이철의 서대문구치소 석방과 처우 개선을 촉구하는 단식투쟁 알림.
8. 4.	일한 연대 오사카연락회의 결성.
8. 6.~8. 7.	제3회 이철구원회 전국연락회의, 구마모토에서 개최.
8. 8.~8. 11.	사형 확정 6개월 항의 집회.
9. 5.	재일동포 정치범을 구원하는 가족·교포 모임에서 《재일한국인 정치범을 구하기 위하여》 회보(전국판) 제1호 발행.
9. 8.	이철씨를 구원하는 모임 전국연락회의 엮음, 《내 삶의 길을 찾으려도: 심판 받아야 할 것은 KCIA다!》 간행으로 전국 각지 모임이 도쿄에서 편집 회의.
	최철교·진두현·백옥광·이철·강종헌 등 다섯 명의 구원회 주최로 '9·8 사형 집행 저지 집회'가 개최되어 200명이 참가(도쿄자치회관). 각 구원회에서 사형 집행 저지 호소.
9. 24.	재일한국인 부당 체포자 지원 콘서트 도쿄 개최(메구로공회당).
9. 28.	오사카, '한일 유착 규탄, 11·22 유학생 청년, 모든 정치범 즉시 석방, 주한미군 전면 철수 9·28 집회' 개최(겐사키공원). 노동자, 학생, 시민 등 약 3천 명 참가.
11. 9.	이철구원회 공동기자회견(기소장 및 공판 녹취 테이프 공개).
11. 22.	11·22 사건 2주년, '백옥광, 이철, 강종헌 씨 등에 대한 사형 집행을 저지하고 재일한국인 유학생·청년 등 전원 즉각 석방을 촉구하는 11·22 간사이 집회' 개최. 간사

이 지역 각 구원 모임 1400명 참가(나카노시마 중앙공회당 대홀).

12. 7. 히토요시·구마 모임, '이철 씨 부당 체포 2주년 전국 집회'에서 이철 자형 김수현 강연.

12. 11.~12. 12. 일본 정부에 '재일한국인 정치범의 인권 구제를 촉구하는 12월 행동'(전국련 주최). 10만 명 서명운동 중간 집계 6만 223명분 제출.

12. 20. 일한 연대 오사카 집회.

12. 26. 외무성에서 회답이 들어옴. '수갑을 풀어 줄 것. 이철 씨에게 24시간 수갑이 채워지고 있다'(강종헌 씨), ''77년 여름에 왜 단식을 했는지. 그 이유와 상황, '가족과의 편지가 간혹 없어지는 데 대한 조사'(이철 씨), '혈행촉진제로 힐드이드 차입 (76년 11월부터 그동안 가능했던 힐드이드 차입이 거부되고 있음)'(서승 씨) 등 요구를 제출했으나, 외무성 측은 '내정불간섭'에 따라 일절의 요구를 거부.(《구원회 뉴스》 제15호. 78. 1. 15.)

1978. 2. 4.~2. 5. 도쿄에서 제5회 이철구원회 전국연락회의.

2. 13. 히토요시고 동창회 도한. 5분간 면회. "얼굴색이 나쁘지만 건강".

3. 8. 이철 사형 확정 1주년. 구마모토 모임, 구마모토 시내에서 항의 집회 개최.(하나바타케공원). 도쿄에서는 동창회에서 항의 집회 개최(분쿄구수도회관).

3. 15. 강종헌 사형 확정 판결 1주년을 맞아 '3·15 전오사카구원집회' 개최, 150명 참가(오사카 부락해방센터). '강종헌 군 구원 모임'이 동창, 친구 등을 중심으로 항의 집회 개최(나니와회관).

3. 20. 《내 삶의 길을 찾으려도: 심판받아야 할 것은 KCIA다!》(JCA출판, 1978년) 출간.

6.9.	'서준식 씨에 대한 사회안전법 적용 규탄' 6·9집회 개최 (도쿄농림회관), 120명 참가. 한국영사관까지 시위행진.
6.13.	'재일한국인 정치범 구원 가족·교포 모임' 결성 1주년 집회 개최(나카노시마 중앙공회당).
6.30.	오사카 모임 학습회 '11·22 사건과 그 배경' 실시. 심포지엄 이후 개최, 사토 가쓰미, 쓰다 미치오, 구와하라 시게오, 강재언 이 각 4회에 걸쳐 개최.
7.29.	구원 활동을 벌이는 단체들이 합숙하여 향후 활동 협의 (부락해방센터). 센다이, 히로시마 등지에서도 참가, 3개 분과회로 나뉘어 논의. 제1분과회 '차입, 면회 및 처우 개선', 제2분과회 '재입국 문제 및 일본 정부 교섭에 관하여', 제3분과회 '재심 청구 및 사형 집행 정지에 관하여'.
8.12.	이철 고향 구마모토현 히토요시시에서 제7차 전국구원회 회의 개최. 구마모토, 기타큐슈, 오사카, 나고야, 도쿄 등 각지 구호회 참가. 도한 체계 확립을 위한 문제 제기와 한국을 향한 서명활동, 각지에서 개최되는 포크콘서트에 대한 대응 등을 논의.
8.	히토요시고 동창회 도한. 가족이 빠른 석방을 위해 반성문 제출을 권유하자 이철은 "반성문만 말할 거면 오지 않아도 된다."
9.8.	오사카시 직노민생국지부(職労民生局支部) 청년·부인부 학습회에서 이철 자형 김수현 강연, 300명 참가.
10.7.	가두 항의 활동(국철 오사카역 앞).
10.16.	구원 모임 전 간사이 집회(부락해방센터).
12.	전국 종단 콘서트 시작. 구마모토 '봄맞이 콘서트', 오사카 '들어라! 영혼(soul→서울)의 외침', 나고야 '닿아라! 노랫소리, 바다를 넘어', 도쿄 '시와 슬라이드의 밤'.
12.5.	히토요시·구마모토·후쿠오카·미야자키에서 콘서트.

12. 16.	일본 외무성과 교섭.
1979. 2. 1.	오사카 모임, 백옥광·허경조 양 씨를 구원하는 오사카대 모임, 구원 콘서트 실행위원회 주최로 나카야마 라비, 홍영웅, 도모베 마사토, 미카미 칸 등이 출연한 구원 콘서트 개최(스이타시민회관). 후원은 11·22 재일한국인 유학생 청년 부당 체포자를 구원하는 모임, 재일한국인 정치범을 구원하는 가족·교포 모임.
2. 11.	히토요시고 동창회 도한. 민향숙 증언 "출소하면 제일 먼저 철 씨를 만나러 갈 겁니다" 도한 보고《구원회 뉴스》 제25호(3. 27.) 게재.
3. 15.	'이철 씨, 강종헌 씨 사형 확정 2주년' 항의 집회.
3. 21.	나고야 모임, 콘서트.
3. 22.	오사카 모임, 연속 학습회 기획, 3월 22일 제1회 개최. 주제는 '재입국 법적 지위', 6월까지 매월 1회 개최.
4. 1~4. 4.	오사카 모임 도한. 서대문구치소 이철, 광주교도소 민향숙 방문 도한 보고《구원회 뉴스》 제26호(4. 26.) 게재.
4. 7.	《구원회 뉴스》 제27호(6. 20.)에서 이철이 누나 이수대에게 보낸 편지 소개
4. 10.	학습회, 전 마이니치신문 기자 마에다 야스히로 강연. 오사카 모임 도한, "이철 씨는 건강해 보이고 체중 65킬로그램 회복. 민향숙 씨는 삐쩍 말랐다."
5. 25.	서준식 씨에게 사회안전법이 적용된 지 1년을 규탄하는 집회가 '11·22 재일한국인 유학생 청년 부당 체포자를 구원하는 모임' 주최로 오사카에서 개최.
5. 29.	상기 집회와 같은 취지로 '재일한국인 정치범을 구원하는 가족·교포 모임'이 오사카에서 집회 개최.
6.	카터 방한 반대 행동.
6. 20.	《구원회 뉴스》 제27호(6. 20.) 긴급 호소 "구원 운동의 온

힘을 다하여 민향숙 씨에 대한 사회안전법 적용 책동을
막고 무조건 완전 석방을 쟁취하자."(지금은 사실로 확정
되었지만 당시 운동 단체들은 사실 여부를 파악할 수 없었다.
그러나 사건이 조작된 데는 ** 이런 뜻이 맞는지요? 한 점의 과
장도 없었다. 이 사건을 계기로 운동을 더욱 공고히 하여 앞으
로 나아갈 수 있었다.) 보도에서 일부 내용 발췌(자료 2).

〈자료 2〉
"1975년 한국과 박 정권은 수많은 재일한국인 유학생·청년을 간첩 혐의로 체
포하여 잇따라 사형·중형 판결을 내렸습니다. 박 정권은 '북의 위협'을 부추기
기 위해 간첩 사건을 조작하고 국내 민주화 투쟁을 압살하는 상투적 수단을 써
왔습니다. 때마침 '유신체제' 확립에 반대하는 민주화 투쟁이 고조되자, 박 정
권이 남북분단 고착화를 통해 정권을 연명하려 '11·22 학원 침투 간첩 사건'을
조작했다는 사실은 이제 잘 알려져 있습니다.
이렇게 날조된 '11·22 사건' 안에 이철 씨와 그의 아내 민향숙 씨가 부당하게
도 포함되었습니다.
이철 씨가 '상고이유서'에서 KCIA의 정신적·육체적 고문에 의해 거짓 '자백'
했음을 분노하는 마음으로 폭로한 일을 잊을 수 없습니다!
나아가 그에게 KCIA가 취한 비열한 수단, 즉 '네 눈앞에서 아내와 그 어머니를
발가벗겨 고문해 버리겠다'는 비인간적 공갈 협박을 강력히 규탄하는 것도 다
시 한번 상기할 필요가 있습니다.
이처럼 박 정권은 민향숙 씨가 여성인 데다 이철 씨 아내라는 점을 최대한 이
용함으로써 이철 씨를 탄압하는 도구로 삼고자 그녀를 탄압했음이 분명합니
다. 이철 씨가 사형선고 후 지금도 비전향을 관철하는 사실을 볼 때, 아내 민향
숙 씨를 탄압하는 의미가 중대하다는 점도 알 수 있습니다."

7. 20.   동창회 모임 도한. 민향숙 "얼굴이 타들어 삐쩍 말랐다.
              얼굴에 뾰루지가 많이 났다", 이철 "얼굴이 윤기도 좋고
              건강하다."

8. 15.   '11·22 구원회' 간사 니시무라 간이치 별세. 향년 79세

(국제앰네스티 전 이사, 1974년 재일한국인 정치범 서준식과 단독회견했으며 78년 말 서준식과 재회를 원했다).

이철 무기징역으로 감형.

8. 17.   민향숙 석방 촉구 집회.

8. 20.   이철구원회 전국연락회의, 외무성 교섭을 추진하여 서명 제출. 일본 정부 앞으로 2만 명, 한국 정부 앞으로 8만 명.

8. 23.   한국대사관에 항의행동.

민향숙 광주교도소에서 출소.

8. 25.   오사카, 나고야, 히토요시고 동창회 도한. 보고는《11·22 통신》제19호(10. 14.)에서 발표.

9. 7.   신바람 콘서트, 백룡밴드·기나 마사키치 & 챔프루즈·사카가미 코류 밴드·히토요시고 동창회 구성극 〈분노〉 상연.

9. 13.   이철 대전교도소로 이감.

10.   '남조선민족해방전선 사건'(남민전).

10. 16~10. 20.   부산·마산 민주항쟁.

10. 26.   박정희 대통령 암살.

학습회 오노다 강연.

11. 12.   '11·22 사건' 4주년 항의 전보.

12. 12.   오히라 마사요시 수상, 오오키타 사부로 외무대신에게 즉각 석방을 호소하는 요망서 제출.《구원회 뉴스》제30호(12. 29.).

전두환 쿠데타로 군 장악.

1980. 1.   정치범 가족 UN 파견, 8만 명 서명 사본 제출. 외무성도 한국대사관에 서명 일부를 전달. 이철과 서 형제를 중병 중인 어머니 곁으로 되돌리자고 호소.

3. 8.	오사카 모임, 이철 형 확정 3주년 규탄 집회.
3. 27.	오사카 모임 도한. 이철 면회. 이철은 어머니의 죽음에 충격을 받음. 격렬한 전향 강요·폭행에 노출, 건강 악화.
4. 6.	오사카 모임, 제2회 구원 바자회 개최. 4만 엔 모금.
5. 10.	가족 행동과 연대하여 한국대사관·영사관에 항의행동.
5. 18.	광주민주항쟁(17일 계엄령 확대).
6.	히토요시고 동창회 도한.
6. 1.~6. 4.	오사카 모임 도한.
7. 17.	외무성과 협상.
7. 10.	구성극 〈분노〉 상연(젠테이 아카사카지부).
8. 1.	외무성과 협상, 932명 서명 제출.
8. 12.	외무성과 협상.
	동창생 모임 도한. 전향을 권유한다는 조건으로 면회. 전향 이야기를 하지 않는다는 이유로 면회 중단. 이철 "난 전향하지 않겠다." 위궤양 증상 두드러짐.
10. 21.	외무성과 협상, 이철 씨에게 의사 파견 촉구.
11. 25.	구마모토 모임 도한, 면회. 이철 "위가 아프다."
12. 5.	이철구원회 도한, 3707명 서명 제출.
12. 9.	광주 미문화원 방화 사건.
12. 12.	이철구원회 도한, 2459명 서명 제출. 의사·은사 도한단 실현 궐기 집회.
12. 26.	히토요시고 동창생 모임 회원, 대전교도소에서 이철 면회. 일본에서 의사를 파견할 뜻을 전하자 이철이 사양하며 "별일 없으니 걱정하지 말아 달라." 회보《재일한국인 '정치범'을 구하기 위하여》제2호(81. 2. 21.).
1981. 2.	오사카 모임 도한.
2. 25.	일본 정부·한국 대사관 협상. '전향 강요 그만하라'. 일본

	정부, "의사·은사 면회에 대한 답변이 없다." 2459명 서명 제출. 대사관, "구원 운동은 한국 가족이라면, 의사·은사 면회는 가능" 7098명 우송.
3. 29.	외무성과 교섭, '의사와 조기 면회 실현 촉구' 6월에 답변. "방문비자는 어려우니 관광비자 면회를 하는 것이 좋다."
6. 23.	히토요시고 동창회 도한, 특별 면회 "나가는 게 언제가 될지 모른다", "위경련은 일어나지 않는다", "0.25로 시력 저하".
7.	오사카 모임 도한, 특별 면회. "뾰루지가 눈에 띄다. 서화반으로 옮긴다. 경찰조사가 없어 이번에는 석방되지 않을지도 모른다."
8. 14.	오사카 모임, 유영수 씨를 구원하는 오사카 모임 공동 개최 '옥중 처우·의료문제 심포지엄'(오사카 고쿠로회관).
9. 15.	손유형 공판(서울지법 대법정). 9월 2일, 지원하는 모임 발족(이쿠노구민센터)
10. 1.	오사카 모임, 유영수씨를 구원하는오사카모임 엮음,《고발! 옥중 의료-한국 옥중 의료와 구원 운동》 간행. 8월 심포지엄 내용 정리 및 김동휘, 이동석, 시마즈 다카오, 가타기 겐이치 기고. 책자 〈들어가며〉에서 발췌·인용(자료 3).

〈자료 3〉

"1975년 '11.22 사건' 관련 구속자들은 곧 6년째 옥중 생활을 맞이한다. 지난 여름 구원의 목소리를 보내 온 이철 씨와 유영수 씨가 각각 소화기 계통 질환과 결핵성 늑막염이 재발한 것으로 밝혀져 장기화되는 구속 생활 아래서 옥중 정치범들의 건강이 매우 심각한 상황임을 확인할 수 있었다. 이철 씨는 위통, 토혈 등을 호소했고 그의 몸은 보기에도 쇠약해졌으며 유영수 씨는 마산교도소 결핵 병동으로 이감되었다.

이철, 유영수 두 사람처럼 비슷한 시기에 옥중에서 육체적으로 생명의 위기에 빠진 것은 우연이라고 할 수 없다. 정치범에게 가혹하게 전향을 강요하는 등 옥중 탄압에 관해서는 그동안 알려져 왔는데, 이러한 정신적 탄압과 맞물려 정치범 개개인의 육체까지 확실히 해치고 있다는 우려가 현실화되고 있다. 더불어 전두환 정권 출범 이후 한국 감옥의 처우 전반이 악화일로를 걷고 있어 정치범들의 건강 파괴에 박차를 가하고 있다. 사실 이철 씨를 수감 중인 대전교도소에서는 비전향 정치범에게 강도 높은 전향 강요 정책을 부단히 펼치고 있으며, 이철 씨의 병세 악화 시기 전후에는 교도관에 의한 폭행 사건도 있었음이 알려졌다. 유영수 씨도 지난해 5월 광주 사태와 계엄령하에서 정치범 학살 사건을 비롯한 옥중 탄압이 한창일 때 발병한 것으로 알려졌다.

올해 3월 옥사나 다름없는 형태로 별세한 신동인 씨가 병상에서 "하루빨리 일본으로 돌아가고 싶다"라고 한 호소는 6년에 걸쳐 옥고를 치르는 동안 독재정권에 지속적으로 농락당한 억울한 목소리며, 새삼 느끼는 정치범 개개인의 생명에 관한 아픔이었다. 이철, 유영수 두 사람의 건강 파괴와 신동인 씨의 옥사는 옥중 정치범의 건강과 의료기관이라는 개별 과제가 아니라 모든 구속자에 관한 과제이자 우리 구원 운동의 질과 양을 묻는 문제임을 나타낸다.

옥중에서 정치범들은 스스로 살아가는 투쟁을 지속적으로 전개하고 있다. 옥중 처우 악화라는 당국 측 탄압에 정치범들은 물러서지 않겠다는 다짐으로 단식을 비롯해 최대한 싸움을 거듭하고 있다. 우리는 결코 그들의 옥중 투쟁이 고립되게 만들어서는 안 된다. 오랜 구원 운동으로 쌓아 온 옥중 정치범들과 연결고리를 바탕으로 정치범의 생명과 건강을 지켜 내는 싸움이 필요하다.(후략)"

11.	구마모토 모임 도한.
11. 9.	외무성과 협상, 의사 면회 실현 촉구.
11. 12.	〈분노〉 상연 집회.
11. 15.~11. 18.	오사카 모임 도한.
12. 1.	슬라이드 〈어느 돌멩이의 외침〉 완성, 상영회.
12. 2.	외무성·한국대사관과 협상.
1982. 1. 31.	옥중 처우·의료 문제 심포지엄(도쿄).

3. 17.~3. 20.	오사카 모임 도한, 특별 면회(3월 18일).

위통·말랐음·입 주위에 뾰루지·교도소에서는 아무런 치료도 받지 않음. 처우가 엄격. 편지·면회는 가족 외에는 불허. 스포츠는 테니스. "2월 초 편지로 '순화 교육을 받는다'는 내용이 있어 신경을 쓰고 왔지만 실로 순화 교육은 가혹했다. 그의 말에 따르면 2월 중 매일 일곱 시간 체조 훈련을 받았다. 구체적으로는 25~30킬로그램짜리 모래주머니를 몇백 번씩 들었다 올렸다 하거나, 몇십 킬로그램이나 되는 통나무를 옮기는 등의 훈련이며 강습회 같은 것은 전혀 없다. (자신이 맞지는 않았지만) 조금이라도 대충하는 것으로 간주되면 가차 없이 구타당한다. 때로는 '정신 주입'이라고 적힌 막대기로 호되게 얻어맞은 사람도 있다. 수감자 전원이 대상이었다. 다만 비전향 정치범, 60세 이상 노령자, 환자는 제외되었다. 순화 교육은 일회성이 아니라 연내에 한 번 더 받아야 한다. 그 시기가 언제일지 모른다." 재일한국인 정치범을 지원하는 모임 엮음, 《전국회의뉴스》 제31·32 합병호(1982. 6. 20.).

3. 18.	부산 미문화원 방화 사건.
4. 22.	강원대 학생 등에 의한 성조기 소각 사건.
5. 3.	〈어느 돌멩이의 외침〉 히토요시·구마 모임 상영.
5. 17.	마이니치신문 5월 17일 조간에 가족·교포 모임, 재일동포 정치범을 지원하는 모임 전국회의, 11·22 재일한국인 유학생·청년 부당 체포자를 지원하는 모임 등이 의견광고 게재. "고요한 아침이 아직 찾아오지 않은 2년 전 오늘 아침, 김대중 씨 등이 연행되고 한국 전토에 계엄령이 내려져 유혈의 광주 사건으로 발전했다. 그날을 계기로 등장한 전두환 정권. 박 정권하에서 구속된 정치범들은 아직 석방되지 않고 있다. 한때 고요한 아침의 나라로

꿇렸던 한반도에 고요한 아침이 돌아오는 것은 언제일 까." 우쓰노미야 도쿠마, 마쓰오카 히데오, 이좌영 등이 정담한 내용 보도, 이철 등 재일한국인 정치범 26명의 이름 거론.

6. 29.   구마모토 모임 〈어느 돌멩이의 외침〉 상영회.

8.   히토요시·구마 모임 도한. 교과서 문제로 긴장하는 한국에서 이철 면회 촉구. 한일 양국 정부가 대립한다는 이유로 교도소 측은 면회를 허용하지 않겠다고 답변했으나 협상하여 1분 동안 면회 성사. 8월 말부터 9월까지 4주간 순화 교육 진행. "사망자도 다수 발생하는 이 악랄한 탄압을 우리는 철저히 규탄하고 옥중에서 싸우는 모든 정치범의 건강을 지켜 내야 한다."《재일한국인 정치범을 구하기 위하여》(1982. 8. 20.).

가을 운동 방안으로 '재일한국인의 생명을 지키고 석방을 실현하는 총행동(가칭)'을 교포 모임, 전국회의, '11·22 구호회'가 호소하여 전국적으로 전개하기로 확인. 당면 과제로 ① 2월 1일에 7년 형기 만료를 맞이할 김원중 석방 실현 ② 서준식 '행정소송' 지원 승리 ③ 손유형 등 '81년 정치범'에 대한 중형 선고 저지 및 석방 ④ 남민전 사건 피탄압자 등 중병 정치범 입원 치료 실현 ⑤ 이철 등 옥중 정치범 순화 교육 및 고문 중지 ⑥ 정치범 체류권 원상회복 등 거론. 전국적 대중 서명, 슬라이드 상영, 학습회를 중심으로 각 지역에서 구원의 고리를 확대《재일한국인 정치범을 구하기 위하여》(1982. 8. 20.).

8. 11.   이철구원회 전국연락회의, 외무성과 협상. 즉각 석방 촉구. 오사카 모임에서 15명 참가. 요구 사항은 "이철 씨의 즉각 무죄 석방을 공식 문서로 한국 정부에 요구, '순화 교육'의 실태를 조사하여 이철 씨에 대한 두 번째 '순화 교육' 중지, 이철 씨에 대한 전향 강요 및 학대 중지, 옥중

비인도적 조치 개선 실시" 등 네 개 항목 외에 면회의 자유 보장도 촉구. 《구원회 뉴스》 제42호(9. 20.).

120개 단체가 서명 제출. 이철에 대한 순화 교육 중지와 석방을 한국 정부에 요구할 것을 촉구. 교섭에는 기마 아키라 의원이 동석. 《재일한국인 정치범을 구하기 위하여》(1982. 8. 20.).

9. 8.	전국회의 〈어느 돌멩이의 외침〉 상영회.
9. 29.	교포 모임, 전국회의 주최, '재일한국인 정치범의 생명을 지키며 석방을 실현하는 총행동 궐기 집회' 개최(도쿄 도시마구민센터).
11. 9.	〈어느 돌멩이의 외침〉 도쿄 네리마 집회에서 상영.
12.	구마모토 모임 도한.
12. 10.	'무고한 이철 씨를 우리 품으로 되찾자' 집회.
1983. 4. 10.	〈어느 돌멩이의 외침〉 상영(젠테이 아카사카지부) 김원중 초청.
5. 26.~	'한 명의 정치범도 죽이지 못하게 한다·한국 정치범을 우리에게' 5월 행동
7. 17.	나고야 모임, 〈어느 돌멩이의 외침〉 상영.
	오사카 모임 도한.
8. 5.	'이 씨를 이 손으로' 김원중 초청.
9. 21.	나가노현 마쓰모토(松本) 조선문제연구회, 〈어느 돌멩이의 외침〉 상영.
10. 3.	고코로 시나가와(國勞品川), 〈어느 돌멩이의 외침〉 상영.
10. 28.	중병 정치범 학습회.
11. 10.	전검로, 〈어느 돌멩이의 외침〉 상영.
12. 2.	외무성과 협상.
12. 9.	이철 체포 8주년 항의 집회 '쌓이는 분노·석방 실현' 김

수현, 황우철 초청.

1984. 2. 26.	한국 정치범의 생명과 인권을 지키는 심포지엄.
2. 29.	일본 천주교정의와평화협의회(소마 노부오 사교회장)는 2월 22일 오후 도쿄 시나노마치 신세이회관에서 기자회견을 열고 2월 20일 서울에서 열린 한국 천주교정의와평화위원회 정기총회에서 재일한국인 정치범의 전면 사면을 촉구하는 건의를 만장일치로 채택. 건의문은 약 2000자로 구성.《재일한국인 정치범을 구하기 위하여》(1984. 3. 10.).
3. 16.	구원 콘서트 〈분노〉 집회, 공동 개최는 젠테이 아카사카 지부.
4. 11.	바티칸 대사관 교섭. 교황 요한·파울로 2세 앞으로 405명 서명 제출.
5. 10.	오사카 모임 도한, 특별 면회. "위통이 많이 좋아졌다", "속쓰림이 나아질 때가 있다", "운동장이 넓어졌다."
7. 10.	불새 콘서트.
8.	'한국 정치범의 생명을 지키며 석방을 실현한다' 전국 운동.
8. 22.~8. 25.	히토요시고 동창회 도한,《구원회 뉴스》제51호(10. 18.)에서 보고 특집.
8. 28~9. 1.	'한국 정치범의 생명을 지키고 석방을 실현하는 간사이 행동' 100시간 단식투쟁에 돌입. 9월 6일 전두환 대통령의 방일을 앞두고 추진.

"전두환 정권하 한국 정치범 탄압 실태를 적극 호소했다."《구원회 뉴스》제51호(10. 18.).

"서쪽에서는 8월 28일부터 가족·교포 모임, '관한구' 주최로 순방-지원 단식 행동이 펼쳐졌고, 9월 1일 오후 7시 교바시역 앞에서 관철 집회를 열었다. 이날 오전 10시부터 100명이 넘는 구원회 멤버가 역 앞에 앉아 있었다. 이를 사복 공안 경찰이 에워싸고 사진을 촬영하는 등 괴롭히고 방해하여 긴장감이 넘쳤다. 그러나 지역 노동자와 학생, 민족 단체 등이 속속 몰려드는 가운데, 구원회 멤버들이 준비한 역전 콘서트가 열리는 등 다종다양한 기획으로 시종일관 시민의 관심을 불러일으키고 무사히 집약 집회를 열 수 있었다."《재일한국인 정치범을 구하기 위하여》(1984. 10. 1.).

9. 21.	도한 보고 집회.
10. 18.	《구원회 뉴스》 제51호(10. 18.)가 한국에서 발표된 〈재일한국인 정치범 석방을 촉구하며–재일교포 구속자 가족〉 호소문 소개.
12. 7.	부당 체포 9주년 항의·옥중 10년 절대 저지 집회.
12. 15.	외무성·법무성과 협상. 즉시 석방·질병 치료 촉구.
1985. 3. 29.	'민주통일민중운동연합'(민통련) 발족.
4. 5.	마에다 야스히로 강연보고집 발행.
7. 3.~8.	오사카 모임 도한.
8.	이철 가족 '양심수 및 구속자 열여덟 명을 폭행한 대구교도소를 고발하다' 성명문 발표.
8. 19.	야당 신민당이 대구교도소 가혹행위 진상조사반을 대구교도소에 파견. 일행은 인권옹호위원장 박찬종, 목요상, 장기욱, 신기하, 유성환, 이철 의원 등 6명(면회 불허).
8. 21.	서울 중부경찰서가 민통련 민생위원장 이부영과 회원 오경렬 연행·조사. 이들은 양심수 가족 등 50명을 이끌고 대구교도소로 면회를 가려 했음.
8. 22.	외무성과 협상. "폭행 사건을 조사하고 한국정부에 항의하라."
8. 29.	옥중 폭력에 관한 긴급 항의 성명(오사카 모임).

10. 1.	《재일한국인 정치범을 구하기 위하여》(1985. 10. 1.)에서 "양심수를 즉각 석방하라, 국내에서 서명운동이 확산되다"라는 한국어 문장을 일본어로 번역하여 게재. 서명운동이 "새로운 석방 운동의 시작일 뿐"이라고 밝히며, 앞으로 석방 운동에 적극 동참할 것을 거듭 촉구. 문익환 목사를 필두로 71명을 거론.

영국 타임스지에서 이철 소개. "올여름 재일동포양심수 구원회의 UN 파견으로 고순자, 김태명 등 대표로부터 런던에서 집회를 개최한다는 소식을 타임스 기자가 듣고 가족·교포 모임에 문의를 해 왔다. 모임 측은 전국회의와 협조하여 김병주(사형수), 서 형제(장기 투옥), 조일지(고문), 이철, 강종헌(폭행 사건) 등 여섯 명을 선정하여 타임스 측에 보냈고, 10월 1일 지면에서 이철 씨를 소개했다. 타임스에 소개됨으로써 전 세계인이 재일한국인 정치범 이철의 이름을 알리게 되었고 여론 환기에 크게 기여했다. 향후 두 명이 더 소개될 예정이라고 했다."《재일한국인 정치범을 구하기 위하여》(1985. 12. 1.).

11.	《재일한국인 정치범을 구하기 위하여》(1985. 11. 1.) 〈아직도 옥중에 다섯 명〉 기사에서 이철, 강종헌, 김철현, 백옥광, 강종건 동향 소개. "이철 씨는 지금 대구교도소에 있다. 10년 전 아들을 갑자기 빼앗긴 철 씨의 아버지 이정학 씨는 체포의 충격으로 이듬해 76년 1월 세상을 떠났다. 1980년 3월에는 어머니 이분의 씨도 철 씨를 만나지 못하고 억울하게 타계했다. 철 씨와 함께 체포된 약혼녀 민향숙 씨는 3년 9개월의 옥살이를 마치고 79년 8월 석방되었다. 민 씨는 현재 철 씨를 비롯한 정치범 구원을 위해 어머니 조만조 씨와 함께 싸우고 있다. 정치범 석방을 요구하며 호소문을 발표하고, 계속 호소해 온 두 사람의 목소리는 한국에 서서히 침투해 그동안 한국 정치범 구원의 목소리가 높아지는 데 일조했다. 7월 말 대구교

도소에서 이철 등 정치범들이 폭행당했을 때 민 씨는 폭행 사건 규탄 성명을 내고 집회에서 호소했다. (후략)".

11. 17.	도쿄 모임 도한.
12. 12.	민주화실천가족운동협의회(민가협) 결성.
12. 28.	《재일한국인 정치범을 구하기 위하여》(1986. 2. 1.) 〈경찰 따위 무섭지 않다, 가족 50명 농성〉 보도. 1985년 12월 28일 민가협 현판식을 경찰대 300명이 투입되어 방해. 가족 50명이 모였고 이 가운데 30명이 빌딩 앞에 주저앉아 농성함. 민향숙도 경찰에게 오른쪽 뺨을 맞고 찰과상을 입음. 가족 21명이 연행되었다가 밤 10시경 모두 귀가 조치됨. 조만조도 연행. "경찰은 우리 가족을 두려워하고 있어요. 방해가 그 증거".
1986. 4. 중순.	'신경성 위염에 시달리는 이철 씨를 입원 치료하라'며 모금·서명운동 호소. 8월 15일 광복절 전에 성금을 전달할 예정.
5. 1.	이철 석방과 입원 치료 촉구 서명운동 시작.
12. 14.~12. 17.	오사카 모임 도한.
1987. 1. 14.	서울대생 박종철 고문치사.
6.	6월 민주항쟁 '6·29 선언'.
7. 5.	연세대생 이한열 사망.
7. 25.	'불타는 한국 친구에게 보내는 한국 정치범 지원 HIBIYA 콘서트'.
9.~	한국 정치범 구원 100만 명 서명운동, 12월 1일, 2월 9일 각 13만 명 서명 제출.
12. 1.	《재일한국인 정치범을 구하기 위하여》(1987. 12. 1.), 〈이철 씨, 박영식 씨, 안동으로 이감〉 보도. "12월 8일까지 한 달간 금치처분을 받고 현재 독방에 갇혀 있다. 가족 면회, 파견 등은 일절 인정되지 않고 있다. 이러한 갑작

스러운 이감 이유는 아직 불분명하지만, 광주교도소가
예전에 비해 긴박했던 정황인 것을 보아 지난 9월, 10월
에 어떤 '사건'이 교도소에서 있었음을 짐작할 수 있다고
한다."

| 12. 16. | 제13대 대통령선거에서 노태우 후보 승리(김대중 후보는 3위). |

1988. 4. 10. 신서 《개나리가 만개한 날을 믿으며: 재일한국인 정치범 이철을 기다리다》 (히노토리신서2) 출간.

8. 26. 히토요시고 동창회 도한. 안동교도소에서 면회.

9. 17.~10. 2. 서울올림픽.

10. 3. 이철, 13년 만에 가석방으로 출소. 《재일한국인 정치범을 구하기 위하여》 (1988. 10. 5.) 보도. "이철 씨는 석방에 관해 '거짓말 같다. 이렇게 만나도 면회하는 것 같아 다시 방으로 돌아가야 할 것 같다'며 13년 만에 바깥 공기를 마신 게 믿기지 않는 눈치였다. 김영삼 총재가 보낸 꽃다발을 받고 안동 시내 호텔에서 구마모토 본가로 전화를 건 이철 씨는 전화를 받은 형 이명 씨에게 '오전 10시에 교도소를 나왔다. 잘 지내고 있다. 두 달 뒤면 부모 성묘를 위해 일본으로 가겠다'고 말했다."

1989. 3. 1. 《전국회의 뉴스》(1989. 3. 1.)에서 '재일한국인 정치범을 지원하는 모임' 요시마쓰 시게루 사무국장, "올해야말로 모든 정치범 석방을 실현하자"라며 향후 대처를 보도.

"오랜 구원 운동 역사에서 지난해만큼 수많은 정치범 석방의 기쁨을 맛본 해는 없었다. 특히 5월 서준식 씨, 6월 강종건 씨의 비전향을 관철한 석방은 그야말로 승리의 기쁨이 전국에 메아리쳤다. 10월 이철 씨와 민향숙 씨의 결혼식이 열렸고, 열아홉 명에 이르는 석방으로 전국 각지에서 승리 집회가 열렸다. 장기 투옥자 감형은 노태우 정권의 부당성을 규탄하면서도 석방으로 확실한 진전을

이뤄 냈음을 실감케 했다. 이번 석방 실현은 뭐니 뭐니 해도 옥중자 개개인이 불굴의 투지로 싸워 온 결과다. 더욱이 서준식 씨가 지적했듯이 민주화투쟁 승리의 성과이기도 하다. '또 오랜 세월 동안 생면부지의 많은 사람이 구원과 도한 면회 노력을 줄기차게 이어 온' 성과이기도 했다. 나는 스스로를 돌아보면서 과분한 평가를 받을 만한 운동을 이루어 냈는지는 잘 알 수 없다. 하지만 지금은 순순히 전국 동료들과 기쁨을 나누고 싶다. (후략)"

6. 3. 《전국회의 뉴스》, 제38호(1989. 7. 15.)에서 이철 구마모토 모임에 쓴 편지 전문 소개(자료 4).

〈자료 4〉
일본의 구원 운동이 격려가 되었습니다
구마모토와 일본 구원회 친구들에게

14년 만에 고향 구마로 돌아와 아직 꿈을 꾸는 듯한 기분으로 편지를 씁니다. 구원회 여러분, 정말 오랫동안 응원해 주셔서 감사합니다. 여러분 덕분에 가족, 형제나 주변 사람들과 재회의 기쁨을 나눌 수 있었습니다. 사형수로 잡혀 있을 때 위장이 나빠져 두 달, 세 달 동안 설사가 멈추지 않을 때는 이제 구마에 살아서는 돌아갈 수 없을 거라고 생각했는데, 여러분 덕분에 이렇게 건강하게 돌아올 수 있었습니다. 제 석방은 오로지 구마모토와 일본의 구원회 운동 덕분입니다.

옥중 생활 초기, 전반에는 한국 학생들이나 진보 인사들조차 우리를 이해해 주지 않았지만, 일본에서는 처음부터 우리 재일한국인의 민족과 민주주의에 관한 생각을 적극적으로 이해해 주며, 과감하게 구원 운동을 전개해 주셨습니다. 옥중에 있던 우리에게 일본에 있는 친구들의 활동이 얼마나 큰 격려가 되었는지 도저히 말할 수 없을 정도입니다. 우리 몇 명은 지금 이렇게 따뜻한 가족의 품으로 돌아왔지만, 아직도 옥중에서 몇몇 재일한국인과 267명에 이르는 장기 양심수 그리고 작년 말부터 새로 쇠사슬에 묶인 600여 명의 동지들이 하루빨리 풀려날 날을 고대하고 있습니다. 저는 그동안 여러분과 많은 친구에게 진 빚을 갚기 위해서라도 아직 옥에 갇힌 분들이 하루라도 빨리 석방될 수 있게 노력하고자 합니다. 구마모토와 일본의 친구 여러분, 앞으로도 모든 양심수 석방과 한국 민주화 그리고 조국의 평화적 통일을 위해 힘을 보태 주시길 바랍니다. 앞으로도 여러분의 운동이 진정한 한일 민중 친선에 큰 힘이 되리라 기대하겠습니다.

안녕히 계십시오.

1989년 6월 3일
구마군 니시키마치에서 이철 드림

6. 8.	가와사키시에서 집회, 강종헌 초청 및 1시간 강연. 요시마쓰 시게루 전국회의 대표가 1973년부터 지금까지 구원 운동 역사를 되돌아보며 "남은 이들을 위해 더 많은 구원이 필요하며, 국가 간 구조를 바꾸지 않는 한 운동은 끝나지 않을 것."
6. 16.	강종헌, 야마가타시에서 옥중 증언 동북 순방 시작. 17일 센다이시, 18일 하나마키시, 19일 히로사키시, 끝으로 하치노헤시.
8. 15.	도쿄에서 이철씨구원모임, 출소 축하회(주오대학 스르가다이기념관).
8. 20.	오사카에서 이철씨구원회모임 축하회(스이타시메이시어터).
1990. 1. 20.	《전국회의 뉴스》(1990. 1. 20.)에서 와타나베 가즈오 사무국장의 "아직도 천 명의 정치범이, 올해야말로 온힘을 다하자!"라는 호소 보도.
11. 20.	조국통일범민족연합(범민련) 결성.

이철 씨의 각지 구원회는 이철 씨 석방으로 일단 활동을 마치지만, 상당수가 여전히 옥중에 있는 재일한국인 양심수들의 구호 활동을 계속했다. 김영삼 대통령

당선으로 군사정권에서 문민정권으로 바뀌었으나, 1994년 8월 원수폭(원자·수소폭탄) 금지 세계대회에 참가한 박영호 씨가 귀국 후 체포되었고, 9월에는 이좌영 씨의 조카 이화춘 씨가 북의 간첩으로 날조되는 사건이 벌어졌다. 재일한국인 정치범을 지원하는 모임 전국회의 요시마쓰 시게루 대표는 "문민정권 아래에서마저 두 개 구원회(박영호와 이화춘)를 만들어야 할 줄 몰랐다"라고 말했을 정도다.

1996년 한국 상황과 관련하여 민주화실천가족운동협의회(민가협)는 한국 정치범을 1263명으로 발표했다. 아울러 노동법 및 안기부법 개악 철회, 국보법 등 철폐, 조작 간첩 사건 청산 등을 결의했다.

1999년 12월 6일 '재일한국인 정치범을 지원하는 모임 전국회의'는 해산식을 거행하며, 대신 4월 27일 '한국 양심수를 지원하는 모임 전국회의'(대표 와타나베 가즈오)를 발족하면서 재일한국인 정치범 구원 활동은 1999년에 종지부를 찍었다. '한국 양심수를 지원하는 모임 전국회의'는 이철 씨 구원 활동을 이어 온 이시이 히로시 씨가 사무국장을 맡고 있다. 전국회의는 이후 매년 한 차례 총회를 연다. 한국에서는 김대중 정부에서 노무현 정부로 이어진 후, 두 차례 보수 정권을 거쳐 2017년 5월 문재인 정부가 탄생했다.

(1990년 이후 역사도 상세히 기술해야겠지만 '이철구원회' 역사와 관련되는 것으로 국한했다)

정리: 가와세 슌지(川瀬俊治)

인용 자료

李哲氏を救う会全国連絡会議 編,《我生きんと欲すれど―裁かれるべきはKCIAだ!》, JCA出版, 1978

李哲氏を救う大阪の会·柳英数氏を救う大阪の会 編,《告発!獄中医療―韓國獄中医療と救援運動》, 1981

11·22在日韓國人留学生·青年不当逮捕者を救援する会 編,《縮刷版11·22通
　　　信》創刊号~第38号, 1976~1981

在日韓國人政治犯を救援する家族·僑胞の会 編,《縮刷版 在日韓國人政治犯を
　　　救うために》創刊号~69号, 1977~1985

在日韓國人政治犯を救援する家族·僑胞の会, ニュース ファイル , 第33号~第
　　　145号

李哲氏を救う大阪の会, ニュース ファイル

在日韓國人'政治犯'を支援する全国会議 編,《全国会議ニュース》ファイル

《毎日新聞》등